STUDIENKURS SOZIOLOGIE

Lehrbuchreihe für Studierende der Soziologie an
Universitäten und Hochschulen

Oliver Neun

Öffentliche Soziologie

 **Nomos**

Die Deutsche Nationalbibliothek verzeichnet diese Publikation in der Deutschen Nationalbibliografie; detaillierte bibliografische Daten sind im Internet über http://dnb.d-nb.de abrufbar.

ISBN 978-3-8487-4758-0 (Print)
ISBN 978-3-8452-9015-7 (ePDF)

1. Auflage 2019

Inhalt

Die Diskussion zur öffentlichen Soziologie: Schlüsselbegriffe, Probleme, Dimensionen und Vorläufer

1. Zur Geschichte der Diskussion zur öffentlichen Soziologie

a) Der Beginn der Diskussion zur „public sociology"

Öffentliche Soziologie: dies ist ein erst seit kurzem im deutschen Raum verwendeter Begriff, der mit Verzögerung aus den USA übernommen wurde. Er geht auf das Konzept der „public sociology" zurück, das von dem amerikanischen Soziologen Michael Burawoy (2004a, 2004b) vertreten wurde, der 2004 mit einer unter diesem Motto geführten Kampagne zum Präsidenten der „American Sociological Association" (ASA) gewählt wurde. Burawoy (2005a, S. 11, 2007a, 2005b, S. 525, 511) entwickelt dieses theoretisch in Auseinandersetzung u.a. mit Ideen von Max Weber, C. Wright Mills, Émile Durkheim, Antonio Gramsci, Talcott Parsons, Pierre Bourdieu sowie der älteren bzw. jüngeren deutschen Kritischen Theorie von Max Horkheimer bzw. Jürgen Habermas.

In seiner Antrittsrede, die 2005 in der Zeitschrift „American Sociological Review" (ASR) erscheint, fasst er diese Idee programmatisch zusammen und unterscheidet vier Formen der Soziologie – die „professionelle" („professional"), die „kritische" („critical"), die „angewandte" („policy") und die „öffentliche" („public") Soziologie –, die voneinander abhängig sind und zusammenarbeiten sollen (Burawoy 2005a, 2007a). Er beabsichtigt damit zwar, die öffentliche Soziologie zu stärken, sein Vorschlag ist aber ein *integrativer*, da er versucht, zwischen diesen verschiedenen Varianten des Faches zu vermitteln. Dies unterscheidet seine Ideen von früheren Versuchen, Soziologie „öffentlicher" zu machen (Mills 1959; Lee 1978).[1]

In der Folge erfährt das Modell eine hohe Aufmerksamkeit: seine Antrittsrede wird in verschiedenen Zeitschriften nachgedruckt und führt in den USA sowie mehreren anderen Ländern zu intensiven Diskussionen. 2014 zählt Burawoy (2014b, S. 135) selbst 35 Symposien dazu. Es erscheinen z.B. Sonderausgaben der Journale „Social Forces" (2004), „Social Pro-

---

1 Der Begriff ist deshalb auch umstritten. Immanuel Wallerstein (2007, S. 174) lehnt ihn z.B. ab, da für ihn alle Soziologen öffentliche Soziologen sein sollten (vgl. Hays 2007, S. 80).

blems" (2004), „Critical Sociology" (2005), „The American Sociologist" (2005, 2009), „Sociology" (2007), „Socio-Economic Review" (2007), „Contemporary Sociology" (2008), „Current Sociology" (2008, 2014) und „Canadian Journal of Sociology" (2009). An der in der britischen Zeitschrift „English Journal of Sociology" geführten Debatte nehmen auch verschiedene internationale SoziologInnen, darunter als einziger Deutscher Ulrich Beck (2005) teil.

Zudem werden mehrere Monographien zu dem Thema veröffentlicht, u.a. ein Sonderband des ASA, ein „Handbook of Public Sociology" und Werke mit praktischen Vorschlägen zu deren Umsetzung (Blau/Smith 2006; Clawson et. al. 2007; Nichols 2007; Agger 2007; Haney 2008; Jeffries 2009; Nickel 2012; Nyden et al. 2012; Hanemaayer/Schneider 2014; Soler-Gallart 2017; Carty/Luévano 2017; Sternheimer 2018). Darüber hinaus wird seit 2005 die Online-Zeitschrift „The Journal of Public and Professional Sociology" herausgegeben und es erfolgt eine Institutionalisierung in Form der ASA-Sektion „Sociological Practice and Public Sociology" sowie entsprechenden Studiengängen. Die öffentliche Soziologie ist daher in den USA ein „recognized sector of the discipline" geworden (Gans 2016, S. 3).

Die damit verbundene Hoffnung lautet, dass je mehr SoziologInnen sich in einer öffentlichen Soziologie engagieren, umso mehr die Öffentlichkeit und die Universitäten das Fach schätzen lernen (Hays 2007, S. 87). Neuere VertreterInnen einer solchen öffentlichen amerikanischen Soziologie sind z.B. Christopher Jencks, Orlando Patterson, Theda Skopcol, Alan Wolfe, Todd Gitlin, Andrew Cherlin, William Julius Wilson, Amitai Etzioni, Paul Starr, Sudhir Venkatesh, Juliet Schor, Dalton Conley oder Michael Eric Dyson (Patterson 2007, S. 186; Wilson 2007, S. 120; Sternheimer 2018, S. 5f.).[2]

Ein Grund für die starke Wirkung des Vorschlags von Burawoy war, dass er mit der Frage nach der *Identität* des Faches verbunden war und nach einer „considerable soul-searching within U.S. sociology (and elsewhere) about the nature of the discipline" erfolgte (Holmwood 2007, S. 47; vgl. Burawoy 2007a, S. 45; Boyns/Fletcher 2007, S. 120f.; Turner/Turner 1990; Horowitz 1993).[3] Sein Ansatz war daher ein guter Anlass, den soziologischen Blick auf die Soziologie selbst zu lenken und provozierte eine „collective disciplinary self-reflection on our diverse, and often conten-

---

2 Vgl. auch die neuere Aufstellung soziologischer Bestseller von Longhofer et al. 2010.
3 Turner/Turner (1990) und Stephen Cole (2001) vertraten kurz zuvor die These der „Fragmentierung" und „Politisierung" der Soziologie seit den 1960er Jahren durch die sozialen Bewegungen (vgl. Turner 2007, S. 273).

tious, public purposes, powers, and pitfalls" (Stacey 2007, S. 91; vgl. Ericson 2005, S. 365).[4]

b) Zur Geschichte des Begriffes „public sociology"

Burawoy ist aber nicht der Schöpfer des Begriffes „public sociology", da bereits Herbert Gans (1990, S. 321, 322) bei einem früheren Versuch, die Disziplin öffentlicher zu machen, von „public sociologists" bzw. einer „public sociology" spricht.[5] Erstmals wird der Ausdruck in Bezug auf die Arbeiten von Mills, wenn auch nicht von ihm selbst, verwendet (Horowitz 1963, 1964). Burawoy verweist jedoch auf Mills' (1959) Werk „The Sociological Imagination" und insbesondere dessen sechstes Kapitel als Anregung für seine Idee (Swedberg 2007, S 321).[6]

Mills (1959) wird zudem von anderen in der Debatte als Vorbild genannt (Aronowitz 2005, S. 335; Bude 2005; Hays 2007, S. 90; Collins 2007, S. 105), die Wirkung seines Buches „The Sociological Imagination" ist darüber hinaus in dem gleichlautenden Titel verschiedener anderer Aufsätze, Kapitel oder Bücher zu dem Thema zu erkennen (Levine 2004; Furedi 2009; Nyden et al. 2012, S. 4f.). Die Inspiration durch ihn ist u.a. darin zu sehen, dass Mills (1959, S. 6, 1960) die von ihm geforderte „soziologische Phantasie" in den Arbeiten der soziologischen Klassiker wie Weber verkörpert sieht. Burawoy (2007a, S. 31, 24) knüpft an diese Interpretation an und interpretiert Weber, wie andere amerikanische AutorInnen in der Debatte (Collins 2007, S. 112; Patterson 2007, S. 187f.; Piven 2007, S. 159; Wallerstein 2007, S. 170), als frühen „öffentlichen Soziologen" und damit als Vorbild. Zudem bezeichnet er Weber als von den Gründungsvätern des Faches für sein Projekt am wichtigsten (Burawoy 2008, S. 368, 2013, S. 741).[7]

---

4 Erforderlich ist für Burawoy (2011b, S. 404) daher allgemein eine „sociology of sociology". Generell hat sich die Disziplin jedoch mit wenigen Ausnahmen wie Karl Mannheim (1932), C. Wright Mills (1959), Alvin Gouldner (1970) oder Pierre Bourdieu (1988) nur wenig mit dem eigenen Fach beschäftigt.
5 Schon bei diesem Versuch steht die Frage der Identität des Faches im Mittelpunkt und sein Aufruf soll daher die Gemeinsamkeit der Ziele innerhalb der Disziplin stärken (Gans 1990, S. 328, 331). Der Vorschlag von Gans (2016, S. 7) erzielt in der Zeit aber noch, wie er selbst im Rückblick einräumt, kaum eine Wirkung.
6 Zur Kritik an Mills vgl. jedoch Burawoy 2007b, 2008, S. 374, 2009b, S. 289.
7 Auch andere soziologische Klassiker wie Karl Marx, Georg Simmel, Émile Durkheim oder DuBois gelten in der Debatte als frühe „öffentliche Soziologen" (Collins 2007, S. 11; Piven 2007, S. 159; Patterson 2007, S. 187).

Eine öffentliche Soziologie ist daher keine neue *Praxis*. Hays (2007, S. 86) hebt zudem hervor, dass Burawoy zu der öffentlichen Soziologie die Lehre zählt, weshalb eine Mehrheit der SoziologInnen Erfahrung damit hat. Deshalb ist der Sinn des Namens „first and foremost, to be more *explicit* and *reflective* about what we are *already* doing" (Hays 2007, S. 87). Burawoys (2004a, S. 104, 126) Ziel ist daher eine Klassifizierung: „The first step is to name" und „to recognize it, the second step is to legitimate it". Grundsätzlich gibt es jedoch innerhalb des Faches institutionell keine Anreize für eine solche Form der Soziologie oder sogar Hürden für ein solches Engagement, wenn auch durch die genannten Institutionalisierungserfolge eine gewisse Veränderung eingetreten ist (Brady 2004, S. 1632; Siebel/Smith 2009, S. 294f.; Stacey 2007, S. 92).

c) Die deutsche Rezeption der „public sociology"-Diskussion

In Deutschland wurde die Debatte lange Zeit trotz ihres Bezugs u.a. auf deutsche Klassiker wie Weber oder Autoren der Frankfurter Schule wie Habermas kaum rezipiert. Es lag zunächst nur der 2005 erschienene Abdruck der Antrittsrede Burawoys und ein kurzer Kommentar von Heinz Bude (2005) in der Zeitschrift „Soziale Welt" dazu vor. Bude (2008, 2011) war auch der einzige deutsche Soziologe, der den Begriff in seinen Werken „Die Ausgeschlossenen" und „Bildungspanik" programmatisch verwendete.[8]

Beck (2005, S. 338) verweist jedoch in seinem bereits genannten, im „British Journal of Sociology" erschienenen Beitrag daraufhin, dass die Ergebnisse seines früheren DFG-Projektes zur Verwendungsforschung die These von Burawoy bestätigen, dass eine öffentliche Soziologie für das gesamte Fach wichtig ist: „We found that the resistance, ignorance and indifference, of, for example, administration to sociological findings (which they themselves financed) crumbles when those findings are published and discussed in the mass media. [...] Thus the public standing and presence of sociology – its *published* voice – produces, enforces or constructs its administrative, practical and political uses (whatever this means)." (Beck/Bonß 1989)

Die Diskussion ist zudem notwendig, weil Burawoy (2005c, S. 426) selbst die nationalen Unterschiede des Faches erwähnt: „As I shall say be-

---

8 Auch von Klaus Dörre, Stephan Lessenich und Hartmut Rosa (2009) wird aber implizit auf das Konzept der „public sociology" verwiesen.

low there is much to be gained from such a comparative and historical sociology in formulating a public sociology – not least in recognizing both
the peculiarity and the fatefulness of United States sociology." (vgl. Burawoy 2005c, S. 431; Hall 2005, S. 381) Burawoy (2004b, S. 1614) gibt auch
kurze Hinweise zu diesen Differenzen und stellt die These auf, dass die
„professionelle Soziologie" in den USA am stärksten vertreten und es in
anderen Ländern dagegen eine selbstverständliche Tatsache ist, dass die Soziologie öffentlich wirken soll. Explizit geht Burawoy (2007a) aber u.a. nur
auf die Situation der Disziplin in Frankreich und in England, nicht auf die
in Deutschland ein.

Von anderen amerikanischen TeilnehmerInnen der Debatte wird ebenfalls in dieser Hinsicht ein generell positives Bild von der europäischen,
französischen und deutschen Soziologie gezeichnet, weil dort eine „public
sociology" allgemein eine längere Tradition haben und in der Gegenwart
stärker als in den USA verbreitet sein soll (Zussman/Misra 2007, S. 21;
(Prentice 2014, S. 140). Für Deutschland nennt Oscar Patterson (2007,
S. 183f., 187, 194) Ralf Dahrendorf, Jürgen Habermas, Claus Offe und
Hans Jonas als Beispiele für eine öffentliche Soziologie. Auch er geht davon aus, dass diese Forschungslinie weiterhin präsent und hier gerade deshalb das Ansehen der Soziologie besonders hoch ist.

Zu einem anderen Ergebnis kommt jedoch der französische Soziologe
Touraine. Für ihn hat die neue soziologische Generation in den USA eine
stärkere Beziehung zu einer politisch und moralisch relevanten Forschung
als die in Europa, weil hier Ideologien dominieren, dass nichts gegen die
Globalisierung ausgerichtet werden kann (Touraine 2007, S. 76).[9]

Mit Verspätung ist die Auseinandersetzung nun in Deutschland berücksichtigt worden (u.a. Neun 2011; Froese et al. 2016; Aulenbacher et al.
2017) und der Begriff ein „Dachbegriff geworden, unter dem teilweise alte,
verschüttete Ideen in neuer Weise in der Disziplin verankert und verbreitet
worden sind" (Aulenbacher/Dörre 2015, S. 11).[10] Es liegt jetzt z.B. eine
Auswahl von Übersetzungen der Schriften von Burawoy (2015) vor. Als ein

---

9 Die amerikanische öffentliche Soziologie wird zudem durch stilistische Unterschiede begünstigt. US-SoziologInnen tendieren dazu, in wissenschaftlichen Pu-
   blikationen eine verständlichere Sprache zu benutzen, weshalb die Unterschiede
   zwischen ihrem professionellen Stil und dem für die Massenmedien nicht so groß
   sind wie in manchen Teilen Europas und sich daher das Problem der „Übersetzung" nicht in dem Maße stellt wie z.B. in der deutschen Kultur (Revers 2009,
   S. 285).
10 Ein möglicher Grund für die verzögerte Rezeption ist, dass Werke zur soziologischen Identitätssuche wie die für die USA genannten in Deutschland fehlen (Ho-

Grund für die gestiegene Aufmerksamkeit kann der veränderte politische Kontext angesehen werden, insbesondere die ökonomische Krise 2008 (Aulenbacher/Dörre 2015, S. 13).

Die öffentliche Rolle der Soziologie ist auch politisch notwendiger denn je in einer Zeit der „alternativen Fakten", in der „misinformation, disinformation, and outright lies have filtered into the public discourse and policymaking" (Sternheimer 2018, S. VI). Eine öffentliche Präsenz des Faches ist deshalb wichtig für die Demokratie: „Our public debates benefit from having many different viewpoints represented. As academics, we should be role models for passionate but thoughtful debates, using facts and complex ideas instead of sound bites." (Badgett 2015, S. 17) 2014 heißt es daher in den gemeinsamen Empfehlungen verschiedener akademischer Institutionen „Zur Gestaltung der Kommunikation zwischen Wissenschaft, Öffentlichkeit und den Medien"; Wissenschaft und Journalismus „versorgen Politik und Gesellschaft mit vielfältigen und möglichst zuverlässigen Informationen, stärken Bildung und Wissen der Bevölkerung, regen demokratische Diskurse an und sollen eine Basis für begründete politische, wirtschaftliche und technologische Entscheidungen liefern" (Nationale Akademie der Wissenschaften Leopoldina, acatech, Union der deutschen Akademien der Wissenschaften 2014, S. 3).

2. Schlüsselbegriffe der Diskussion zur öffentlichen Soziologie

Zunächst soll ein kurzer Überblick über die bisherige (meist englischsprachige) Debatte und den dort benutzten *Schlüsselbegriffen* gegeben werden. Burawoys genanntes Modell mit seiner Vier-Felder-Unterteilung des Faches ist dabei die theoretische Neuerung in der Diskussion,[11] u.a. weil er darin die Form der öffentlichen Soziologie in Bezug zu den anderen Typen der Disziplin setzt, weshalb es hier besondere Berücksichtigung findet (Swedberg 2007, S. 321).[12]

---

rowitz 1993; Cole 2001). In den 1990er Jahren findet nur eine in der „Zeit" geführte Debatte zu dem Thema „Wozu Soziologie?" statt, in der aber schon als ein Grund für die Probleme der Soziologie deren fehlende „öffentliche Wirkung" genannt wird (Fritz-Vannahme 1996).

11 Gans (1990, S. 319) unternimmt z.B. noch eine *Dreiteilung* des Faches in „basic, applied or policy-oriented research".

12 Es ist auch „weiterhin theoretisch und epistemologisch lohnend, dieses Soziologieverständnis für sich genommen zu diskutieren", obwohl es schon eine amerikanische Debatte dazu gab (Aulenbacher/Dörre 2015, S. 17).

Die vier Formen der professionellen, kritischen, angewandten und öffentlichen Soziologie differenziert Burawoy zum einen hinsichtlich ihres Publikums, d.h. in ein akademisches und ein außerakademisches Publikum. Die zweite Achse bildet die Unterscheidung zwischen instrumentellem und reflexivem Wissen, was eine Vier-Felder-Matrix ergibt:

Tabelle 1: Aufteilung der soziologischen Arbeit nach Burawoy

	Akademisches Publikum	Außerakademisches Publikum
Instrumentelles Wissen	Professionelle Soziologie	Angewandte Soziologie
Reflexives Wissen	Kritische Soziologie	Öffentliche Soziologie

Die angewandte Soziologie ist z.B. zwar auf ein außerakademisches Publikum, aber nur auf einen Klienten ausgerichtet, der die Ziele der Forschung vorgibt, weshalb sie nur instrumentelles Wissen produziert. Die kritische Soziologie dagegen ist reflexiver und stellt die (moralischen) Grundlagen der Forschungsprogramme der professionellen Soziologie in Frage. Die öffentliche Soziologie wiederum ist auf ein außerakademisches Publikum ausgerichtet, im Unterschied zur angewandten Soziologie jedoch auf eine breitere Öffentlichkeit. Die öffentliche Soziologie unterteilt Burawoy noch weiter in eine traditionelle und eine organische Form, wobei Letztere eng mit lokalen Öffentlichkeiten zusammenarbeitet. Die professionelle Soziologie bildet für ihn aber den Kern des Modells und er bezeichnet sie als „sine qua non" der anderen drei Typen (Burawoy 2007a, S. 32).

Was bedeutet der Begriff „öffentliche Soziologie" in diesem Zusammenhang genauer und wieso besteht die Notwendigkeit für die Verwendung dieses Ausdrucks, insbesondere da auf dessen „vagueness" hingewiesen wird (Zussman/Misra 2007, S. 7)? Zudem werden in dem Forschungsfeldern „Wissenschaftskommunikation" bzw. „Public Communication of Science" (PCS), deren Schwerpunkt auf der Vermittlung naturwissenschaftlicher Ergebnisse liegt, konkurrierende Bezeichnungen wie *Wissenschaftspopularisierung, populäre Wissenschaft, public science* oder *öffentliche Wissenschaft* benutzt (Dernbach et al. 2012; Cassidy 2014; Bucchi und Trench 2014, 2016a, 2016b, 2016c, 2016d).[13]

---

13 Der Begriff *public science* wird ebenfalls zuerst in den USA verwendet und bereits 1968 von Heinz Haber (1968) als *öffentliche Wissenschaft* in Deutschland eingeführt. Es erfolgt auch eine neuere deutsche Rezeption dieses Begriffes (Faulstich

In der Soziologie wird ebenfalls zunächst der Begriff *popular sociology* verwendet (Bell 1957; Lekachman 1959; Chinoy 1964), bevor Horowitz (1963, 1964) den Begriff *public sociology* einführt, den Burawoy wieder aufgreift.[14] Dieser ist explizit auf die Soziologie ausgerichtet, weshalb er, anders als der der *öffentlichen Wissenschaft*, die Besonderheiten des Faches berücksichtigt. In der neueren Diskussion hat er eine zweifache Bedeutung: zum einen bezeichnet es Burawoys gesamtes Konzept, zum anderen einen bestimmten Typus von Soziologie in diesem Schema, den er, wie gesehen, gegenüber anderen wie der angewandten Soziologie abgrenzt. Der deutsche *Praxis*-Begriff, der u.a. in der deutschen (Verwendungs-)Diskussion häufig verwendet wird (Beck 1982), ist dagegen unspezifischer, weil er beide Formen umfasst und diese Unterscheidung nicht berücksichtigt.

Unklar ist aber, was Burawoy genau unter öffentlicher Soziologie versteht (Tittle 2004, S. 1639). Eine erste Annäherung daran bietet Mills' (2016, S. 276) klassische Definition in seinem Buch „The Sociological Imagination". Für ihn hat der Soziologe folgendes Ziel: „Für das Individuum sollte er persönliche Schwierigkeiten und Sorgen in gesellschaftliche Probleme und Fragestellungen übersetzen, die der Vernunft zugänglich sind [...]." David Brady (2004, S. 1629–1631) definiert die öffentliche Soziologie daher näher durch zwei Merkmale: 1. durch den Versuch, ein breites Publikum zu erreichen, und 2. dadurch, das öffentliche Wohl zu fördern. Francis Fox Piven (2007, S. 158) beschreibt die öffentliche Soziologie ähnlich als „uses of sociological knowledge to address public and, therefore, political problems". Gans (2009, S. 124, 126) unterscheidet sie aber von einer Popularisierung, da sie originäre Forschung darstellt (vgl. Gans 1990,

---

2006). Er ist aber, wie schon der Ausdruck „science" andeutet, vorrangig auf die Naturwissenschaften bezogen. Die beiden Modelle der „public sociology" für die Soziologie und der PCS bzw. der „Medialisierung" der Wissenschaft weisen zudem grundlegende Differenzen bezüglich ihres *geographischen* Ursprungs, des *Zeitpunktes* ihres Entstehens, der für sie paradigmatischen *Disziplinen* sowie der *Bewertung* und des *Ziels* der Wissenschaftskommunikation auf (Neun 2017). Es ist deshalb genauer zu differenzieren, welche Form von Öffentlichkeit angestrebt wird und mit welcher Absicht: „There is a big difference, it should be emphasized, between the kind of politically progressive, even left-wing public sociology we understand Burawoy to be promoting, and what many administrators would have in mind if they asked faculty to give talks in local high schools to raise the university's profile." (Kowalchuk/McLaughlin 2009, S. 722)

14 Auch in der neueren Debatte wird die Begriffe „popular sociology" bzw. „pop sociology" verwendet. Gans (1990, S. 319) versteht darunter eine Forschung, die von nichtprofessionellen SoziologInnen betrieben wird, die aber einige der Methoden, wenn auch nur wenige der Konzepte oder Theorien des Faches benutzen (vgl. McLaughlin/Turcotte 2007, S. 821).

S. 321).[15] Beispiele dafür sind Robert S. und Helen Lynds „Middletown", David Riesmans „The Lonely Crowd", Elliot Liebows „Tally's Corner", Arlie Hochschilds „Second Shift" und Williams Julius Wilsons „The Truly Disadvantaged", Du Bois' „Soul of Black Folks", Gunnar Myrdals „American Dilemma" oder Robert Bellahs et al. „Habits of the Heart" (Gans 2009, S. 125f., 133).[16]

Die Bestimmung einer öffentlichen Form des Faches und die Unterscheidung in vier Typen wird von Burawoy (2005b) auch auf andere Sozialwissenschaften angewendet, weshalb er von *public social sciences* spricht.[17] Die Sozialwissenschaften grenzt er dabei von den Natur- und den Geisteswissenschaften dadurch ab, dass in den ersten Fächern ein instrumentelles und in den zweiten Fächern ein reflexives Wissen dominiert, während in den Sozialwissenschaften beide Formen des Wissens vertreten sind (Burawoy 2005b, S. 514f.). Bei Letzteren konzentriert er sich auf die Ökonomie, die Politikwissenschaft und Soziologie, womit er die Anthropologie, die Geographie oder die Geschichte nicht berücksichtigt (Burawoy 2007a, S. 56; Stacey 2007, S. 95),[18] und differenziert diese nach der dort vorherrschenden Art des Wissens. Er gibt aber eine negative Einschätzung der anderen Fächer ab, da die Politikwissenschaft und die Ökonomie für ihn jeweils den Standpunkt der Politik bzw. der Wirtschaft einnehmen und deshalb allein die Soziologie die „interests of humanity" verteidigt (Burawoy 2007a, S. 55). Er schränkt jedoch ein, dass es in der Ökonomie und in der Politikwissenschaft Dissidenten gibt, weshalb in der Gegenwart dort ähnliche Bestrebungen wie in der Soziologie zu erkennen sind (Burawoy 2004b,

---

15 Gans (1990, S. 331) unterscheidet die „public sociologist" zudem von *visible scientists* (Goodell 1977). Letztere erlangen ihre „Sichtbarkeit" nicht nur durch ihre Tätigkeit als Wissenschaftler, sondern als Popularisierer und Kommentatoren zu Fragen, die außerhalb ihres wissenschaftlichen Feldes liegen.

16 Bei Burawoy (2007a) umfasst der Begriff „öffentliche Soziologie" noch die Lehre und politische Erklärungen der Professionsorganisation ASA. Letzterer Punkt wird hier – wie in der gesamten Diskussion – vernachlässigt. Der Status der Lehre als öffentliche Soziologie ist ebenfalls umstritten, so zählen sie McLaughlin et al. (2007, S. 309) zu der professionellen Soziologie hinzu. Bestimmte definitorische Fragen sind zudem weiterhin ungeklärt, etwa ob ein journalistischer Bericht über soziologische Themen als öffentliche Soziologie bezeichnet werden soll oder wie umfangreich ein Produkt sein muss, um als solche zu gelten. Reichen z.B. Zitate für JournalistInnen aus? (Gans 2016, S. 5.)

17 Für Burawoy ist die Unterscheidung sogar für alle Fächer nutzbar: „Any disciplinary field consists of these four independent and antagonistic knowledges." (Burawoy/Holdt 2012, S. 166)

18 Auch die Psychologie erfasst Burawoy nicht, obwohl das Fach ein „very large public face" besitzt (McLaughlin et al. 2007, S. 309).

S. 1616, 2005b, S. 518, 520). In verschiedenen sozialwissenschaftlichen Disziplinen wird daher in den letzten Jahren die Forderung nach einer stärkeren öffentlichen Wirkung ihres Faches erhoben, z.B. in der Politikwissenschaft (Schram und Caterino 2006), in der Wirtschaftswissenschaft (Fullbrook 2007), in der Anthropologie (Borofsky 2011) oder in der Geographie (Murphy 2006),[19] weshalb man von einem *public turn* in den Sozialwissenschaften reden kann (Burawoy 2004b, S. 1616). Es bestehen jedoch Unterschiede zwischen ihnen: die Stärke der Ökonomie liegt für Burawoy (2004b, S. 1615) in ihrer Geschlossenheit, die Soziologie ist dagegen pluralistischer und reflexiver, während die Politikwissenschaft in der Frage zwischen ihnen anzusiedeln ist (vgl. auch Rona-Tas/Gabay 2007).

Für den Erfolg einer öffentlichen Soziologie bzw. einer öffentlichen Sozialwissenschaft ist es notwendig, Ergebnisse zu bieten, die die Öffentlichkeit als relevant und nützlich einschätzt, mit einem *public turn* ist daher ein *relevance turn* verbunden (Calhoun 2005, S. 358; Gans 2009, S. 124, Prisching 2017). Dies zeigt sich auch in der Praxis, da ein Merkmal amerikanischer soziologischer Bestseller ist, dass sie dringende Probleme der Öffentlichkeit wie z.B. Armut oder soziale Ungleichheit behandeln (Gans 1997; Longhofer et al. 2010). Ein beliebtes Genre der öffentlichen Soziologie sind zudem *Zeit-* bzw. *Gesellschaftsdiagnosen* (Osrecki 2011). Burawoy selbst nennt Manuel Castells' (2004) Gesellschaftsdiagnose der „Netzwerkgesellschaft" als Beispiel für eine öffentliche Soziologie und bezieht sich zudem auf dessen Analyse der Gegenwartsgesellschaft (Burawoy und Behbehanian 2012). Zeitdiagnosen bieten dabei generell „a powerful social map that made sense of the society for individuals and groups and allowed them to understand their personal troubles in relation to historical processes" (Block 1990, S. 14; vgl. schon Mills 1959). Ein weiteres Charakteristikum gut verkaufter soziologischer Werke in den USA ist deshalb, dass sie versuchen, die Gesamtgesellschaft zu beschreiben, was aber weniger auf neuere Arbeiten zutrifft (Gans 1997; Longhofer et al. 2010).

Wer ist der genaue Adressat bzw. das *Publikum der* öffentlichen Soziologie? Schon in dem Begriff *öffentliche Soziologie* ist der Begriff *Öffentlichkeit* enthalten. Burawoy (2004a, S. 104) betont dabei die „multiplicity of public sociologies, reflecting the multiplicity of publics", die für ihn von Studenten zu Lesern soziologischer Bücher, lokalen zivilen Gruppen wie z.B. Kirchen bis hin zu sozialen Bewegungen reicht. Er bleibt aber vage, was genau er unter „Öffentlichkeit" versteht (Boyns/Fletcher 2007, S. 127). Burawoy

---

19 In der Religionspädagogik und in der Erziehungswissenschaft wird ebenfalls neuerdings von einem „public turn" gesprochen (Grümme 2018).

(2007a, S. 30) regt jedoch selbst eine „sociology of publics" an (vgl. Calhoun 2005, S. 360; Maryl/Westbrook 2009, S. 155, 168). Notwendig ist diese, weil die öffentliche Soziologie, wenn sie sich entwickeln will, mehr über ihre Publika lernen muss (Gans 2016, S. 10).

Häufig wird in der Debatte auf *Habermas'* (1962, 1989) Werk „Strukturwandel der Öffentlichkeit" verwiesen (u.a. Burawoy 2007a, S. 30; Furedi 2009, S. 173; Grewe 2012; Aulenbacher et al. 2017, S. 22). Erst durch die englische Übersetzung dieses Buches, die Ende der 1980er Jahre erscheint, wird auch in den USA der Begriff *public sphere* üblich. Darüber hinaus wird in der Auseinandersetzung Habermas' (1968) Aufsatz „The Scientization of Politics and Public Opinion" bzw. „Verwissenschaftliche Politik und öffentliche Meinung" genannt (Patterson 2007, S. 194).[20]

Habermas (1992, S. 436) versteht „Öffentlichkeit" dabei nicht als ein „System", da sie durchlässige Grenzen hat: „Die Öffentlichkeit läßt sich am ehesten als ein Netzwerk für die Kommunikation von Inhalten und Stellungnahmen, als von *Meinungen* beschreiben [...]." Sie ist „eine intermediäre Struktur, die zwischen dem politischen System einerseits, den privaten Sektoren der Lebenswelt und funktional spezifizierten Handlungssystemen andererseits vermittelt." (Habermas 1992, S. 451) Er unterscheidet zudem drei Ebenen der Öffentlichkeit: 1. die *episodische Öffentlichkeit*, u.a. die Kneipenöffentlichkeit, 2. die *veranstaltete* Öffentlichkeit wie Demonstrationen und 3. die *abstrakte Öffentlichkeit*, die über die Massenmedien hergestellt wird (Habermas 1992, S. 452).

Allgemein schreibt man der Öffentlichkeit drei Funktionen zu: 1. die Transparenz-, 2. die Validierungs- und 3. die Orientierungsfunktion, d.h. 1. sie soll *offen* für alle Gruppen und Themen sein, 2. man sollte dort mit den Meinungen anderer *diskursiv* umgehen und seine Positionen eventuell revidieren, weshalb eine Validierung der Ideen eintritt, und 3. die so erzeugten öffentlichen Meinungen werden von dem Publikum als überzeugend angesehen, wodurch sie *Autorität* gewinnen und *Orientierung* bieten. In den einzelnen Öffentlichkeitsmodellen werden diese drei Funktionen aber unterschiedlich akzentuiert (Neidhardt 1994, S. 8f.; Donges/Imhof 2001, S. 110f.).

In Deutschland werden hauptsächlich zwei Varianten der Öffentlichkeitstheorie unterschieden: das *deliberative* und das *liberale* bzw. das *Spiegelmodell*. Ersteres ist stark durch das genannte von Habermas beeinflusst, während das liberale eine Nähe zur Systemtheorie besitzt und in der Kom-

---

20 Boyns und Fletcher (2007, S. 141) sehen zudem eine Parallele der Idee der öffentlichen Soziologie zu Habermas' (1981) Theorie des „kommunikativen Handelns".

munikations- bzw. Medienwissenschaft dominiert (Wessler/Rinke 2013, S. 638).[21] Eine dritte eigenständige Form, die den deliberativen Modellen zuzurechnen ist, stellt die Öffentlichkeitstheorie John Deweys (2001) dar, die schon Mills (1959, 1964) beeinflusst (Koller 2004; Götz 2017; Neun 2018b). Sie ist für die Frage der öffentlichen Soziologie von besonderer Relevanz, da eine ihrer Besonderheiten ist, dass Dewey in ihr die Bedeutung der Sozialwissenschaften für die Demokratie hervorhebt. Er wird daher auch in der englischsprachigen „public sociology"-Debatte als Anregung genannt (Aronowitz 2005, S. 334).

Die Idee der öffentlichen Soziologie besitzt damit zudem eine Verbindung zur Vorstellung der *deliberativen Demokratie* (Habermas 1992; Dewey 2001; Landwehr/Schmalz-Bruns 2014; Ottmann/Barisic 2015), die in der Gegenwart „zur meistdiskuktierten Variante der neueren Demokratietheorie" geworden ist (Ottmann 2015, S. 222; vgl. Westphal 2014, S. 306). Die öffentliche Verwendung sozialwissenschaftlichen Wissens ist in dieser Sicht „necessarily democratic in both intent and consequence" (Patterson 2007, S. 176).

Darüber hinaus wird seit Ende der 1980er Jahre, u.a. in Reaktion auf die Ereignisse im Ostblock, vermehrt von der *Zivilgesellschaft* gesprochen, was Burawoy (2007a) aufgreift (Habermas 1992). Burawoy (2007a, S. 56) versteht darunter Vereinigungen, Bewegungen und Öffentlichkeiten, die außerhalb des Staates und der Wirtschaft angesiedelt sind, und nennt als Beispiele u.a. politische Parteien, Gewerkschaften, Printmedien, Glaubensgemeinschaften und andere freiwillige Organisationen. Bei Habermas (1992, S. 435) ist die Zivilgesellschaft eng mit der Öffentlichkeit verbunden, da Letztere eine „soziale Verankerung in zivilgesellschaftlichen Assoziationen" benötigt.[22] Er beschreibt die Zivilgesellschaft genauer als das „organisatorische Substrat jenes allgemeinen, aus der Privatsphäre gleichsam hervortretenden Publikums von Bürgern", das unter bestimmten Umständen Einfluss auf die Öffentlichkeit nehmen kann. Ihr Kern bildet das „Assoziati-

---

21 Die beiden Öffentlichkeitsbegriffe unterscheiden sich konzeptionell und sind nicht, wie in systemtheoretisch ausgerichteten Darstellungen angenommen (Faulstich 2006; Holzer 2015), historisch sich ablösende Formen von Öffentlichkeit. Luhmann (1971) führt seine Fassung der „öffentlichen Meinung" auch explizit als theoretische Alternative gegen Habermas ein. Das deliberative Modell wird darüber hinaus empirisch für die Gegenwart genutzt (Wessler/Rinke 2013, S. 642). Wessler/Rinke (2013, S. 638) und Jarren/Donges (2017) unterscheiden zudem noch ein *agonistisches* bzw. *partizipatorisches* Modell der Öffentlichkeit.

22 Er spricht daher auch von einer „zivilgesellschaftlich basierten Öffentlichkeit" (Habermas 1992, S. 448).

onswesen", das die Bürger in die Lage versetzen soll, einzugreifen und auf die öffentliche Diskussion zu antworten (Habermas 1992, S. 443, 2006, S. 420). Nach Burawoy (2007a, S 56) soll die Soziologie vorrangig dazu beitragen, diese Zivilgesellschaft vor einem „state despotism and market tyranny" zu schützen.

Es ergibt sich ebenfalls eine Beziehung zu dem Typus des *public intellectual* bzw. des *öffentlichen Intellektuellen*, der ebenfalls auf die Öffentlichkeit ausgerichtet und spezifisch für die Sozialwissenschaften ist (Mills 1963; Jacoby 1987). Es besteht nicht nur eine begriffliche Nähe, da sich Gans (1990) in seiner Wortschöpfung „public sociologist" an Russell Jacobys (1987) Verwendung des Begriffes „public intellectual" anlehnt. Burawoy (2007a, S. 59) differenziert in Anschluss an Gans aber zwischen beiden Formen, da der „public sociologist" nur eine Unterkategorie des Intellektuellen darstellt, weil er auf seine Fachkenntnisse zurückgreift und sich nur mit den Feldern beschäftigt, in der er Expertise hat.[23]

Das Modell der öffentlichen Soziologie besitzt zudem Affinitäten zu der Gesellschaftsdiagnose der *Wissensgesellschaft*, die Burawoy (2005d, S. 315) selbst zur Kennzeichnung der Gegenwartsgesellschaft benutzt, wie u.a. der Verweis auf Castells (2004) zeigt (Lettkemann et al. 2018; vgl. auch Imhof 2008, S. 84). Sie wird häufig allein ökonomisch als wachsender Beitrag der Wissenschaft zur Wirtschaft verstanden, die stärkere generelle Verbreitung des Wissens ist jedoch ebenfalls eine, wenn auch weniger beachtete Seite der Wissensgesellschaft, wie bereits in der Diskussion in den 1970er Jahren angemerkt wird (Gruhn 1979). Daniel Bell (1964, 2011, S. 73) spricht in seinen ersten Entwürfen zur „post-industriellen Gesellschaft" bzw. zur „Wissensgesellschaft" gleichfalls allgemein von der stärkeren Diffusion des Wissens als ihr Merkmal, der neue Einfluss entsteht für ihn dabei u.a. durch ihre Massenverbreitung durch Schulen, Verlage und Massenmedien. In den früheren Konzepten der „Wissensgesellschaft" wird zudem noch die Bedeutung der Sozialwissenschaften hervorgehoben (Bell 1973).[24]

---

23 In der Debatte wird diese enge Bestimmung jedoch kritisiert und eine „rebirth of the public intellectual" gefordert (Aronowitz 2005, S. 338; vgl. Ghamari-Tabrizi 2007, S. 366).

24 In der deutschen Debatte in den 1960er Jahren wird auch bereits im Zuge der Debatte um eine „öffentliche Wissenschaft" von der Entstehung einer neuen *Bildungsgesellschaft* gesprochen (Glaser 1965).

3. *Formen bzw. Genres der öffentlichen Soziologie*

Man kann verschiedene *Formen* bzw. *Genres* der öffentlichen Soziologie voneinander unterscheiden, die man u.a. nach ihrer Praktikabilität und Länge einteilen kann (Kowalchuk/McLaughlin 2009; Sternheimer 2018).

a) Blogs, Social Media (Facebook), Twitter

Als Burawoy seine Rede hält, sind die sozialen Medien zwar gerade erst im Entstehen, sie bieten aber den leichtesten Zugang zur Öffentlichkeit (Gans 2016; Sternheimer 2018). Christopher J. Schneider (2014) nennt diese Form der öffentlichen Soziologie die „e-public sociology". Kieran Healy (2017, S. 773) behandelt in einem neueren Beitrag diese Nutzung von Blogs, Twitter und Facebook und benennt als zwei Hauptprobleme bei deren Verwendung die dadurch entstehende Belästigung und die Messbarkeit des Engagements. Letztere kann zur Folge haben, dass die öffentliche Rolle zum Verwaltungsziel und damit zum Selbstzweck wird (Healy 2017, S. 779).

b) Op-Eds/Zeitungskommentare

Eine traditionellere Form stellen „Op-Eds", d.h. Kommentare in Zeitungen dar (Kowalchuk/McLaughlin 2009, S. 700). Eine kanadische empirische Studie, die lokale und nationale Zeitschriften daraufhin untersucht und SoziologInnen mit anderen KommentatorInnen wie JournalistInnen, PolitikwissenschaftlerInnen und PolitikerInnen vergleicht, kommt aber zu dem Ergebnis, dass der Prozentsatz der Beiträge von JournalistInnen fast acht Mal so hoch wie der von ProfessorInnen ist. Unter Letzteren dominieren zwar die SozialwissenschaftlerInnen gegenüber den NaturwissenschaftlerInnen, SoziologInnen nutzen die Möglichkeit jedoch weniger als ihre KollegInnen in der Politik- und in der Wirtschaftswissenschaft (Kowalchuk/McLaughlin 2009).

c) Artikel in intellektuellen Magazinen und an ein breiteres Publikum ausgerichtete Bücher

Andere traditionelle Genres sind Beiträge in intellektuellen Magazinen und die Veröffentlichung von auf ein breiteres Publikum ausgerichtete Bücher (Wolfe 1990; Mochnacki et al. 2009, S. 732). Der Vorzug von letzterer Form ist die angenommene längere Lebensdauer der Ideen, da sie so konzipiert sind, dass sie dauerhafter und einfacher als Artikel zu erreichen sind. Ein weiterer Unterschied ist, dass in ihnen ein anderer Stil, z.B. komplexere rhetorische Strategien, angewendet wird (Wolfe 1990, S. 478f.; vgl. als empirische Untersuchung Mochnacki et al. 2009). Die Publikation von Monographien ist daher generell charakteristisch für VertreterInnen einer öffentlichen und angewandten Soziologie (Brym/Nakhaie 2009, S. 659).[25]

Den Zusammenhang zwischen den genannten Formen beschreibt Douglas Massey (2007) in einem autobiographischen Rückblick genauer. Nachdem ein Artikel von ihm in einer akademischen Zeitschrift mit „peer-review" erschienen ist, verbreitet er dessen Ergebnisse u.a. durch ein Op-Ed und verfasst Artikel für intellektuelle Journale wie „American Prospect" oder „The Nation". Wenn das Thema aber eine genauere Untersuchung und einen nachhaltigeren Platz in der öffentlichen Diskussion erfordert, veröffentlicht er ein Buch dazu wie sein Werk „American Apartheid: Segregation and the Making of the Underclass" (Massey 2007, S. 153).

d) Radio und Fernsehbeiträge

Ein ältere *mündliche* Form der öffentlichen Soziologie sind soziologische Beiträge in Radiosendungen oder im Fernsehen, wobei der Zugang aber beschränkter ist als bei den bereits beschriebenen Formen (Sternheimer 2018, S. 84–97).

e) Öffentliche Vorträge und Science Slams

Ein anderes mündliches Genre sind Kurse der Erwachsenenbildung oder öffentliche Vorträge u.a. vor Gemeindegruppen, diese klassische Form wird von Manfred Prisching (2017) beschrieben (Badgett 2015, S. 115).

---

25 Dies gilt auch für Intellektuelle in anderen Disziplinen (Brym/Nakhaie 2009, S. 659).

Eine neuere Variante, die von den Sozialwissenschaften bisher jedoch noch wenig genutzt wird, sind Science Slams (Hill 2017; Grummt 2017).

f) Beteiligung an Gerichtsverfahren oder politischen Hearings

Zu den mündlichen Formen zählen weiter informelle Briefings von Politikern oder anderen Offiziellen, Aussagen vor Gericht oder vor politischen Anhörungen (Badgett 2015, S. 115).

g) Künstlerische Formen der öffentlichen Soziologie

Ein künstlerischer Typus der Vermittlung soziologischen Wissens ist die „soziologische Poesie", die von Mills (2008) erwähnt wird und mit der er Belletristik bezeichnet, die einer soziologischen teilnehmenden Beobachtung ähnelt.[26] Schon früh wird auch der Begriff der „öffentlichen Kunst" verwendet, mit der Jürgen Claus (1970, S. 10) neuere Formen der Vermittlung der Kunst an die Öffentlichkeit beschreibt. Diese besitzt Berührungspunkte zu sozialwissenschaftlichen Fächern, da sich die KünstlerInnen „politischer, gesellschaftlicher, ökonomischer Analysen" bedienen sollen: „Wir müssen die Kunst gerade auf der Ebene ansiedeln, die wissenschaftlich legitimierbar ist, ohne trockene Ableitung, ohne Schulbuch zu werden." (Claus 1970, S. 16, 21)[27]

Ein neueres Beispiel für eine Zusammenarbeit zwischen Kunst und Soziologie bietet die Diskussion zwischen Pierre Bourdieu und dem Künstler Hans Haacke, in der Bourdieu Haackes Strategie als beispielhaft für das eigene Fach bezeichnet: „Der Künstler ist derjenige, der *Aufsehen erregen* kann. Was nicht heißen soll, daß er auf Sensationen aus ist wie unsere Scharlatane im Fernsehen, sondern daß er Analysen, die den Leser oder Zuschauer durch die Strenge des Begriffs und der Beweisführung gleichgültig lassen in die Sphäre der Empfindung überträgt, wo die Sensibilität und die Gefühle hausen. Sie müßten eine Art technischer Berater aller subversiven Bewegungen sein..." (Bourdieu/Haacke 1995, S. 34). Bourdieu

---

26 Einer der praktischen Vorschläge für eine öffentliche Soziologie lautet deshalb, Romane zu lesen, auch wird der Gebrauch von narrativen Traditionen angeregt (Sternheimer 2018, S. 22; Maryl/Westbrook 2009, S. 163).

27 Solch eine „öffentliche Kunst" ähnelt damit der „action research", da sie ebenfalls ein „Instrument zur Veränderung, aktionsgerichtet" sein soll (Claus 1970, S. 12).

schlägt deshalb gemeinsame Arbeitsgruppen mit u.a. Forschern, Künstlern, Theaterleuten und Kommunikationsexperten vor, „um Stilmittel und Erkenntnisvehikel zu erfinden (und zu erproben), die gleichzeitig symbolisch wirksam und politisch komplex, stringent und kompromißlos sind" (Bourdieu/Haacke 1995, S. 111). Er setzt dieses Prinzip auch bei seinem Werk „Elend der Welt" selbst um, da dessen Ergebnisse zu Theaterstücken verarbeitet werden (Vannine/Milne 2014, S. 232f.).

Dies wird gleichfalls von Elizabeth Dermody Leonard (2009) praktiziert, die aus Erfahrungen von Gefängnisinsassen ein Drama zu dem Thema „Life without Parole" entwickelt (vgl. Gabriel et al. 2009, S. 330). Für Bude (2017, S. 371) ist das postdramatische Theater von René Pollesch ebenfalls „eine öffentliche Soziologie mit anderen Mitteln" und er spricht deshalb von einer „inneren Wahlverwandtschaft von Gegenwartsdramatik und Gegenwartssoziologie" (vgl. Wahl 2011).[28]

4. Zur Kritik an dem Modell der öffentlichen Soziologie

a) Generelle Einwände

Es wurden verschiedene Kritikpunkte an dem Vorschlag von Burawoy geäußert, wobei der Dialog zwischen den AnhängerInnen und KritikerInnen aber zum großen Teil produktiv verläuft (McLaughlin et al. 2007, S. 296). Zudem besteht ein breiter Konsens in Bezug auf den Wert einer öffentlichen Soziologie, wenn diese auf „strong research and the legitimate insights of the discipline" basiert (Brint 2007, S. 256). Auch die meisten professionellen SoziologInnen haben daher keine Einwände gegen eine solche Form, sofern diese in einem weiten Sinn verstanden wird (Hays 2007, S. 86).[29]

Es wird aber die Angst geäußert, dass die Disziplin durch die verstärkten Bemühungen, öffentlich zu wirken, ihre Legitimität verlieren könnte, insbesondere wenn ihre Beiträge moralisch aufgeladen sind (Turner 2007, S. 266). Steven Brint (2007, S. 239) befürchtet z.B. eine Verlagerung der

---

28 Diese Aufzählung der Formen der öffentlichen Soziologie ist nicht erschöpfend, sondern nur eine Auswahl, z.B. werden auch lokale oder nationale Ausstellungen zur Vermittlung eingesetzt (Gabriel et al. 2009, S. 330). Für einen Überblick über neuere Möglichkeiten, die in der Soziologie z.T. noch nicht genutzt werden, vgl. Lettkemann et al. 2017.

29 Dagegen ist besonders die Idee einer „organischen öffentlichen Soziologie" umstritten (Berg 2014, S. 54).

Aufmerksamkeit von der professionellen hin zur öffentlichen Soziologie, was zu einem Schwinden ihres Ansehens führen könnte (vgl. Tittle 2004, S. 1642).[30] Teilweise wird diese Frage jedoch schon von Burawoy (2007a) beantwortet, da er, wie gesehen, fordert, dass die professionelle und die öffentliche Soziologie zusammenarbeiten sollten (McLaughlin et al. 2007, S. 293). Von radikaler Seite aus wird dagegen die Komplementarität der vier Typen und der zentrale Stellenwert der „professionellen Soziologie" angezweifelt (Ghamari-Tabrizi 2007, S. 366; McLaughlin et al. 2007, S. 294).

Zudem wird eingewendet, dass es keine empirische Bestätigung für die These gibt, dass eine Zusammenarbeit der vier von Burawoy genannten Formen nützlich ist, auch sind diese nicht empirisch hergeleitet worden (McLaughlin/Turcotte 2007, S. 814). Allgemein bemängelt wird darüber hinaus die zu starke Trennung zwischen ihnen, weil dadurch die Differenzen zwischen ihnen übertrieben werden (Calhoun 2005, S. 357). Fallbeispiele der öffentlichen Soziologie zeigen dagegen, dass die konkrete soziologische Arbeit *zwischen* den von Burawoy beschriebenen Typen angesiedelt ist (Gabriel et al. 2009, S. 318).

b) Zur „professional sociology"/„professionellen Soziologie"

Allgemein wird die Terminologie von Burawoy als „far from innocent" bezeichnet (Berg 2014, S. 69). Die Bezeichnung „professional sociology" besitzt im Englischen z.B. durch die Anspielung auf den Begriff „profession" Konnotationen einer Elite, die ihr Monopol in einem Feld sichern will, um sich spezielle Privilegien und ihren Status zu erhalten (Berg 2014, S. 69). Man könnte stattdessen auch von einer „akademischem Soziologie" oder einer „sozialwissenschaftlichen Soziologie" sprechen (Goldberg/Berg 2009, S. 775; Berg 2014, S. 54). In der deutschen Übersetzung ist der Begriff ebenfalls suggestiv und deutet einen Kontrast zu „nicht-professionellen" Formen des Faches an (vgl. auch Davies 2009, S. 629).

---

30 Wilson (2007, S. 119) verweist aber auf das Beispiel der Ökonomie und deren Nobelpreisträger wie James Tobin oder Joseph E. Stieglitz, die zwar öffentlich Position beziehen, was aber ohne negative Konsequenzen für die Disziplin geblieben ist.

c) Zur „policy sociology"/„angewandten Soziologie"

Die deutsche Übertragung des Burawoy'schen Begriffes „policy sociology" ist ebenfalls mit Schwierigkeiten verbunden. Bude (2005, S. 376) und Aulenbacher/Dörre (2015, S. 16) schlagen dafür „angewandte Soziologie" vor, was hier übernommen wurde. Aulenbacher und Dörre (2015, S. 16) weisen aber darauf hin, dass damit im Unterschied zum englischen Original „der methodische Aspekt und die Forschungsorientierung stärker und der gesellschaftspolitische Aspekt geringer gewichtet" wird.[31]

Inhaltlich wird die abwertende Sichtweise dieser Form der Soziologie durch Burawoy (2004b, S. 1611, 2005d, S. 321) abgelehnt, der angewandte SoziologInnen u.a. als „servants to power" bezeichnet (Ericson 2005, S. 367; Wallerstein 2007, S. 178; Neidhardt 2017, S. 309). Nach Brady (2004, S. 1634) baut Burawoy damit einen falschen Gegensatz zur öffentlichen Soziologie auf, zudem fasst er unter öffentlicher Soziologie, was auch unter angewandter Soziologie verstanden werden könnte. Für Amitai Etzioni (2005, S. 376) beinhaltet eine öffentliche Soziologie dagegen ausdrücklich, sich in der Politik zu engagieren, weshalb „policy research" nötig ist.

Die „Zivilgesellschaft" stellt zudem für viele nicht wie für Burawoy (2007a, S. 57) die „best possible terrain for the defense of humanity" dar,[32] weil z.B. der formale gleiche Zugang wie bei dem Markt oder die selbstkorrigierenden Mechanismen des demokratischen Systems fehlen (Brady 2004; Prentice 2014, S. 143; Neidhardt 2017, S. 305). Der Staat wird dagegen dämonisiert, womit Burawoy die neoliberale Überzeugung reproduziert, dass dieser immer zwanghaft sowie despotisch ist (Brady 2004, S. 1633f.; Braithwaite 2005, S. 348; Prentice 2014, S. 143). Der Begriff „Zivilgesellschaft" überschätzt darüber hinaus die Differenzen zwischen dem Staat, dem Markt und dem Rest der Gesellschaft, die nicht drei sich selbstregulierende und selbst-reproduzierende Systeme sind (Calhoun 2005, S. 361).

---

31 In der englischsprachigen Diskussion wird „policy sociology" auch nur als *eine* Form der „applied sociology" verstanden (Goldberg/Berg 2009, S. 776), für Sprague/Laube (2009, S. 250) z.B. können sowohl die „policy sociology" als auch die „public sociology" unter den Oberbegriff „applied sociology" versammelt werden.

32 Generell hat die Idee der Verbindung der Soziologie mit der „Zivilgesellschaft", zusammen mit der der „organischen öffentlichen Soziologie", am meisten Kritik auf sich gezogen (Berg 2014, S. 54).

Burawoys negative Einschätzung der angewandten Soziologie wird auch als spezifisch amerikanisch angesehen, während sich z.B. in Frankreich die angewandte und die öffentliche Soziologie ähneln (Prentice 2014, S. 143). In Großbritannien gibt es ebenfalls eine entsprechende längere Tradition, wie sich in der dortigen Diskussion zur „public sociology" zeigt (Glass 1950; Halsey 1994). Hugh Lauder, Philipp Brown und A. H. Halsey (2004, S. 4) fordern z.B. in diesem Zusammenhang eine „New Policy Science" und eine stärkere Fokussierung auf fundamentale soziale Probleme sowie eine „policy-oriented sociology". Sie sehen aber eine Veränderung zu der unmittelbaren Nachkriegszeit, weil die Medien die Form der öffentlichen Debatte verändert haben: „In this new context contributing to the democratic conversation by advancing what provisionally constitutes the best explanation for fundamental social problems is an essential part of the work of those seeking to influence policy." (Lauder et al. 2004, S. 17; vgl. Johnson 2004; Wiles 2004). Wilson (2007, S. 117) bezieht sich zum Beleg für die These in der amerikanischen Debatte auf die Ergebnisse der Verwendungsforschung (Weiss 1993; vgl. Vaughan 2005a, S. 413; Beck 2005, S. 337; Beck/Bonß 1989).

Die Ablehnung der starken Unterscheidung zwischen angewandter und öffentlicher Soziologie ist verbunden mit der Zurückweisung der von Burawoy (2007a) genannten zweiten Achse des „instrumentellen" bzw. „reflexiven" Wissens. Burawoy (2004a, S. 105) räumt dazu selbst ein: „The distinction between academic and non-academic audiences is relatively clear, but the distinction between instrumental and reflexive knowledge is less so." Der Einwand lautet daher, dass die Art des Publikums nichts über den Typus des soziologischen Wissens aussagt (Mesny 2014, S. 169). McLaughlin et al. (2007, S. 300) halten z.B. die These, dass eine öffentliche Soziologie reflexiver als andere Formen wie die angewandte Soziologie ist, für nicht haltbar, da diese sich ebenfalls an einer Zielgruppe orientiert. Auch in den Fallbeispielen zeigt sich keine klare Trennung zwischen instrumentellem und reflexivem Wissen (Gabriel et al. 2009, S. 311, 330; Mesny 2014, S. 170).

Eine Folge der Aufgabe dieser Differenz wäre, dass die Trennung zwischen angewandter und öffentlicher Soziologie nicht mehr so stark und eine Verbindung zwischen ihnen möglich ist (Morrow 2009, S. 52, 63). Raymond A. Morrow (2009, S. 64) unterscheidet daher zwischen einer technokratischen und einer aufklärerischen Variante der angewandten Soziologie (vgl. Holdt 2017, S. 288). In späteren Arbeiten lässt Burawoy (2014b, S. 138) die Achse „instrumentelles" vs. „reflexives Wissen" zudem selbst fallen.

d) Zur „critical sociology"/„kritischen Soziologie"

Die Unterscheidung „instrumentelles" vs. „reflexives Wissen" ist aber gleichfalls von Bedeutung für seine Beschreibung der „kritischen Soziologie", die nach Burawoy ebenfalls reflexiv sein soll. Deren Definition durch Burawoy ist aber inkonsistent, da bei deren Bestimmung normative, moralische und politische Fragen zusammenfließen und sie durch eine *Mischung* von Publikum und Inhalt definiert wird, während die professionelle, die angewandte und die öffentliche Soziologie jeweils klar durch die Art ihres jeweiligen Publikums bestimmt werden können (Calhoun 2005, S. 357; Abbott 2007, S. 197; McLaughlin et al. 2007, S. 309).[33] McLaughlin et al. (2007, S. 303) schlagen daher vor, die Kategorie der kritische Soziologie genauer und ohne Bezugnahme auf politische Kriterien zu definieren. Zudem ist laut Morrow (2009, S. 63) die „professionelle Soziologie" weder mit einer radikalen noch mit einer konventionellen Position intrinsisch verbunden.

e) Wertgeladenheit des Modells

Eine damit zusammenhängende Kritik betrifft die *Wertgeladenheit* des Modells, obwohl Burawoy (2007a, S. 30) in seiner Rede klar formuliert: „Public sociology has no intrinsic normative valence, other than the commitment to dialogue around issues raised in and by sociology. It can well support Christian fundamentalism as it can liberation sociology or communitarianism." An anderer Stelle besitzt die kritische Soziologie für Burawoy (2004a, S. 105) jedoch eine „elective affinity" zur öffentlichen Soziologie.[34] In seinem Aufsatz „The Critical Turn to Public Sociology" betont er zudem, dass eine öffentliche Soziologie kritisch sein muss und bezeichnet sie als Teil des Projektes eines *„sociological socialism"* (Burawoy 2005d, S. 322). Ein Buch untersucht daher die normativen Dimensionen der öffentlichen Soziologie (Hanemaayer/Schneider 2014).

Der Vorwurf lautet daher aus dem Grund, dass die Idee der öffentlichen Soziologie ein verkapptes marxistisches bzw. linksliberales Konzept ist,

---

33 Der Begriff „kritische Soziologie" wird von Burawoy (2005d, 2007a) auch in zwei Fassungen verwendet, wobei er in Schriften wie „The Critical Turn to Public Sociology" eher politisch gemeint ist (McLaughlin et al. 2007, S. 304).
34 In der letzten These formuliert Burawoy (2007a, S. 55) zudem, wie gesehen, dass der „sociologist as partisan" den Standpunkt der Zivilgesellschaft einnehmen und so die Interessen der Menschheit verteidigen soll.

Francois Nielsen (2004) ist deshalb auch skeptisch in Bezug auf die These der Synergie zwischen den verschiedenen Formen der Soziologie (Boyns/ Fletcher 2007, S. 125; Brint 2007; Turner 2007; Berg 2014). Burawoy (2007c, S. 327) wehrt sich allerdings dagegen, da er seiner Ansicht nach eine weite Bandbreite von öffentlichen Soziologien unterstützt und nur seine eigene Fassung eine Beziehung zur kritischen Soziologie besitzt.

Von SkeptikerInnen wird die Forderung von Burawoy jedoch *undemokratisch* eingeschätzt, da bei ihm öffentliche SoziologInnen in öffentlichen Fragen mehr Einfluss als andere Bürger haben sollen, was für sie eine Form der Ungleichheit ist (Tittle 2004, S. 1643). Dieser Einwand wird insbesondere gegenüber der These geäußert, dass öffentliche SoziologInnen, anders als professionelle SoziologInnen, eine herausgehobene Rolle bei der Bestimmung der Werte der Öffentlichkeit und der Gesellschaft einnehmen sollen (Berg 2014, S. 64; Goldberg/Berg 2009, S. 780). Wenn die Soziologie darüber hinaus sogar Öffentlichkeiten bilden oder prägen will, ähnelt dies für sie der Ideologie des „Social Engineering" (Boyns/Fletcher 2007, S. 129). Für Berg (2014, S. 54, 57–64) sind dagegen die professionellen SoziologInnen demokratisch und besitzen ein demokratisches Ethos bzw. eine demokratische Epistemologie.[35]

f) Amerikanismus

Ein weiterer grundlegender Einwand betrifft die Prägung von Burawoys Modell durch den *amerikanischen Kontext*, da sein Text von einem Standpunkt der US-Soziologie aus geschrieben ist, wie sich schon bei seiner Einschätzung der Zivilgesellschaft zeigt (Urry 2005, S. 375; Morrow 2009, S. 48, Prentice 2014, S. 141). Die Zurückweisung des Staates und der angewandten Soziologie ergibt etwa im Rahmen eines liberalen Wohlfahrtsregimes einen Sinn, aber nicht in anderen Staaten. Die spezielle Situation gilt auch für die von Burawoy beschriebene Arbeitsteilung innerhalb der Disziplin in vier Felder, während für andere Länder die Ausübung verschiedener Rollen zur gleichen Zeit charakteristisch ist (Prentice 2014, S. 143; Brady 2004; Quah 2005, S. 397). Das Problem der Vier-Felder-Orientierung bei Burawoy liegt für Touraine (2007, S. 74) generell darin, dass je-

---

35 Burawoy (2011b, S. 401, 403, 2014a, S. Xf.) bezieht sich in diesem Zusammenhang aber selbst auf Robert K. Mertons (1957) Beschreibung der Normen der Wissenschaft.

der Typ von soziologischer Forschung mit der „national, cultural, and political history" eng verbunden ist.

5. Weitere Dimensionen der Debatte zur öffentlichen Soziologie

a) Interdisziplinäre Dimension

Die starke Abgrenzung Burawoys von anderen sozialwissenschaftlichen Fächern wird ebenfalls diskutiert. Stuart Hall (2005, S. 379) will politische und ökonomische Fragen nicht anderen Disziplinen überlassen und der Fokus auf die öffentliche Soziologie sollte diese Verbindung zu ihnen nicht kappen. Es wird zudem Kritik an der disziplinären Selbstüberhöhung geübt, da für Burawoy (2007a, S. 56) allein die öffentliche Soziologie die Interessen der Menschheit vertritt (Stacey 2007, S. 94). Dagegen wird angemerkt, dass die öffentliche soziologische Tradition z.B. eines David Riesman hauptsächlich von Nicht-SoziologInnen, etwa von nichtakademischen AnalytikerInnen, AkademikerInnen in anderen Fächern wie der Geschichte oder JournalistInnen weitergeführt wird (Patterson 2007, S. 187).

Daher gibt es Vorschläge, gemeinsame Seminare mit anderen Disziplinen abzuhalten, die öffentlicher werden wollen (Gans 2009, S. 131). Auch könnten Erfahrungen dieser Fächer hilfreich für die Soziologie sein und nützliche Modelle bieten, da sie zeigen, wie dort mit dem Verhältnis von öffentlicher Ausrichtung und professionellem Kern umgegangen wird (Davies 2009 S. 649; Glenn 2007, S. 227). Manfred Prisching (2017, S. 154) bemängelt etwa, dass in der Soziologie bisher keine Diskussion darüber stattgefunden hat, was eine Öffentlichkeit brauchen könnte, während die „Public Psychology" oder die „Public History" in dieser Hinsicht weiter sind.

Besonders die Anthropologie und deren ethnographische Methode werden dabei als Vorbild genannt. Für Diane Vaughan (2005b, S. 412f.), die ihre eigene Arbeit als „historical ethnography" bezeichnet, besteht der Vorteil dieses Ansatzes darin: „Ethnographic thick description presents details that convince, enabling readers to recognize patterns and makes that important connection between personal problems and public issues. Further, ethnography is particularly suited for showing complex social relations, exposing the intersection of history, institutional forces, culture, and structure as they affect every day interactions and the meanings of social life to individuals." Gans (2010, S. 97) fordert daher die Entwicklung einer „public ethnography". Diese Richtung ist zudem, wie seine Aufstellung amerikanischer soziologischer Bestseller zeigt, unter denen sich viele Gemeinschafts- oder Nachbarschaftsstudien befinden, am besten geeignet, ein größeres Publikum zu erreichen (Gans 1997, 2010, S. 98). Ein Grund dafür ist, dass die Ergebnisse meist in erzählender Form dargestellt werden, weshalb sie besser als andere soziologische Arbeiten zu lesen sind (Gans 2010, S. 98; Vannine/Milne 2014). Ein weiterer Vorzug ist, dass gute EthnographInnen ihre soziale Position und Stellung in der Studie reflektieren (Sternheimer 2018, S. 10).[36]

Als frühe Beispiele einer solche öffentlichen Ethnographie nennt Gans (2010, S. 98) u.a. W. E. B. DuBois' „The Phiadelphia Negro" und Mirra Komarovskys „The Unemployed Man and his Family". Neuere Vorbilder sind Barbara Ehrenreichs „Nickel and Dimed", Sudhir Venkateshs „Gang Leader for a Day" und Matthew Desmonds „Evicted", das 2017 den „Pulitzer"-Preis für das beste Sachbuch gewonnen hat (Sternheimer 2018, S. 44).[37]

b) *Erkenntnistheoretische Dimension*

Es gibt auch eine *erkenntnistheoretische Dimension* der Debatte, da ein Relativismus als schädlich für jede Disziplin angesehen wird, die eine größere öffentliche Aufmerksamkeit erzielen will (Rona-Tas/Gabay 2007, S. 342). In der öffentlichen Soziologie herrscht daher bei vielen der Glaube an den *Realismus* vor, d.h. dass die SoziologInnen die Mittel haben, „wahre" Fakten aufzudecken, die sie dann verbreiten können, und die dem Laienwissen überlegen sind (Mesny 2009, S. 676; vgl. Wiles 2004).[38] Auch Gans (1990, S. 326) vertritt in seiner ASA-Ansprache 1988 eine solche Position (Mesny 2009, S. 689). Nach Burawoy (2005b, S. 515f., 2011b, S. 398) sollte das sozialwissenschaftliche Wissen ebenfalls zwar „postpositivistisch" sein, während der Positivismus das Modell der professionellen Soziologie ist, er bezieht sich dabei aber auf Karl Popper, den er zu den Post-Positivisten zählt, der jedoch eine realistische Position vertritt.[39]

---

36 Es gibt in der Anthropologie auch weniger Widerstand als in der Soziologie gegen die Forderung nach einer „public anthropology". Es wird nur der Einwand erhoben, dass es dabei keinen prinzipiellen Unterschied zu der langen Tradition der angewandten Anthropologie gibt (Vannine/Milne 2014, S. 228, 243).

37 Bei Letzterem liegt auch eine direkte Verbindung zu Burawoy vor, da Desmonds (2007, S. 355) frühere Arbeit „On the Fireline" von diesem gegengelesen wird.

38 Wenn es darum geht, die Politik zu beeinflussen, können z.B. nicht alle Theorien berücksichtigt werden (Lauder et al. 2004, S. 12).

39 Nur der organische Typus von Burawoy ist mit der Komplementaritätsthese verknüpft, d.h. mit der Annahme, dass unterschiedliche Öffentlichkeiten spezielles, lokales Wissen besitzen, dass das Wissen der Soziologie verbessern kann (Mesny

c) Methodologische Dimension

Die Debatte hat zudem *methodologische* Implikationen. Burawoy (2004a, S. 129) selbst bezieht sich auf Alain Touraines (1981) Methode der „action sociology", die der Aktionsforschung ähnelt, um die Einstellungen der Öffentlichkeit ändern zu können (vgl. Hu 2009; Hagemann-White 2017, S. 232). Auch von Piven (2007, S. 165) wird die Forderung nach mehr partizipatorischen Forschungsansätzen erhoben (vgl. Silvia Cataldi 2014; Unger 2014).

Die Unterscheidung zwischen professioneller und öffentlicher Soziologie ist aber nicht deckungsgleich mit der zwischen qualitativen und quantitativen Methoden, da es Werkzeuge sind, die gemäß ihrer Nützlichkeit für die Fragestellung oder in Hinblick auf die verfügbaren Daten angewendet werden können (Wallerstein 2007, S. 172). Für Burawoy (2007a, S. 34) liegt die Differenz, für wen und für was Soziologie betrieben wird, daher quer zu der zwischen quantitativer und qualitativer Forschung.[40]

Ein Fokus auf partizipatorische Methoden kann darüber hinaus negative Folgen haben, da die Reaktion der Betroffenen auf die wissenschaftlichen Ergebnisse unvorhersehbar ist und darüber hinaus eine Gefahr für den Nutzen für eine breitere Öffentlichkeit besteht: „The insistence on visible, short-term benefits for research participants tends to undermine the larger view about less visible, long-term benefits of research for society at large or for the general public." (Mesny 2014, S. 166f.) Es sollten deshalb nach Ansicht von Anne Mesny (2014, S. 170) mehrere Formen bzw. Methoden der öffentlichen Soziologie als legitim angesehen werden.

d) Historische Dimension

Die Auseinandersetzungen zur öffentlichen Soziologie besitzen zudem eine *historische* Dimension, da Burawoy (2007a) in seiner Rede auch kurz die Geschichte der amerikanischen Soziologie skizziert. In der Gegenwart dominiert für ihn zwar die professionelle Richtung, diese Stellung hatte sie für ihn aber nicht immer inne. Er unterscheidet daher verschiedene Phasen der Disziplin, wobei sie in der ersten noch „inherently public" und wie

---

2009, S. 684). Wenn man diese These vertritt, kommt man aber zu „sharply different implications regarding public sociology" (Mesny 2009, S. 689).

40 Mills (1959) lehnt z.B. auch noch keine statistischen Methoden ab, dies ändert sich erst später (Davies 2009, S. 638).

bei den soziologischen Klassikern öffentlich ausgerichtet war (Burawoy 2007a, S. 24, vgl. S. 40). In der zweiten Phase, die in den 1920-Jahren beginnt, verlagert sich jedoch der Fokus hin zu Stiftungen bzw. Regierungsstellen und nach dem 2. Weltkrieg wird die finanzielle Unterstützung durch die Wirtschaft wichtiger (Burawoy 2007a, S. 48). In der dritten Phase erfolgt dann ein Engagement der kritischen Soziologie (u.a. von Robert Lynd, Mills und Alvin Gouldner) mit der professionellen Soziologie und ein belebender Einfluss auf das Fach durch die Studentenproteste (Burawoy 2007a, S. 24). In der neuen, gegenwärtigen vierten Phase kommt es für ihn dann wieder zu einer Rückkehr zu der ursprünglichen Orientierung hin auf eine breite Öffentlichkeit (Burawoy 2007a, S. 48).[41]

Diese rudimentäre soziologiegeschichtliche Beschreibung Burawoys ist aber problematisiert worden. Besonders umstritten sind die Effekte der Studentenbewegung von 1968, die Burawoy positiv wertet, während bereits Stephen Turner und Jonathan Turner (1990) eine „Fragmentierung" der Soziologie in der Folge beklagen, die für sie zu einem Bedeutungsverlust der Disziplin geführt hat (zum Vorwurf der „Ideologisierung" vgl. Horowitz 1993).[42] Für Calhoun (2005, S. 361, 363) muss man zudem für das Verständnis der Entwicklung des Faches den Wandel der Institutionen berücksichtigen, u.a. den Ausbau der Universitäten und der höheren Bildung sowie die zunehmende Regierungsfinanzierung.[43] Burawoy (2014a, S. XVI, 2014b, S. 138) betont später auch selbst, dass sein Modell weniger aussagekräftig ist, wenn es um die *Praxis* der öffentlichen Soziologie geht, und hebt nun die Bedeutung des Verhältnisses zwischen dem politischen und dem akademischen Feld hervor.

Burawoy (2005d, S. 313) gibt zudem an anderer Stelle eine abweichende Analyse der Wirkung der 1968er-Bewegung und bezeichnet die „radikale Soziologie" in den 1970er Jahren als „unrepentant" in ihrem akademischen Charakter: „For all its radicalism its immediate object was the transformati-

---

41 Später verändert Burawoy (2007c, 2007d, 2007e) seine Darstellung und unterscheidet nur noch drei Phasen der Entwicklung, zudem verbindet er seine Analyse nun mit der Theorie Karl Polanyis (1990).

42 Zu einem positiveren Ergebnis kommt Stephen Turner (2014) aber in dem ebenfalls durch die Debatte angeregten neueren Buch „American Sociology". Nun ist für ihn insbesondere die Attraktivität des Faches für Frauen ein Grund für den Wiederaufschwung der Soziologie seit den 1980er Jahren (Turner 2014).

43 Für Stuart Hall (2005, S. 379f.) ist darüber hinaus für die zweite Phase der Soziologie eher das Beispiel von Parsons charakteristisch, weshalb die Disziplin in der Zeit zu professionell und zu stark auf Konzepte statt auf die Realität ausgerichtet ist.

on of sociology not of society.["]44 Sie hatten allein das Ziel, Intellektuelle und insbesondere AkademikerInnen vom marxistischen Denken zu überzeugen und schrieben vorrangig für sich selbst. Den Schlusspunkt der Entwicklung sieht er bei Michel Foucaults These der Verbindung von Wissen und Macht gegeben: „This put radical sociology on the defensive, trapped in a black hole – remote from its historic agents and absorbed into disciplinary practices." (Burawoy 2005d, S. 316; vgl. Katz-Fishman/Scott 2005, S. 372)[45] Die kritischen Ansätze seit den 1980er Jahren, wie z.B. der Poststrukturalismus, ermöglichen es den WissenschaftlerInnen deshalb nicht mehr, sich auf der Basis ihrer Theorie zu engagieren (Schaffer 2014, S. 100).

Für Scott Schaffer (2014, S. 83) ist daher ein Grund für die gegenwärtige geringe öffentliche Wirkung der Intellektuellen die zunehmende Fixierung innerhalb der kritischen bzw. der marxistischen Soziologie auf die Theorie und für Oscar Patterson (2007, S. 193) darüber hinaus generell der hohe Abstraktionsgrad der meisten soziologischen Erklärungen, was durch die postmodernen Strömungen unterstützt wird (vgl. Ehrenreich 2007, S. 235). In einer öffentlichen Soziologie werden dagegen häufig „middle-range and small-scale"-Fragen behandelt (Patterson 2007, S. 185).

Historisch verbunden mit dem Fokus auf die soziologische Theorie ist zudem die zunehmende Abwertung der angewandten Bereiche des Faches wie der sozialen Arbeit, der Demographie oder der Kriminologie, die sukzessive aus der Disziplin verdrängt werden (Patterson 2007, S. 182f.; Schaffer 2014, S. 78). Nach 1945 manifestiert sich für Piven (2007, S. 159, 161) jedoch die öffentliche Soziologie gerade in der Behandlung sozialer Probleme, was sich erst in den 1970er Jahren ändert. Das Fach ist daher schon in den 1960er Jahren liberaler als die Politiker, weshalb in dem folgenden Jahrzehnt nicht, wie Burawoy meint, ein Aufstieg der kritischen „politischen", sondern einer der „professionellen" Werte stattfindet. Auch der äußere ökonomische Druck zielt in diese Richtung (Calhoun 2005, S. 358f.).

Die Tendenz ist ebenfalls eine (nicht-intendierte) Folge der Studentenbewegung. Der beschriebene engagiertere, problemorientierte soziologische Ansatz wird wie der professionelle von der „New Left" abgelehnt, letztere Richtung bleibt jedoch weiterhin stark, wogegen die „social problem"-Tradition stark betroffen wird, weil sie sowohl von den Linken *als auch* von der professionalisierten Richtung kritisiert wird (McAdam 2007,

---

44 Die Ausnahme war für Burawoy (2005, S. 313) der Feminismus, er erwähnt aber nicht die „Ethnic studies" und afroamerikanische Feministinnen (Brewer 2005, S. 354, 355; Acker 2005, S. 328).

45 Burawoy beachtet jedoch nicht den Einfluss der radikalen Kritik auf den zeitgenössischen unbefriedigenden Zustand des Faches (Holmwood 2007, S. 54).

S. 415–417). Dies zeigt sich in der Veränderung der Sektionen, da Anfang der 1970er Jahre noch alle acht Abteilungen der ASA wie z.B. die Bildungs- oder die Medizinsoziologie als engagiert zu bezeichnen sind, was sich erst bei den danach gegründeten Sektionen ändert (McAdam 2007, S. 423; vgl. Halsey 2004, S. 119).[46]

Die Beschreibung der Geschichte der Soziologie durch Burawoy ist darüber hinaus, trotz der beschriebenen Einwände, noch am ehesten auf die USA anwendbar (Holmwood 2007, S. 47). In Europa hat die öffentliche Soziologie bereits nach dem Krieg eine besondere Stellung, u.a. da das Fach als Industriesoziologie neu gegründet wird (Touraine 2007, S. 71). In Frankreich ist daher schon bei Alain Touraine eine Verbindung zwischen soziologischer Forschung und politischem Engagement zu erkennen (Heilbron 2015 S. 138; für Großbritannien vgl. Mitchell 1968, S. 216; Halsey 2004, S. VI). In dieser Zeit gibt es auch eine enge Verbindung zu den Industriegewerkschaften, was sich erst mit der liberalen Politik in den 1970er Jahren ändert (Touraine 2007, S. 75f.; Heilbron 2015, S. 124, 130). Ein Unterschied ist zudem, dass sich die amerikanische Soziologie früher und u.a. um die Forderung nach einer funktionalen Theorie herum professionalisiert, während in anderen Ländern die Entwicklung erst später und mit einem anderen Charakter einsetzt. In Großbritannien gibt es z.B. in der Phase der Institutionalisierung bereits eine Wirkung der kritischen Soziologie von Mills. Diese Differenz zeigt sich ebenfalls in der Reaktion auf Burawoys Vorschlag, die in England generell positiver als in den USA ausfällt (Holmwood 2007, S. 47; Holmwood/Scott 2007, S. 779–781).

Eine Betrachtung der deutschen Soziologiegeschichte kommt gleichfalls zu dem Ergebnis, dass die Hochzeit der öffentlichen Soziologie Ende der 1960er Jahre/Anfang der 1970er Jahre liegt und seit den späten 1970er Jahren ein Rückgang zu erkennen ist. Zudem ist wie in Großbritannien in dem Zeitraum schon ein Einfluss von Mills auf die deutsche Soziologie zu beobachten (Neun 2018a, 2019).

In der bisherigen Diskussion zur öffentlichen Soziologie werden so ein breites Spektrum an Fragen und Problemen behandelt. Im Überblick sind dies u.a.:

---

46 Daher gibt es in der Gegenwart weniger Beteiligung der SoziologInnen an der öffentlichen Debatte als noch in den mittleren und späten 1960er Jahren bzw. frühen 1970er Jahren (Wiles 2004, S. 33; Block 2007, S. 328). Burawoy spricht selbst in einem frühen, zusammen mit Jonathan VanAntwerpen verfassten Text von den 1950er Jahren als der „era of heroic public sociologists" und zählt Mills, David Riesman und Daniel Bell dazu (Burawoy/Antwerpen 2001, S. 1; vgl. Patterson 2007, S. 185; Haney 2008).

1. *Formen oder Genres* der öffentlichen Soziologie wie Bücher, Blogs, Twitter, Science Slams oder Theateraufführungen,
2. das *Modell* von Burawoy und u.a. sein Versuch der Abgrenzung zu anderen Typen der Soziologie,
3. *Inhalte und Themen* einer öffentlichen Soziologie,
4. *Publika oder Adressaten* einer öffentlichen Soziologie, insbesondere in Form der *Öffentlichkeitstheorie*,
5. *Beschreibung* des Verhältnisses von Wissenschaft/Soziologie und Öffentlichkeit,
6. *Spezifika* der Sozial- gegenüber den Naturwissenschaften,
7. Vergleiche der Soziologie mit *anderen sozialwissenschaftlichen Fächern* wie der Ökonomie,
8. Probleme der soziologischen *Sprache* bzw. des *Stils*,
9. Verhältnis von *öffentlichen SoziologInnen* zu *öffentlichen Intellektuellen*,
10. *praktische Vorschläge und Anleitungen* zur Umsetzung der öffentlichen Soziologie,
11. *historische* Vorläufer einer öffentlichen Soziologie,
12. *geschichtliche* und *komparative Studien* zur Entwicklung der Disziplin in Hinblick auf ihre öffentliche Stellung,
13. *Methoden* der öffentlichen Soziologie wie die Aktions- und Partizipationsforschung,
14. erkenntnistheoretische Probleme des *Post-Positivismus* und des *Realismus*,
15. *empirische* Studien zur *Wirkung* und *Verwendung* sozialwissenschaftlichen Wissens,
16. Notwendigkeit von *institutionellen Veränderungen* wie Studiengängen für öffentliche Soziologie,
17. *Fallstudien* zur öffentlichen Soziologie
18. und Probleme der *Lehre* der öffentlichen Soziologie.

6. Zur Lehre der öffentlichen Soziologie

Das zuletzt genannte Problem der Lehre der öffentlichen Soziologie wird in der Diskussion lange Zeit kaum behandelt, obwohl die Studierenden möglicherweise das größte Publikum des Faches sind und Burawoy selbst ein pädagogisches Experiment mit dem Namen „Public Sociology, Live!"

durchführt (Burawoy/Behbehanian 2012; DeCesare 2009, S. 187).[47] Für Burawoy (2004a, S. 126) ist zudem eine Formalisierung der öffentlichen Soziologie u.a. in Form von Kursen notwendig, da es bisher institutionell keine Anreize in der Disziplin für eine solche Form der Soziologie gibt (vgl. Stacey 2007, S. 92; Siebel/Smith 2009, S. 294f.). Meist werden aber, wie von ihm, nicht-traditionelle Formen des Lernens wie das „Service Learning" propagiert, das jedoch u.a. aus ethischen Gründen problematisch und nicht mit der öffentlichen Soziologie identisch ist (Burawoy 2004a, S. 126, 2007a, S. 31; Persell 2009, S. 216; Prentice 2014, S. 134).[48]

In der englischsprachigen Diskussion ist es aber relativ unstrittig, dass der angewandten Soziologie und den traditionellen öffentlichen Intellektuellen im Curriculum mehr Raum gegeben werden sollte, da beide Formen im Vergleich zur soziologischen Theorie dort nur wenig vertreten sind (Berg 2014, S. 54; Persell 2009, S. 212). Gans (2009) schlägt zudem als ersten Schritt dafür vor, „public sociology" als eigenen „track" im Studium anzubieten. Dies ist bereits an verschiedenen amerikanischen Universitäten umgesetzt worden, was auch nach Aulenbacher et al. (2017, S. 28f.) notwendig ist, denn „die Methodik einer öffentlichen Soziologie verbreitet sich nicht von selbst".[49]

7. Die frühe deutsche Debatte zur öffentlichen Soziologie

In der bisherigen, zumeist englischsprachigen Diskussion um die „public sociology" bzw. öffentliche Soziologie zeigt sich aber eine gewisse Geschichtsvergessenheit und ein Fokus auf die amerikanischen Debatten, weil es dort wenig Bewusstsein für frühere europäische Ideen dazu gibt (Fleck/

---

47 Die Frage ist auch unabhängig davon zu behandeln, ob die Lehre wie bei Burawoy (2007a) zur öffentlichen Soziologie zählt oder nicht. Burawoy (2014a, S. XII) unterscheidet selbst zwischen „teaching of public sociology" und „teaching as public sociology".

48 Als Susan Prentice (2014) 2010 ihren ersten kanadischen Kurs zu dem Thema „Theory and Practice of Public Sociology" anbietet, bekommt sie daher z.B. von der ASA keine Syllabi dafür angeboten.

49 Dies ist ebenfalls die Begründung für die Diskussion um eine „öffentliche Wissenschaft": „Eine Wissenschaft über die Öffentliche Wissenschaft ist deshalb auch jenseits der Erarbeitung theoretischer Modelle eine wichtige Voraussetzung für eine effiziente, unabhängige, allgemeinnützliche und erlernbare Öffentliche Wissenschaft." (Trotha/Morcillo 2017, S. 58)

Hess 2014).[50] Nach 1945 besteht jedoch in der deutschen Soziologie ebenfalls noch ein starker aufklärerischer Konsens, der erst später, u.a. im Zuge der Konflikte mit den protestierenden Studierenden, zerbricht.[51] In den selbstreflexiven Debatten der Nachkriegszeit zu den Aufgaben und Zielen des Faches werden daher bereits viele Aspekte der gegenwärtigen Auseinandersetzung vorweggenommen. Die Funktion der Wissenschaft für die Demokratie bezeichnet z.b. schon Arnd Morkel (1967, S. 108f.) als wichtiger denn je: „Kein freies System, gleich wie seine Institutionen beschaffen sein mögen, kann funktionieren, wenn seinen Bürgern die Fakten fehlen, die für eine rationale Diskussion unentbehrlich sind. Daran, ob und inwieweit es der Wissenschaft gelingt, an der Bildung einer informierten Öffentlichkeit mitzuwirken, wird der Beitrag der Wissenschaft zur Demokratisierung der modernen Gesellschaft gemessen werden."

In diesem Band soll diese frühe deutsche Diskussion dokumentiert werden, deren Beiträge zum Teil an entlegenen Stellen erschienen sind, was die beschriebene englischsprachige Debatte ergänzen und zur Kontinuität der Forschung zu dem Thema beitragen soll. Zudem sind die Arbeiten noch nicht in anderen Readern abgedruckt worden: zwar sind schon Sammelbände z.B. zum „Positivismusstreit" oder zum „Werturteilsstreit", aber bisher keine zur deutschen Theorie-Praxis- bzw. zur soziologischen Verwendungsdebatte publiziert worden (Adorno et al. 1969; Albert/Topitsch 1971; Schurz/Carrier 2013).

Ein Kriterium der Selektion war, dass nur Texte aufgenommen wurden, die nach 1945 in Deutschland erschienen sind, obwohl bereits in der Weimarer Zeit diese Frage behandelt wird, da sich erst nach dem Zweiten Weltkrieg die Diskussion dazu verstärkt (u.a. Becker 1919; Kärtner 1972, S. 341). Das zeitliche Ende markiert Heinz Budes (2005) Kommentar zu Burawoys Modell, der den Übergang zu der neueren deutschen Auseinandersetzung um eine „public sociology" bzw. öffentliche Soziologie signalisiert, die hier nicht mehr berücksichtigt wird, u.a. weil von Burawoy

---

50 Prentice (2014, S. 135, 260f.) konzentriert sich z.B. in ihrem Lehrplan auf die neuere Diskussion zu Burawoys Vorschlag. Im Zuge der amerikanischen Debatte sind aber als weitere Vorläufer der öffentlichen Soziologie u.a. noch Edward Ross, Charles Horton Cooley, William I. Thomas, Robert Ezra Park, Jane Addams und Gunnar Myrdal genannt worden (Lengerman und Niebrugge 2007; McMahon 2007, S. 31; Misztal 2009). Zudem äußern sich schon Park, Bogardus und Cooley in den 1920er Jahren zu dem Beitrag der Soziologie zur „High-School"-Bildung (DeCesare 2009, S. 200).

51 Für eine umfassende Darstellung der Geschichte des Verhältnisses von Soziologie und Öffentlichkeit nach 1945 bis in die Gegenwart vgl. Neun 2018a.

(2015), wie gesehen, bereits Arbeiten in Übersetzungen publiziert wurden und zudem eine zusammenfassende Darstellung der deutschen Beiträge dazu in der „Soziologischen Revue" erschienen ist (Damitz 2013).

Inhaltlich orientiert sich die Auswahl daran, in chronologischer Reihenfolge VertreterInnen unterschiedlicher soziologischer Richtungen, Positionen in dieser Hinsicht und Epochen zu repräsentieren.[52] Sie behandeln viele der genannten Fragen, Schlüsselbegriffe und Dimensionen der gegenwärtigen Auseinandersetzung um die öffentliche Soziologie wie beispielsweise die Abgrenzung der öffentlichen Soziologie von anderen Typen der Disziplin, das Verhältnis der öffentlichen Soziologie zu den öffentlichen Intellektuellen, die Beziehung des Faches zur Öffentlichkeit, erkenntnistheoretische und methodologische Fragen des Positivismus, den soziologischen Stil oder die Verwendung soziologischen Wissens.[53]

Es zeigt sich dabei generell, dass das Problem der „allgemein gesellschaftlichen" bzw. „öffentlichen" Funktion der Soziologie noch als so relevant eingeschätzt wird, dass es von fast allen bedeutenden AutorInnen der Zeit behandelt wird, wobei im Unterschied zu Burawoy meist eine Unterscheidung zwischen drei Typen getroffen wird. Häufig wird es zudem unter dem Stichwort „Praxis" untersucht, das aber, wie gesehen, vieldeutig ist. Wie schon in den theoretischen Abhandlungen Anfang der 1960er Jahre argumentiert wird (u.a. Niezing 1967), deutet dies auf die Notwendigkeit eines eigenen Begriffes für diese, neben der Grundlagenforschung und der angewandten Forschung, dritte Form der Soziologie hin: die „öffentliche Soziologie".

Der hier verwendete Begriff der „öffentlichen Soziologie" knüpft damit zwar an die beschriebene von Burawoy (2005) angestoßene Debatte an (vgl. Bude 2005), durch die Zusammenstellung soll aber deutlich werden, dass dies zwar in Deutschland ein neuer Begriff, die Idee dazu aber älteren Ursprungs ist und die Diskussion dazu schon länger geführt wurde. Sie zeigt zudem, dass der Begriff nicht eindeutig politisch zu verorten ist, da es zunächst eine große, übergreifende Übereinstimmung in dieser Hinsicht

---

52 Die Beiträge wurden zum Teil leicht gekürzt, was mit eckigen Klammern gekennzeichnet wurde.

53 Es werden aber nicht alle genannten Themen der englischsprachigen Diskussion abgedeckt. In dem Band sind z.B. keine Beiträge zur *Methodendiskussion* wie der Aktions- bzw. der Partizipationsforschung enthalten (Fuchs 1970/1971; Unger 2014), da entsprechende Bände bereits erschienen sind. Nicht aufgenommen wurden zudem die im folgenden genannten Beiträge von Niklas Luhmann (2009) und René König (2006), die bereits in neueren Ausgaben erschienen sind.

innerhalb des Faches gibt (Neun 2018a),[54] und seine Verwendung darüber hinaus nicht an die Details der Vorstellungen Burawoys geknüpft ist. Vorausschauend sei zudem gesagt: es ist ein Reader mit deutschen Texten *über* die öffentliche Soziologie, nicht Beispiele für eine solche.[55]

Der früheste Text stammt von Theodor *Geiger*, der in seinem 1949 auf Deutsch publizierten Werk[56] „Aufgaben und Stellung der Intelligenz in der Gesellschaft" den neuen Typus einer „vermittelnden Intelligenz" beschreibt, dessen Aufgabe die Verbreitung wissenschaftlichen Wissens ist und dessen Entstehung er auf die „Demokratisierung der Bildung" zurückführt. Die Entwicklung ist für ihn zudem verbunden mit der Genese der öffentlichen Meinung als zentraler politische Instanz, die (politische) Informationen für ihre Entscheidungen benötigt. Obwohl Geiger 1951 stirbt und nicht mehr aus dem Exil aus Dänemark nach Deutschland zurückkehren kann, wirkt er mit diesen Thesen auf die spätere deutsche Debatte zu dem Thema (König 1959; Tenbruck 1972, Riegel 1974).

René König (1962, 2006), der sich bereits 1961 u.a. unter dem Einfluss von Mills' (1959) Werk „Sociological Imagination" in seinem Beitrag „Die Berufsmöglichkeiten der Soziologen" auf der DGS-Tagung in Tübingen theoretisch mit den Bildungsaufgaben der Soziologie auseinandersetzt, veröffentlicht 1965 den Sammelband „Soziologische Orientierung" mit Arbeiten von ihm, die auf ein breites Publikum ausgerichtet sind. In dem Vorwort dazu beschreibt er seine Zielsetzung genauer dahingehend, dass die darin abgedruckten Texte „Orientierung" bieten sollen. Dies bedeutet für ihn dreierlei: erstens sollen sie Informationen bieten, zweitens Zusammenhänge aufzeigen und drittens die „Bildungselemente" des Faches demonstrieren, d.h. für ihn die aus den Ergebnissen resultierenden Wertperspektiven. Um diese Absicht umzusetzen, nutzt er selbst, wie er anmerkt, die neuen Massenmedien wie das Radio.

In den soziologischen Selbstreflexionen in den 1960er Jahren wird der Typus der öffentlichen Soziologie auch theoretisch von anderen Varianten der Disziplin abgegrenzt, z.B. von M. Rainer Lepsius (1961) in der „Denkschrift zur Lage der Soziologie und der Politischen Wissenschaft", in der er ihn als den in der soziologischen Praxis dominierenden bezeichnet. Der holländische Soziologe John Niezing (1967) unterscheidet in seinem Buch „Aufgaben und Funktionen der Soziologie", das 1967 auf Deutsch er-

---

54 Auch Aulenbacher et al. (2017) kennzeichnen ihre neuere Fassung als *eine* mögliche Variante der öffentlichen Soziologie.
55 Dies hätte einen anderen Band erfordert. Für den englischsprachigen Raum vgl. Coser (1980).
56 1944 erscheint das Werk bereits auf Dänisch.

scheint, ebenfalls eine dritte Form neben der Grundlagenforschung und der angewandten Forschung. Für ihn ist daher eine Popularisierung der Ergebnisse charakteristisch, die Niezing (1967) von einer Vulgarisierung bzw. Para-Soziologie unterscheidet.

In den 1960 Jahren findet zudem eine intensive Auseinandersetzung mit dem Problem der „Öffentlichkeit" statt. Der bekannteste Text dazu ist das bereits genannte Werk von Jürgen *Habermas* (1962) „Strukturwandel der Öffentlichkeit", in dem er deren Beziehung zur Wissenschaft aber nicht untersucht. Dies unternimmt er erst in seinem späteren Aufsatz „Verwissenschaftliche Politik und öffentliche Meinung" aus dem Jahre 1964, der in der Folge in verschiedenen Varianten erscheint, so 1966 unter dem Titel „Verwissenschaftlichte Politik in demokratischer Gesellschaft" und in erweiterter Fassung in dem Band „Wissenschaft und Technologie" (Habermas 1964, 1966, 1968). Habermas' dort getroffene Differenzierung in drei Modelle des Verhältnisses von Wissenschaft und Öffentlichkeit – technokratisch, dezisionistisch und pragmatisch, wobei Letzteres eine aufklärerische Funktion besitzt – ist wirkungsstark für die allgemeine Diskussion zum Thema „Wissenschaft und Öffentlichkeit", die Mitte der 1960er Jahre einsetzt (Glaser 1965; Morkel 1967).[57]

Andere Vertreter der Kritischen Theorie äußern sich in der Zeit aber zurückhaltender als Habermas, obwohl ihre Werke selbst eine starke öffentliche Resonanz besitzen und Max Horkheimer (1959) explizit eine aufklärerische Aufgabe der Soziologie anmahnt. In den 1960er Jahren erfolgt jedoch eine zunehmende Kritik der Studierenden an Theodor W. *Adorno* wegen dessen Ferne zur Praxis. In einem Interview in der „Süddeutschen Zeitung", das Adorno (1986) 1969 kurz vor seinem Tod führt, wirft er wiederum den Studierenden vor, sich zu Unrecht auf ihn zu berufen, dennoch hält er weiter an dem Begriff der „Aufklärung" fest. Seine längste Auseinandersetzung mit dem Problem erscheint erst posthum in den hier aufgenommenen „Marginalien zu Theorie und Praxis". Dort grenzt er sich – anders als in seinen bekannteren Beiträgen zum Positivismusstreit (Adorno et al. 1969) – nicht nur vom Positivismus, sondern auch von den Protestierenden ab, denen er einen „Praktizismus" und „Pseudo-Aktivität" vorwirft. Er vertritt dagegen u.a. die These, dass eine Theorie, die nicht direkt auf die Praxis abzielt, wirkungsstärker sein kann als eine, die dies explizit tut.[58]

---

57 Im Gegensatz zu seinem Aufsatz „Erkenntnis und Interesse" ist diese Arbeit von Habermas bisher nicht in Sammelbänden abgedruckt worden (Albert und Topitsch 1971; Schurz und Carrier 2013).
58 In dieser Haltung trifft er sich mit der Luhmann (1970), der in seinem Artikel „Theorie als Praxis" eine ähnliche Position vertritt.

Die Diskussion um die Beziehung von Theorie und Praxis wird in dem 1969 herausgegebenen Band „Soziologie in der Kritik" weitergeführt (Schäfers 1969). Rolf *Klima* stützt sich dort in seinem Beitrag auf Mertons Konzept des „Rollen-Sets", um die verschiedenen Aufgaben der Wissenschaftler zu beschreiben.[59] Für ihn sind dabei die Theoriekonflikte in dieser Zeit auf unterschiedliche Positionen in dieser Frage zurückzuführen, da manche soziologische Richtungen den Kontakt zur „Öffentlichkeit" dazu zählen. Er selbst zeigt sich dabei in Anschluss an Luhmann (2009) skeptisch in diesem Punkt.

Auch Ralf *Dahrendorf* (1967) beschäftigt sich u.a. in seiner Antrittsvorlesung in Tübingen mit dem Verhältnis des Faches zur Praxis. In dem hier wiedergegebenen späteren Beitrag „Vom Nutzen der Soziologie" aus dem Jahre 1970 unterscheidet er zwei Funktionen der Soziologie: die als „Orientierungswissenschaft" bzw. „Weltbildsoziologie" und die als „Fachsoziologie". Er hält aber beide Formen der Disziplin für notwendig, sie sollen sich jedoch nicht gegenseitig behindern. Die USA sind deshalb aufgrund der stärkeren institutionellen akademischen Differenzierung dieser Aufgaben, d.h. in „college" und „graduate school", ein Vorbild für ihn.

Die Gegenposition dazu vertritt 1971 Friedrich *Tenbruck,* der den negativen Folgen einer zu starken Orientierung der Wissenschaften an der Öffentlichkeit nachgeht. Vor allem bei den Sozialwissenschaften besteht für ihn das Risiko, dass eine Popularisierung der Ergebnisse keine aufklärerischen Effekte hat, sondern leicht ideologisch genutzt werden können. Das Problem verstärkt sich für ihn zudem durch die Vergrößerung des Publikums der Wissenschaft und die Verwissenschaftlichung nicht nur des öffentlichen Diskurses, sondern auch des Bewusstseins. Dieser Artikel von Tenbruck wird für die weitere Wissenschaftssoziologie prägend und beeinflusst z.B. Walter Bühls (1974, S. 242) „Einführung in die Wissenschaftssoziologie", in dem dieser apodiktisch festhält: „Das Publikum des Wissenschaftlers sind die Wissenschaftler." Später radikalisiert Tenbruck (1980, 1984) seine Auffassung zu der These der „unbewältigten Sozialwissenschaften", die eine Nähe zu den späteren Ideen Schelskys (1975) zeigt. Niklas Luhmann (2009) konzipiert Ende der 1960er Jahre gleichfalls ein systemtheoretisches Modell von Wissenschaft, das auf die wissenschaftsinterne

---

59 Das Konzept des „Rollen-Sets" ist in diesem Kontext neuerdings wieder von Simone Rödder (2012) aufgegriffen worden.

Öffentlichkeit ausgerichtet ist, erstmals 1968 in seinem Aufsatz „Selbst-steuerung der Wissenschaft".[60]

Klaus-Georg *Riegel* entwickelt jedoch 1974 noch ein systemtheoretisches Verständnis von Wissenschaft, die weiterhin auf eine breitere Öffentlich-keit abzielt. Dafür beschreibt er zunächst ein „wissenschaftliches Sonder-wissen", wobei er sich u.a. auf Luhmann (2009) stützt, dieses ist für ihn aber zugleich ein „öffentliches Wissen", da es grundsätzlich jeder erwerben kann und jedem offensteht. Es wird jedoch erst zu einem solchen „öffentli-chen Wissen", wenn es allen zugänglich gemacht wird, wozu Institutionen notwendig sind, die das ermöglichen. Die Aufgabe wird zudem u.a., wie bei Geiger (1949), von bestimmten Gruppen der Intelligenz wie der „ver-mittelnden Intelligenz" übernommen.

Claus *Offes* Beitrag aus dem Jahr 1982 ist eine Reaktion auf den in den 1980er Jahren geringer werdenden Einfluss der Soziologie. Er beobachtet deshalb nun einen größeren Graben zwischen Wissenschaft und politi-schen Akteuren bzw. sozialen Bewegungen. Historisch ist für ihn aber für die Sozialwissenschaften der „Dualismus von sozialer Bewegung und aka-demischer Theoriebildung" charakteristisch, weshalb er zwei Typen von sozialwissenschaftlichen Theorien, d.h. akademische und nicht-akademi-sche unterscheidet, wobei verschiedene Möglichkeiten der Verbindung zwischen ihnen bestehen. Offe kritisiert jedoch in der Gegenwart eine zu starke Akademisierung der Disziplin und eine Inanspruchnahme durch die politischen Eliten. In dem Zusammenhang beklagt er die Veränderung der Bedeutung des Begriffes „Praxisrelevanz", der früher noch auf die Eigener-mächtigung der Akteure abzielte, nunmehr aber vorrangig auf die Bezie-hung zwischen Forschung und politischer Verwaltung angewendet wird. Dadurch verliert für ihn aber das Fach den Bezug zu den sozialen Bewe-gungen und kann z.B. Arbeiter nicht mehr erreichen.

Im Kontext der Verwendungsforschung werden zudem seit 1978 in der Zeitschrift „Soziologie" erste Debatten zum Verhältnis der Soziologie zu den Medien geführt und empirische Untersuchungen dazu vorgelegt, die an die frühen Arbeiten zum generellen Verhältnis von Wissenschaft und Öffentlichkeit vom Anfang der 1970er Jahre anknüpfen (Kärtner 1972; De-penbrock 1976; Guha 1978; Dittmar 1978; Badura 1982). Hans-Peter Peters (1982) unternimmt einen Vergleich der Medienberichterstattung über phy-sikalische bzw. soziologische Ergebnisse und kommt zu dem Schluss, dass diese im ersten Fall im Wissenschaftsteil und von Wissenschaftsjournalis-

---

60 Luhmann (1971) behandelt in einem Beitrag in dieser Zeit auch das Thema „öf-fentliche Meinung".

ten erfolgt, im zweiten Fall dagegen der Publikationsort stärker variiert und die Artikel nicht von Wissenschaftsjournalisten verfasst werden.

Im Zusammenhang mit dieser Verwendungsdiskussion erscheint auch der theoretische Beitrag von Christoph *Lau,* in dem er der Frage nachgeht, wieso das Bild dominiert, dass die Soziologie weniger Relevanz besitzt, obwohl es zu einer Versozialwissenschaftlichung der Gesellschaft und einer entsprechenden Institutionalisierung gekommen ist. Er deutet diesen Widerspruch als (notwendiges) Zeichen für den Anwendungserfolg bzw. das „Praktischwerden" der Disziplin.[61] Lau versteht dabei unter Verwendung nicht nur eine instrumentalistische Wissensverwendung, sondern auch die „Begründung von Entscheidungen" in kollektiven Argumentationsprozessen. Er unterscheidet dafür ein geschlossenes und ein offenes Verwendungsmodell, wobei bei ersterem eine direkte Interaktion zwischen Praktiker und Wissenschaft z.B. in Form der Auftragsforschung vorliegt, im zweiten jedoch die Öffentlichkeit zu dem Verwendungskontext zu zählen ist. Im letzteren Fall ist zudem ein stärkerer Einfluss des wissenschaftlichen Wissens möglich. Wie er selbst in einer Fußnote anmerkt, ähnelt diese Vorstellung dem genannten früheren Ansatz von Habermas (1968).

In den 1990er Jahren erfolgt aber ein Abbrechen dieser Debatte. Eine Ausnahme stellt die Reihe „Wozu heute noch Soziologie?" in der „Zeit" im Jahr 1996 dar, in der die meisten Beteiligten die Forderung erheben, wieder öffentlicher zu wirken. *Dahrendorf* beklagt z.B. in seinem Artikel ein Verschwinden der früheren „öffentlichen Wissenschaft" und sieht diese in der Gegenwart eher bei Wirtschaftshistorikern, politischen Ökonomen oder Sozialanthropologen gegeben. Ein Grund dafür ist für ihn der in der Soziologie dominierende anti-institutionelle Ansatz und die Bürokratisierungsprozesse in dem Fach. Zudem ist nach Dahrendorf die öffentliche Wissenschaft nicht mehr an den Universitäten, sondern vorrangig an den außeruniversitären Forschungsinstitutionen angesiedelt.

Gerhard *Schulze* beschreibt in seinem Essay, der diese Auswahl abschließt, den soziologischen Orientierungsbedarf jedoch als nie größer als in der Gegenwart, da die Lebensbedingungen immer stärker von individuellen Entscheidungen abhängen. Zudem weist er auf den publizistischen Erfolg von Nicht-Soziologen wie Al Gore mit soziologischen Themen hin. Deshalb macht er verschiedene Vorschläge für die Zukunft: 1. die Soziologie sollte das Publikum außerhalb der Disziplin ansprechen, 2. sie sollte werten, 3. die Gesellschaft behandeln, 4. Abschied von dem Modell der

---

61 Lau und Ulrich Beck beziehen sich dafür auf die These der „Trivialisierung" des Wissens von Tenbruck (1975; Beck/Lau 1982).

Naturwissenschaft nehmen und 5. institutionelle Veränderungen vornehmen. Damit tauchen bereits mehrere Motive der neueren Debatte um eine
„public sociology" auf, die ca. 10 Jahre später einsetzt (Bude 2005).

Literaturverzeichnis

Abbott, Andrew. 2007. For Humanist Sociology. In D. Clawson, R. Zussmann, J.
Misra, N. Gerstel, R. Stokes, D. L. Anderton und M. Burawoy (Hrsg.), *Public So-*
ciology. Fifteen Eminent Sociologists Debate Politics and the Profession in the Twenty-
first Century (S. 195–209). Berkeley: University of California Press.

Acker, Joan. 2005. Comments on Burawoy on Public Sociology. *Critical Sociology*
31: 327–331.

Adorno, Theodor W. 1986. Kritische Theorie und Protestbewegung. Ein Interview
mit der „Süddeutschen Zeitung" [1969]. In Vermischte Schriften I. Gesammelte
Schriften Band 20.1. Hrsg. Rolf Tiedemann (S. 398–401). Frankfurt a. M.: Suhrkamp.

Adorno, Theodor W., und Ralf Dahrendorf, Harald Pilot, Hans Albert, Jürgen Habermas, Karl P. Popper. 1969. *Der Positivismusstreit in der deutschen Soziologie*.
Neuwied: Luchterhand.

Agger, Ben. 2007. *Public Sociology. From Social Facts to Literary Acts*. 2. Aufl. Lanham: Rowman & Littlefield Publishers.

Albert, Hans, und Ernst Topitsch. (Hrsg.). 1971. *Werturteilsstreit*. Darmstadt: Wissenschaftliche Buchgesellschaft.

Aronowitz, Stanley. 2005. Comments on Michael Burawoy's „The Critical Turn to
Public Sociology". *Critical Sociology* 31: 333–338.

Aulenbacher, Brigitte, und Klaus Dörre. 2015. Michael Burawoys Soziologie – eine
kapitalismus- und wissenschaftskritische Herausforderung. In Michael Burawoy:
Public Sociology: Öffentliche Soziologie gegen Marktfundamentalismus und globale
Ungleichheit. Hrsg. v. Brigitte Aulenbacher und Klaus Dörre (S. 9–22). Weinheim: Beltz Juventa.

Aulenbacher, Brigitte, und Michael Burawoy, Klaus Dörre, Johanna Sittel. 2017.
Zur Einführung: Soziologie und Öffentlichkeit im Krisendiskurs. In dies.
(Hrsg.), *Öffentliche Soziologie. Wissenschaft im Dialog mit der Gesellschaft* (S. 11–
30). Frankfurt a. M.: Campus.

Badgett, M. V. Lee. 2015. *The Public Professor. How to Use Your Research to Change the*
World. New York: New York University Press.

Badura, Ulrike. 1982. Wissenschaftsberichterstattung – Impressionen einer Auszäh-
lung. *Soziologie* 11: 17–36.

Beck, Ulrich (Hrsg.). 1982. *Soziologie und Praxis. Erfahrungen, Konflikte, Perspektiven*.
Göttingen: Otto Schwartz & Co.

Beck, Ulrich, und Christoph Lau. 1982. Die „Verwendungstauglichkeit" sozialwissenschaftlicher Theorien: Das Beispiel der Bildungs- und Arbeitsmarktforschung. In Ulrich Beck (Hrsg.), *Soziologie und Praxis. Erfahrungen, Konflikte, Perspektiven* (S. 369–394). Göttingen: Otto Schwartz & Co.

Beck, Ulrich. 2005. How Not to Become a Museum Piece. *British Journal of Sociology* 56: 335–343.

Becker, Carl Heinrich. 1919. *Gedanken zur Hochschulreform.* Leipzig: Quelle & Meyer.

Bell, Daniel. 1957. Yale Man as Revolutionist. *The New Leader 40 (9. Dezember)*: 22–24.

Bell, Daniel. 1964. The Post-Industrial Society. In Eli Ginzberg (Hrsg.), *Technology and Social Change* (S. 44–59). New York: Columbia Univ. Press.

Bell, Daniel. 1973. *The Coming of Post-Industrial Society. A Venture in Social Forecasting.* New York: Basic Books.

Bell, Daniel. 2011. *The Reforming of General Education. The Columbia College Experience in Its National Setting.* New Brunswick, N. J: Transaction Publishers.

Berg, van den Axel. 2014. Public Sociology, Professional Sociology, and Democracy. In Ariane Hanemaayer und Cristopher J. Schneider (Hrsg.), *The Public Sociology Debate. Ethics and Engagement* (S. 53–73). Vancouver: UBC Press,

Blau, Judith, und Keri E. Iyall Smith (Hrsg.). 2006. *Public Sociologies Reader.* Lanham, Maryland: Rowman & Littlefield Publishers.

Block, Fred. 1990. *Postindustrial Possibilities. A Critique of Economic Discourse.* Berkeley: University of California Press.

Block, Fred. 2007. Confronting Market Fundamentalism: doing 'Public Economic Sociology'. *Socio-Economic Review* 5: 326–334.

Borofsky, Robert. 2011. *Why a Public Anthropology?* Honolulu, Hawaii.

Bourdieu, Pierre. 1988. *Homo Academicus.* Frankfurt a. M.: Suhrkamp.

Bourdieu, Pierre, und Hans Haacke. 1995. *Freier Austausch. Für die Unabhängigkeit der Phantasie und des Denkens.* Frankfurt a. M.: Fischer.

Boyns, David, und Jesse Fletcher. 2007. Reflections on Public Sociology. Public Relations, Disciplinary Identity, and the Strong Program in Professional Sociology. In Lawrence T. Nichols (Hrsg,), *Public Sociology. The Contemporary Debate* (S. 119–147). New Brunswick, New Jersey: Transaction Publishers.

Brady, David. 2004. Why Public Sociology May Fail. *Social Forces* 82: 1629–1638.

Braithwaite, John. 2005: For Public Social Science. *British Journal of Sociology* 56: 345–353.

Brewer, Rose M. 2005. Response to Michael Burawoy's Commentary „The Critical Turn to Public Sociology". *Critical Sociology* 31: 353–359.

Brint, Steven. 2007. Guide for the Perplexed: On Michael Burawoy's „Public Sociology". In Lawrence T. Nichols (Hrsg,), *Public Sociology. The Contemporary Debate* (S. 237–262). New Brunswick, New Jersey: Transaction Publishers.

Brym Robert J., und Reza M. Nakhaie. 2009. Professional, Critical, Policy, and Public Academics in Canada. *Canadian Journal of Sociology* 34: 655–670.

Bucchi, Massimiano, und Brian Trench (Hrsg.). 2014. *Routledge Handbook of Public Communication of Science and Technology*. 2. Aufl. London: Routledge.

Bucchi, Massimiano, und Brian Trench (Hrsg.). 2016a. *The Public Communication of Science. Critical Concepts in Sociology. Bd. 1. Theories and Models*. London: Routledge.

Bucchi, Massimiano, und Brian Trench (Hrsg.). 2016b. *The Public Communication of Science. Critical Concepts in Sociology. Bd. 2. Processes and Strategies*. London: Routledge.

Bucchi, Massimiano, und Brian Trench (Hrsg.). 2016c. *The Public Communication of Science. Critical Concepts in Sociology. Bd. 3. Publics for Science*. London: Routledge.

Bucchi, Massimiano, und Brian Trench (Hrsg.). 2016d. *The Public Communication of Science. Critical Concepts in Sociology. Bd. 4. Media Representations of Science*. London: Routledge.

Bude, Heinz. 2005. Auf der Suche nach einer öffentlichen Soziologie. Ein Kommentar zu Michael Burawoy von Heinz Bude. *Soziale Welt* 56: 375–380.

Bude, Heinz. 2008. *Die Ausgeschlossenen. Das Ende vom Traum einer gerechten Gesellschaft*. München: Hanser.

Bude, Heinz. 2011. *Bildungspanik: Was unsere Gesellschaft spaltet*. München: Hanser.

Bude, Heinz. 2017. Das Theater als Ort öffentlicher Soziologie. In Brigitte Aulenbacher, Michael Burawoy, Klaus Dörre und Johanna Sittel (Hrsg.). *Öffentliche Soziologie. Wissenschaft im Dialog mit der Gesellschaft* (S. 370–375). Frankfurt a. M.: Campus.

Bühl, Walter L. 1974. *Einführung in die Wissenschaftssoziologie*. München: Beck.

Burawoy, Michael. 1979. *Manufacturing Consent. Changes in the Labor Process under Monopoly Capitalism*. Chicago: University of Chicago Press.

Burawoy, Michael. 2004a. Public Sociologies: A Symposium from Boston College. *Social Problems* 51: 104–106, 124–130.

Burawoy, Michael. 2004b. Public Sociologies: Contradictions, Dilemmas, and Possibilities. *Social Forces* 82: 1603–1618.

Burawoy, Michael. 2005a. For Public Sociology. *American Sociological Review* 70: 4–28.

Burawoy, Michael. 2005b. Provincializing the Social Sciences. In Georg Steinmetz (Hrsg,), *The Politics of Method in the Human Sciences* (S. 508–525). Durham: Duke University Press.

Burawoy, Michael. 2005c. Response: Public Sociology: Populist Fad or Path of Renewal? *British Journal of Sociology* 56: 417–431.

Burawoy, Michael. 2005d. The Critical Turn to Public Sociology. *Critical Sociology* 31: 313–326.

Burawoy, Michael. 2007a. Public Sociology. In Dan Clawson, Robert Zussmann, Joya Misra, Naomi Gerstel, Randall Stokes, Douglas L. Anderton und M. Burawoy (Hrsg.), *Public Sociology. Fifteen Eminent Sociologists Debate Politics and the Profession in the Twenty-first Century* (S. 23–64). Berkeley: University of California Press.

Burawoy, Michael. 2007b. Private Troubles and Public Issues. In Andrew Barlow (Hrsg.), *Collaborations for Social Justice* (S. 125–131). Lanham, Maryland: Rowman & Littlefield.

Burawoy, Michael. 2007c. Third-Wave Sociology and the End of Pure Science. In Lawrence T. Nichols (Hrsg,), *Public Sociology. The Contemporary Debate* (S. 317–335). New Brunswick, New Jersey: Transaction Publishers.

Burawoy, Michael. 2007d. Public Sociology vs. the Market. *Socio-Economic Review* 5: 356–367.

Burawoy, Michael. 2007e. The Field of Sociology. In Dan Clawson, Robert Zussmann, Joya Misra, Naomi Gerstel, Randall Stokes, Douglas L. Anderton und M. Burawoy (Hrsg.), *Public Sociology. Fifteen Eminent Sociologists Debate Politics and the Profession in the Twenty-first Century* (S. S. 241–258). Berkeley: University of California Press.

Burawoy, Michael. 2008. Open Letter to C. Wright Mills. *Antipode* 40: 365–375.

Burawoy, Michael. 2009a. The Public Sociology Wars. In Vincent Jeffries (Hrsg,), *Handbook of Public Sociology* (S. 449–473). Lanham, Maryland: Rowman & Littlefield.

Burawoy, Michael. 2009b. Public Sociology: The Task and the Promise. In Kenneth Gould und Tammy Lewis (Hrsg.), *Ten Lessons in Introductory Sociology* (S. 279–298). Oxford: Oxford University Press.

Burawoy, Michael. 2011a. Interview mit Devorah Kalekin-Fishman. *International Sociology Review of Books* 26: 583–596.

Burawoy, Michael. 2011b. The Last Positivist. *Contemporary Sociology* 40: 396–404.

Burawoy, Michael. 2013. From Max Weber to Public Sociology. In Hans-Georg Soeffner (Hrsg.), *Transnationale Vergesellschaftungen. Verhandlungen des 35. Kongresses der Deutschen Gesellschaft für Soziologie in Frankfurt a. Main 2010. Bd. 2* (S. 741–755). Wiesbaden: Springer VS.

Burawoy, Michael. 2014a. Foreword. In Ariane Hanemaayer und Christopher J. Schneider (Hrsg,), *The Public Sociology Debate. Ethics and Engagement* (S. IX–XVII). Vancouver: UBC Press.

Burawoy, Michael. 2014b. Preface. *Current Sociology Monograph* 62: 135–139.

Burawoy, Michael. 2015. *Public Sociology: Öffentliche Soziologie gegen Marktfundamentalismus und globale Ungleichheit.* Hrsg. v. Brigitte Aulenbacher und Klaus Dörre und mit einem Nachwort von Hans-Jürgen Urban. Weinheim: Beltz Juventa.

Burawoy, Michael, und Laleh Behbehanian. 2012. Public Sociology, Live? URL: http://burawoy.berkeley.edu/Public Sociology Live.htm (abgerufen am 29. 9. 2018).

Burawoy, Michael, und Karl von Holdt. 2012. *Conversations with Bourdieu. The Johannesburg Moment*. Johannesburg: Wits University Press.

Burawoy, Michael, und Jonathan VanAntwerpen. 2001. Berkeley Sociology: Past, Present and Future. URL: http://burawoy.berkeley.edu/PS/Berkeley%20Sociology.pdf (abgerufen am 29. 9. 2018).

Calhoun, Craig. 2005. The Promise of Public Sociology. *British Journal of Sociology* 56: 355–363.

Carty, Victoria, und Rafael Luévano (Hrsg.). 2017. *Mobilizing Public Sociology. Scholars, Activists, and Latin Migrants Converse on Common Ground*. Leiden: Brill.

Cassidy, Angela. 2014. Communicating the Social Sciences: a Specific Challenge? In Massiamo Bucchi und Brian Trench (Hrsg.), *Routledge Handbook of Public Communication of Science and Technology*. 2. Aufl. (S. 186–197). London: Routledge.

Castells, Manuel. 2004. *Der Aufstieg der Netzwerkgesellschaft. Teil 1 der Trilogie. Das Informationszeitalter.* Opladen: Leske + Budrich.

Cataldi, Silvia. 2014. Public Sociology and Participatory Approaches. Towards a Democratization of Social Research. *Qualitative Sociology Review* 10: 152–172.

Chinoy, Ely. 1964. Popular Sociology. In Charles H. Page (Hrsg,), *Sociology and Contemporary Education* (S. 115–134). New York: Random House.

Claus, Jürgen. 1970. *Expansion der Kunst. Beiträge zu Theorie und Praxis öffentlicher Kunst*. Reinbek bei Hamburg: Rowohlt.

Cole, Stephen (Hrsg.). 2001. *What's Wrong with Sociology?* New Brunswick, New Jersey: Transaction Publishers.

Collins, Patricia Hill. 2007. Going Public. In Dan Clawson, Robert Zussmann, Joya Misra, Naomi Gerstel, Randall Stokes, Douglas L. Anderton und M. Burawoy (Hrsg.), *Public Sociology. Fifteen Eminent Sociologists Debate Politics and the Profession in the Twenty-first Century* (S. 101–113). Berkeley: University of California Press.

Coser, Lewis (Hrsg.). 1980. *The Pleasures of Sociology*. New York: Mentor Book.

Dahrendorf, Ralf. 1967. *Die Soziologie und der Soziologe. Zur Frage von Theorie und Praxis*. Konstanz: Universitäts-Verlag.

Damitz, Ralf. 2013. Soziologie, öffentliche. *Soziologische Revue* 36: 263–270.

Davies, Scott. 2009. Drifting Apart? The Institutional Dynamics Awaiting Public Sociology in Canada. *Canadian Journal of Sociology* 34: 623–654.

DeCesare, Michael. 2009. Presenting Sociology's Four „Faces": Problems and Prospect for the High School Course. In Vincent Jeffries (Hrsg.), *Handbook of Public Sociology* (S. 187–204). Lanham: Rowman & Littlefield.

Depenbrock, Gerd. 1976. *Journalismus, Wissenschaft und Hochschule. Eine aussagenanalytische Studie über die Berichterstattung in Tageszeitungen*. Bochum: Studienverlag Brockmeyer.

Dernbach, Beatrice, und Christian Kleinert, Herbert Münder. (Hrsg.). 2012. *Handbuch Wissenschaftskommunikation*. Wiesbaden: Springer VS.

Desmond, Matthew. 2007. *On the Fireline. Living and Dying with Wildland Firefighers.* Chicago: The University of Chicago Press.

Dewey, John. 2001. *Die Öffentlichkeit und ihre Probleme.* Berlin: Philo Verlagsgesellschaft.

Dittmar, Peter. 1978. Soziologie in der Zeitung. *Soziologie* 7: 55–58.

Donges, Patrick, und Kurt Imhof. 2001. Öffentlichkeit im Wandel. In Otfried Jarren und Heinz Bonfadelli (Hrsg.), *Einführung in die Publizistikwissenschaft* (S. 101–133). Bern: Paul Haupt.

Dörre, Klaus, und Stefan Lessenich, Hartmut Rosa. 2009. *Soziologie – Kapitalismus – Kritik. Eine Debatte.* Frankfurt a. M.: Suhrkamp.

Ehrenreich, Barbara. 2007. A Journalist's Plea. In Dan Clawson, Robert Zussmann, Joya Misra, Naomi Gerstel, Randall Stokes, Douglas L. Anderton und M. Burawoy (Hrsg.), *Public Sociology. Fifteen Eminent Sociologists Debate Politics and the Profession in the Twenty-first Century* (S. 231–238). Berkeley: University of California Press.

Ericson, Richard. 2005. Publicizing Sociology. *British Journal of Sociology* 56: 365–372.

Etzioni, Amitai. 2005. Bookmarks for Public Sociologists. *The British Journal of Sociology* 56: 373–378.

Faulstich, Peter (Hrsg.). 2006. *Öffentliche Wissenschaft. Neue Perspektiven der Vermittlung in der wissenschaftlichen Weiterbildung.* Bielefeld: transcript.

Fleck, Christian, und Andreas Hess (Hrsg.). 2014. *Knowledge for Whom? Public Sociology in the Making.* Farnham, Surrey: Ashgate.

Fritz-Vannahme, Joachim (Hrsg.). 1996. *Wozu heute noch Soziologie?* Opladen: Leske & Budrich.

Froese, Anna, und Dagmar Simon, Julia Böttcher (Hrsg.). 2016. *Sozialwissenschaften und Gesellschaft. Neue Verortungen von Wissenstransfer.* Bielefeld: transcript.

Fuchs, Werner. 1970/1971. Empirische Sozialforschung als politische Aktion. *Soziale Welt* 21/22: 1–17.

Fullbrook, Edward (Hrsg.). 2007. *Real World Economics. A Post-Autistic Economics Reader.* London: Anthem.

Furedi, Frank. 2009. Recapturing the Sociological Imagination. In Vincent Jeffries (Hrsg.), *Handbook of Public Sociology* (S. 171–184). Lanham, Maryland: Rowman & Littlefield.

Gabriel, John, und Jenny Harding, Peter Hodgkinson, Liz Kelly, Alya Khan. 2009. Public Sociology: Working at the Interstices. *The American Sociologist* 40: 309–331.

Gans, Herbert J. 1990. Sociology in America: The Discipline and the Public. In ders. (Hrsg,), *Sociology in America* (S. 314–333). Newbury Park, Cal.: Sage.

Gans, Herbert J. 1997. Best-Sellers by Sociologists: An Exploratory Study. *Contemporary Sociology* 26: 131–135.

Gans, Herbert J. 2009. A Sociology for Public Sociology: Some Needed Disciplinary Changes for Creating Public Sociology. In Vincent Jeffries (Hrsg,), *Handbook of Public Sociology* (S. 123–134). Lanham, Maryland: Rowman & Littlefield Publishers.

Gans, Herbert J. 2016. Public Sociology and Its Publics. *The American Sociologist* 47: 3–11.

Geiger, Theodor. 1949. *Aufgaben und Stellung der Intelligenz in der Gesellschaft.* Stuttgart: Enke.

Ghamari-Tabrizi, Behrooz. 2005. Can Burawoy Make Everybody Happy? Comments on Public Sociology. *Critical Sociology* 31: 361–369.

Glaser, Ernst. 1965. *Kann die Wissenschaft verständlich sein? Von der Schwierigkeit ihrer Popularisierung.* Düsseldorf: Econ.

Glass, David V. 1950. The Application of Social Research. *The British Journal of Sociology* 1: 17–30.

Glenn, Evelyn Nakano. 2007. Whose Public Sociology? The Subaltern Speaks, but Who Is Listening? In Dan Clawson, Robert Zussmann, Joya Misra, Naomi Gerstel, Randall Stokes, Douglas L. Anderton und M. Burawoy (Hrsg.), *Public Sociology. Fifteen Eminent Sociologists Debate Politics and the Profession in the Twenty-first Century* (S. 213–230). Berkeley: University of California Press.

Goldberg, Avi, und Axel van den Berg. 2009. What Do Public Sociologists Do? A Critique of Burawoy. *Canadian Journal of Sociology* 34: 765–802.

Goodell, Rae. 1977. *The Visible Scientists.* Boon: Little, Brown.

Götz, Annika. 2017. *Kritik der Öffentlichkeiten. John Dewey neu denken.* Wiesbaden: Springer VS.

Gouldner, Alvin. 1970. *The Coming Crisis of Western Sociology.* New York: Basic Books.

Guha, Anton-Andreas. 1978. Soziologie in der Öffentlichkeit. *Soziologie* 7: 52–55.

Grümme, Bernhard. 2018. *Aufbruch in die Öffentlichkeit? Reflexionen zum 'public turn' in der Religionspädagogik.* Bielefeld: transcript.

Grummt, Daniel. 2017. Öffentliche Soziologie erprobt am Format des Science Slams. In Stefan Selke und Annette Treibel (Hrsg.), *Öffentliche Gesellschaftswissenschaften* (S. 187–207). Wiesbaden: Springer VS.

Gruhn, Werner. 1979. *Wissenschaft und Technik in deutschen Massenmedien. Ein Vergleich zwischen der Bundesrepublik Deutschland und der DDR.* Erlangen: Deutsche Gesellschaft für zeitgeschichtliche Fragen.

Haber, Heinz. 1984. Stichwort: „Öffentliche Wissenschaft". In Hans Wagner und Heinz Starkulla (Hrsg.), *Medizin & Medien. Krankt die Gesundheit am Journalismus?* (S. 168–170). München: publicom.

Habermas, Jürgen. 1962. *Strukturwandel der Öffentlichkeit. Untersuchungen zu einer Kategorie der bürgerlichen Gesellschaft.* Neuwied: Luchterhand.

Habermas, Jürgen. 1964. Verwissenschaftlichte Politik und öffentliche Meinung. In Richard Reich (Hrsg.), *Humanität und politische Verantwortung* (S. 54–73). Erlenbach-Zürich: Rentsch.

Habermas, Jürgen. 1966. Verwissenschaftlichte Politik in demokratischer Gesellschaft. In Helmut Krauch, Werner Kunz und Horst Rittel (Hrsg.), *Forschungsplanung. Eine Studie über Ziele und Struktur amerikanischer Forschungsinstitute* (S. 130–144). München: Oldenbourg Verlag.

Habermas, Jürgen. 1968. Verwissenschaftliche Politik und öffentliche Meinung. In ders.: *Technik und Wissenschaft als 'Ideologie'* (S. 120–145). Frankfurt a. M.: Suhrkamp.

Habermas, Jürgen. 1981. *Theorie des kommunikativen Handelns. 2 Bd.* Frankfurt a. Main: Suhrkamp.

Habermas, Jürgen. 1989. *The Structural Transformation of the Public Sphere. An Inquiry into a Category of Bourgeois Society.* Cambridge, Mass.: MIT Press.

Habermas, Jürgen. 1992. *Faktizität und Geltung. Beiträge zur Diskurstheorie des Rechts und des demokratischen Rechtsstaates.* Frankfurt a. M.: Suhrkamp.

Hagemann-White, Carol. 2017. Gewalt im Geschlechterverhältnis als Thema von Public Sociology. In Brigitte Aulenbacher, Michael Burawoy, Klaus Dörre und Johanna Sittel (Hrsg.). *Öffentliche Soziologie. Wissenschaft im Dialog mit der Gesellschaft* (S. 231–242). Frankfurt a. M. Campus.

Hall, John A. 2005. A Guarded Welcome. *The British Journal of Sociology* 56: 379–381.

Halsey, Albert H. 1994. Sociology as Political Arithmetic (The Glass Memorial Lecture). *The British Journal of Sociology* 45: 427–444.

Halsey, Albert H. 2004. *A History of Sociology in Britain. Science, Literature, and Society.* Oxford: Oxford University Press.

Hanemaayer, Ariane, und Christopher J. Schneider. 2014. *The Public Sociology Debate. Ethics and Engagement.* Vancouver: UBC Press.

Haney, David Paul. 2008. *The Americanization of Social Science. Intellectual and Public Responsibility in the Postwar United States.* Philadelphia: Temple University Press.

Hays, Sharon. 2007. Stalled at the Altar? Conflict, Hierarchy, and Compartementalization in Burawoy's Public Sociology. In Dan Clawson, Robert Zussmann, Joya Misra, Naomi Gerstel, Randall Stokes, Douglas L. Anderton und M. Burawoy (Hrsg.), *Public Sociology. Fifteen Eminent Sociologists Debate Politics and the Profession in the Twenty-first Century* (S. 79–90). Berkeley: University of California Press.

Healy, Kieran. 2017. Public Sociology in the Age of Social Media. *Perspectives on Politics* 15: 771–780

Heilbron, Johan. 2015. *French Sociology.* Ithaca: Cornell University Press.

Hill, Miira. 2017. Die Versinnbildlichung von Gesellschaftswissenschaft. In Stefan Selke und Annette Treibel (Hrsg.), *Öffentliche Gesellschaftswissenschaften* (S. 169–186). Wiesbaden: Springer VS.

Holdt, Karl von. 2017. Kritisches Engagement auf Feldern der Macht: Zyklen des soziologischen Aktivismus im Post-Apartheid-Südafrika. In Brigitte Aulenbacher, Michael Burawoy, Klaus Dörre und Johanna Sittel (Hrsg.), *Öffentliche Soziologie. Wissenschaft im Dialog mit der Gesellschaft* (S. 274–292). Frankfurt a. M. Campus.

Hollenstein, Oliver. 2017. Sprachbarrieren. In Brigitte Aulenbacher, Michael Burawoy, Klaus Dörre und Johanna Sittel (Hrsg.), *Öffentliche Soziologie. Wissenschaft im Dialog mit der Gesellschaft* (S. 309–318). Frankfurt a. M. Campus.

Holmwood, John. 2007. Sociology as Public Discourse and Professional Practice: A Critique of Michael Burawoy. *Sociological Theory* 25: 46–66.

Holmwood, John, und Sue Scott. 2007. Editorial Foreword: Sociology and its Public Face(s). *Sociology* 41: 779–783.

Horkheimer, Max. 1959. Philosophie und Soziologie. *Kölner Zeitschrift für Soziologie und Sozialpsychologie* 11: 154–164.

Horowitz, Irving Louis. 1963. An Introduction to C. Wright Mills. In C. Wright Mills: *Power, Politics and People. The Collected Essays of C. Wright Mills.* Hrsg. v. Irving Louis Horowitz (S. 1–20). New York: Oxford University Press.

Horowitz, Irving Louis. 1964. An Introduction to *The New Sociology*. In ders. (Hrsg,), *Essays in Social Science and Social Theory in Honor of C. Wright Mills* (S. 3–48). New York: Oxford University Press.

Horowitz, Irving Louis. 1993. *The Decomposition of Sociology.* New York: Oxford University Press.

Hu, Lina. 2009. Integration the Four Sociologies: The „Baigou Project" in China. In Vincent Jeffries (Hrsg,), *Handbook of Public Sociology* (S. 245–262). Lanham, Maryland: Rowman & Littlefield Publishers.

Imhof, Kurt. 2008: Aufklärung – quo vadis? Öffentliches Wissen in der Wissensgesellschaft. In Klaus Arnold, Markus Behmer und Bernd Semrad (Hrsg,), *Kommunikationsgeschichte. Positionen und Werkzeuge. Ein diskursives Hand- und Lehrbuch* (S. 73–109). Berlin: LIT.

Jacoby, Russell. 1987. *The Last Intellectuals. American Culture in the Age of Academe.* New York 1987.

Jeffries, Vincent (Hrsg.). 2009. *Handbook of Public Sociology.* Lanham, Maryland: Rowman & Littlefield Publishers.

Johnson, Paul. 2004. Making Social Science Useful. *British Journal of Sociology* 55: 23–30.

Kalleberg, Ragnvald. 2005. What is 'Public Sociology'? Why and How Should It be Made Stronger? *British Journal of Sociology* 56: 387–393.

Kärtner, Georg. 1972. *Wissenschaft und Öffentlichkeit. Die gesellschaftliche Kontrolle der Wissenschaft als Kommunikationsproblem. Eine Analyse anhand der Berichterstattung des Nachrichtenmagazins „Der Spiegel" und anderer Massenmedien. Band I.* Göppingen: Alfred Kümmerle.

Katz-Fishman, Walda, und Jerome Scott. 2005. Comments on Burawoy: A View From the Bottom-Up. *Critical Sociology* 31: 371–374.

Koller, Andreas. 2004. *Strukturwandel der Öffentlichkeit in Westeuropa und den USA. Theoretische, metatheoretische und empirische Rekonstruktion und transatlantische Integration der Klassiker.* Diss. Zürich.

König, René. 1959. Wandlungen in der Stellung der sozialwissenschaftlichen Intelligenz. In Helmuth Plessner (Hrsg.), *Soziologie und moderne Gesellschaft. Verhandlungen des vierzehnten deutschen Soziologentages* (S. 53–68). Stuttgart: Enke.

König, René. 1962. Die Berufsmöglichkeiten des Soziologen. *Kölner Zeitschrift für Soziologie und Sozialpsychologie* 14: 286–314.

König, René. 2006. Soziologische Orientierungen. In Ders., *Strukuranalysen der Gegenwart.* Hrsg. und eingeleitet von Michael Klein. Schriften Bd. 12 (S. 7-19). Wiesbaden: VS Springer.

Kowalchuk, Lisa, und Neil McLaughlin. 2009. Mapping the Space of Opinion: Public Sociology and the Op-Ed in Canada. *Canadian Journal of Sociology* 34: 697–728.

Krüsselberg, Hans-Günther. 1964. Besprechung von Horowitz, I. L. (Hrsg,) „Power, Politics and People, The Collected Essays of C. Wright Mills". *Kölner Zeitschrift für Soziologie und Sozialpsychologie* 16: 569–573.

Landwehr, Claudia, und Rainer Schmalz-Bruns (Hrsg.). 2014. *Deliberative Demokratie in der Diskussion. Herausforderungen, Bewährungsproben, Kritik.* Nomos: Baden-Baden.

Lau, Christoph. 1984. Soziologie im öffentlichen Diskurs. Voraussetzungen und Grenzen sozialwissenschaftlicher Rationalisierung gesellschaftlicher Praxis. *Soziale Welt* 35: 407–428.

Lauder, Hugh, und Philip Brown, A. H. Halsey. 2004. Sociological and Political Arithmetic: Some Principles of a New Policy Science. *British Journal of Sociology* 55: 3–22.

Lee, Alfred McClung. 1978. *Sociology for Whom?* New York: Oxford University Press.

Lekachman, Robert 1959. Popular Sociology. *Commentary 28 (September)*: 268–270.

Lengerman, Patricia Madoo, und Jill Niebrugge-Brantley. 2007. Back to the Future: Settlement Sociology, 1885-1930. In Lawrence T. Nichols (Hrsg,), *Public Sociology. The Contemporary Debate* (S. 7–28). New Brunswick, New Jersey: Transaction Publishers.

Leonard, Elizabeth Dermody. 2009. From Data to Drama: Returning Research to Convicted Survivors. In Vincent Jeffries (Hrsg,), *Handbook of Public Sociology* (S. 225–243). Lanham, Maryland: Rowman & Littlefield Publishers.

Lepsius, M. Rainer. 1961. *Denkschrift zur Lage der Soziologie und der Politischen Wissenschaft.* Wiesbaden: Franz Steiner.

Lettkemann, Eric, und René Wilke, Hubert Knoblauch (Hrsg.). 2017. *Knowledge in Action. Neue Formen der Kommunikation in der Wissensgesellschaft.* Wiesbaden: Springer VS.

Levine, Rhonda F. (Hrsg.). 2004. *Enriching the Sociological Imagination. How Radical Sociology Changes the Discipline.* Leiden: Brill.

Longhofer, Wesley, und Shannon Golden, Arturo Baiocchi. 2010. A Fresh Look at Sociology Bestsellers. *Contexts* 9: 18–25.

Luhmann, Niklas. 1971. Öffentliche Meinung. In ders.: *Politische Planung. Aufsätze zur Soziologie von Politik und Verwaltung* (S. 9–34). Opladen: Westdeutscher Verlag.

Luhmann, Niklas. 2009. *Soziologische Aufklärung. Aufsätze zur Theorie sozialer Systeme.* Opladen: Westdeutscher Verlag.

Mannheim, Karl. 1932. *Die Gegenwartsaufgaben der Soziologie. Ihre Lehrgestalt*. Tübingen: Mohr.

Maryl, Damon, und Laurel Westbrook. 2009. On Writing Public Sociology: Accountability through Accessibility, Dialogue, and Relevance. In Vincent Jeffries (Hrsg,), *Handbook of Public Sociology* (S. 151–169). Lanham, Maryland: Rowman & Littlefield Publishers.

Massey, Douglas S. 2007. The Strength of Weak Politics. In Dan Clawson, Robert Zussmann, Joya Misra, Naomi Gerstel, Randall Stokes, Douglas L. Anderton und M. Burawoy (Hrsg.), *Public Sociology. Fifteen Eminent Sociologists Debate Politics and the Profession in the Twenty-first Century* (S. 145–157). Berkeley: University of California Press.

McAdam, Doug. 2007. From Relevance to Irrelevance: The Curious Impact of the Sixties on Public Sociology. In Craig Calhoun (Hrsg,), *Sociology in America. A History* (S. 411–426). Chicago: The University of Chicago Press.

McLaughlin, Neil, und Lisa Kowalchuk, Kerry Turcotte. 2007. Why Sociology Does Not Need to Be Saved. Analytic Reflections on Public Sociologies. In Lawrence T. Nichols (Hrsg,), *Public Sociology. The Contemporary Debate* (S. 289–315). New Brunswick, New Jersey: Transaction Publishers.

McLaughlin, Neil, und Kerry Turcotte. 2007. The Trouble with Burawoy: An Analytic, Synthetic Alternative. *Sociology* 41: 813–828.

McMahon, Sean. 2007. „From the Platform“: Public Sociology in the Speeches of Edward A. Ross. In Lawrence T. Nichols (Hrsg,), *Public Sociology. The Contemporary Debate* (S. 29–40). New Brunswick, New Jersey: Transaction Publishers.

Merton, Robert K. 1957. *Social Theory and Social Structure. Revised and Enlarged Edition*. Glencoe, Ill.: Free Press.

Mesny, Anne. 2009. What Do 'We' Know That 'They' Don't? Sociologists' versus Nonsociologists' Knowledge. *Canadian Journal of Sociology* 34: 672–696.

Mills, C. Wright. 1959. *The Sociological Imagination*. New York: Oxford University Press.

Mills, C. Wright. 1960. The Classic Tradition. In ders. (Hrsg.), *Images of Man: The Classic Tradition in Sociological Thinking* (S. 1–17). New York: George Braziller.

Mills, C. Wright. 1963. *Kritik der soziologischen Denkweise*. Neuwied am Rhein: Luchterhand.

Mills, C. Wright. 1964. *Sociology and Pragmatism. The Higher Learning in America*. Hrsg. und mit einer Einleitung von Irving Louis Horowitz. New York: Oxford University Press.

Mills, C. Wright. 2008. *The Politics of Truth. Selected Writings of C. Wright Mills*. Ausgewählt und eingeleitet von John H. Summers. New York: Oxford University Press.

Mills, C. Wright. 2016. *Soziologische Phantasie*. Wiesbaden: Springer VS.

Misztal, Barbara A. 2009. A Nobel Trinity: Jane Addams, Emily Greene Balch and Alva Myrdal. *The American Sociologist* 40: 332–353.

Mitchell, Duncan G. 1968. *A Hundred Years of Sociology*. London: Duckworth.

Mochnacki, Alex, und Aaron Segaert, Neil McLaughlin. 2009. Public Sociology in Print: A Comparative Analysis of Book Publishing in Three Social Science Disciplines. *Canadian Journal of Sociology* 34: 729–764.

Morkel, Arnd. 1967. *Politik und Wissenschaft. Möglichkeiten und Grenzen wissenschaftlicher Beratung in der Politik.* Hamburg: Wagner.

Morrow, Raymond A. 2009. Rethinking Burawoy's Public Sociology: A Post-Empiricist Reconstruction. In Vincent Jeffries (Hrsg,), *Handbook of Public Sociology* (S. 47–69). Lanham, Maryland: Rowman & Littlefield Publishers.

Murphy, Alexander B. 2006. Enhancing Geography's Role in Public Debate. *Annals of the Association of American Geographers* 96: 1-3.

Nationale Akademie der Wissenschaften Leopoldina, acatech, Union der deutschen Akademien der Wissenschaften. 2014. *Zur Gestaltung der Kommunikation zwischen Wissenschaft, Öffentlichkeit und den Medien. Empfehlungen vor dem Hintergrund aktueller Entwicklungen.* Berlin: acatec et al.

Neidhardt, Friedhelm. 2017. "Public Sociology" – Burawoy-Hype und linkes Projekt. *Soziale Welt* 27: 303–317.

Neun, Oliver. 2011. Die Rückkehr der Kritischen Theorie nach Deutschland. Die „New York Intellectuals" und das Konzept der „public sociology" nach Michael Burawoy. *Sozialwissenschaften und Berufspraxis* 42: 179–194.

Neun, Oliver. 2017. Ein Vergleich der beiden Paradigmen der Wissenschaftskommunikation „Public Sociology" und PUS bzw. „Medialisierung" der Wissenschaft. In Eric Lettkemann, René Wilke und Hubert Knoblauch (Hrsg.), *Knowledge in Action. Neue Formen der Kommunikation in der Wissensgesellschaft.* (S. 3–19). Wiesbaden: Springer VS.

Neun, Oliver. 2018a. *Das Verschwinden der deutschen öffentlichen Soziologie. Das Verhältnis von Soziologie und Öffentlichkeit von 1945 bis zur Gegenwart.* Baden-Baden: Nomos.

Neun, Oliver. 2018b. Sozialwissenschaften und Demokratie: eine Kritik der wissenschaftssoziologischen Paradigmen „Mode 2" und „Medialisierung" aus soziologischer Sicht. In Reiner Keller und Angelika Poferl (Hrsg.), *Wissenskulturen der Soziologie.* Weinheim: BeltzJuventa.

Neun, Oliver. 2019. *Zur Aktualität von C. Wright Mills. Eine Einführung.* Wiesbaden: Springer VS.

Nichols, Lawrence (Hrsg,). 2007. *Public Sociology. The Contemporary Debate.* New Brunswick, New Jersey: Transactions Publishers.

Nickel, Patricia Mooney. 2012. *Public Sociology and Civil Society. Governance, Politics and Power.* Boulder: Paradigm Publishers.

Nielsen, Francois. 2004. The Vacant „We": Remarks on Public Sociology. *Social Forces* 82: 1619–1627.

Niezing, Johan. 1967. *Aufgaben und Funktionen der Soziologie. Betrachtungen über ihre Bedeutung für Wissenschaft und Gesellschaft.* Köln: Westdeutscher Verlag.

Nyden, Philip, und Leslie Hossfeld, Gwendolyn Nyden (Hrsg.). 2012. *Public Sociology. Research, Action, and Change.* Los Angeles: Sage.

Osrecki, Fran. 2011. *Die Diagnosegesellschaft. Zeitdiagnostik zwischen Soziologie und medialer Popularität.* Bielefeld: transcript.

Ossewaarde, Marinus. 2007. Sociology Back to the Publics. *Sociology* 41: 799–812.

Ottmann, Henning. 2015. Was man von der deliberativen Demokratie erwarten darf. In Henning Ottmann und Pavo Barisic (Hrsg.). *Deliberative Demokratie* (S. 221–235). Baden-Baden: Nomos.

Ottmann, Henning, und Pavo Barisic. (Hrsg.). 2015. *Deliberative Demokratie.* Baden-Baden: Nomos.

Persell, Caroline Hodges. 2009. Teaching and Public Sociology. In Vincent Jeffries (Hrsg,), *Handbook of Public Sociology* (S. 205–243). Lanham, Maryland: Rowman & Littlefield Publishers.

Peters, Hans Peter. 1982. Vergleich physikalischer und soziologischer Wissenschafts-berichterstattung und Darstellung einiger Veränderungen auf den Wissen-schaftsseiten von Zeitungen seit 1959. *Soziologie* 11: 37–46.

Piven, Francis Fox. 2007. From Public Sociology to Politicized Sociologist. In Dan Clawson, Robert Zussmann, Joya Misra, Naomi Gerstel, Randall Stokes, Dou-glas L. Anderton und M. Burawoy (Hrsg.), *Public Sociology. Fifteen Eminent Socio-logists Debate Politics and the Profession in the Twenty-first Century* (S. 158–166). Berkeley: University of California Press.

Polanyi, Karl. 1990. *The Great Transformation. Politische und ökonomische Ursprünge von Gesellschaften und Wirtschaftssystemen.* Frankfurt a. M.: Suhrkamp.

Prisching, Manfred. 2017. Vortragserfahrungen – über vertane Chancen der Öffent-lichen Soziologie. In Stefan Selke und Annette Treibel (Hrsg.), *Öffentliche Gesell-schaftswissenschaften* (S. 147–167). Wiesbaden: Springer VS.

Quah, Stella R. 2005. Four Sociologies, Multiple Roles. *British Journal of Sociology* 56: 395–400.

Revers, Matthias. 2009. Sociologists in the Press. *The American Sociologist* 40: 272–288.

Riegel, Klaus-Georg. 1974. *Öffentliche Legitimation der Wissenschaft.* Stuttgart: Kohl-hammer.

Robertson-von Trotha, Caroline Y., und Jesús Munoz Morcillo. 2017. Öffentliche Wissenschaft. In Stefan Selke und Annette Treibel (Hrsg.), *Öffentliche Gesell-schaftswissenschaften* (S. 43–60). Wiesbaden: Springer VS.

Rödder, Simone. 2012. The Ambivalence of Visible Scientists. In Simone Rödder, Martina Franzen und Peter Weingart (Hrsg.), *The Sciences' Media Connection – Public Communication and Its Repercussions* (S. 155–177). Dordrecht: Springer.

Rona-Tas, Akos, und Nadav Gabay. 2007. The Invisible Science of the Invisible Hand. The Public Presence of Economic Sociology in the USA. *Socio-Economic Review* 5: 334–355.

Schäfers, Bernhard (Hrsg.). 1969. *Thesen zur Kritik der Soziologie.* Frankfurt a. M.: Suhrkamp.

Schelsky, Helmut. 1965. Der Mensch in der wissenschaftlichen Zivilisation. In ders.: *Auf der Suche nach Wirklichkeit. Gesammelte Aufsätze* (S. 439–480). Düssel-dorf: Eugen Diederichs.

Schelsky, Helmut. 1975. *Die Arbeit tun die anderen. Klassenkampf und Priesterherrschaft der Intellektuellen.* Opladen: Westdeutscher Verlag.

Schram, Sanford F., und Brian Caterino (Hrsg.). 2006. *Making Political Science Matter. Debating Knowledge, Research, and Method.* New York: New York University Press.

Schurz, Gerhard, und Martin Carrier. (Hrsg.). 2013. *Werte in den Wissenschaften. Neue Ansätze zum Werturteilsstreit.* Berlin: Suhrkamp.

Siebel, Catherine, und Katherine Clegg Smith (2009): How Public Are We? Coverage of Sociology by the Associated Press. *The American Sociologist* 40: 289–308.

Snow, Charles P. 1959. *The Two Cultures and the Scientific Revolution.* Cambridge: University Press.

Soler-Gallart, Marta. 2017. *Achieving Social Impact. Sociology in the Public Sphere.* Cham: Springer International Publishing.

Sprague, Joey, und Heather Laube. 2009. Institutional Barriers to Doing Public Sociology: Experiences of Feminists in the Academy. *The American Sociologist* 40: 249–271.

Stacey, Judith. 2007. If I Were the Goddess of Sociological Things. In Dan Clawson, Robert Zussmann, Joya Misra, Naomi Gerstel, Randall Stokes, Douglas L. Anderton und M. Burawoy (Hrsg.), *Public Sociology. Fifteen Eminent Sociologists Debate Politics and the Profession in the Twenty-first Century* (S. 91–100). Berkeley: University of California Press.

Sternheimer, Karen. 2018. *The Social Scientist's Soapbox. Adventures in Writing Public Sociology.* New York: Routledge.

Swedberg, Richard. 2007. Public Sociology and Economic Sociology: Introductory Remarks. *Socio-Economic Review* 5: 319–326.

Tenbruck, Friedrich H. 1971. Wissenschaft, Politik und Öffentlichkeit. In Hans Maier, Klaus Ritter und Ulrich Matz (Hrsg.), *Politik und Wissenschaft* (S. 323–356). München: Beck.

Tenbruck, Friedrich H. 1975. Der Fortschritt der Wissenschaft als Trivialisierungsprozeß. In Nico Stehr und René König (Hrsg.), *Wissenschaftssoziologie. Studien und Materialien* (S. 19–47). Opladen: Westdeutscher Verlag.

Tittle, Charles R. 2004. The Arrogance of Public Sociology. *Social Forces* 82: 1639–1643.

Touraine, Alain. 2007. Public Sociology and the End of Society. In D. Clawson, R. Zussmann, J. Misra, N. Gerstel, R. Stokes, D. L. Anderton und M. Burawoy (Hrsg.), *Public Sociology. Fifteen Eminent Sociologists Debate Politics and the Profession in the Twenty-first Century* (S. 67–78). Berkeley: University of California Press.

Turner, Jonathan H. 2007. „Is Public Sociology Such a Good Idea?". In Lawrence T. Nichols (Hrsg,), *Public Sociology. The Contemporary Debate* (S. 263–288). New Brunswick, New Jersey: Transaction Publishers.

Turner, Stephen. 2007. Public Sociology and Democratic Theory. *Sociology* 41: 785–798.

Turner, Stephen. 2014. *American Sociology: From Pre-Disciplinary to Post-Normal.* New York: Palgrave Macmillan.

Turner, Stephen, und Jonathan H. Turner. 1990. *The Impossible Science. An Institutional Analysis of American Sociology*. Newbury Park, Cal.: Sage.

Unger, Hella von. 2014. *Partizipative Forschung. Einführung in die Forschungspraxis*. Wiesbaden: Springer VS.

Urban, Hans-Jürgen. 2015. Soziologie, Öffentlichkeit und Gewerkschaften. Versuch eines vorausschauenden Nachworts zu Micheal Burawoys Public Sociology. In Michael Burawoy: *Public Sociology: Öffentliche Soziologie gegen Marktfundamentalismus und globale Ungleichheit*. Hrsg. v. Brigitte Aulenbacher und Klaus Dörre (S. 221–242). Weinheim: Beltz Juventa.

Urry, John. 2005. The Good News and the Bad News. *Critical Sociology* 31: 375–378.

Vaughan, Diane. 2005a. NASA Revisited: Theory, Analogy, and Public Sociology. *American Journal of Sociology* 112: 353–393.

Vaughan, Diane. 2005b. On the Relevance of Ethnography for the Production of Public Sociology and Policy. *British Journal of Sociology* 56: 411–416.

Wahl, Christine. 2011. ÜberLeben im Theater. In Heinz Bude, Thomas Medicus und Andreas Willisch (Hrsg,), *ÜberLeben im Umbruch. Am Beispiel Wittenberge: Ansichten einer fragmentierten Gesellschaft* (S. 254–264). Hamburg: Hamburger Edition.

Wallerstein, Immanuel. 2007. The Sociologist and the Public Sphere. In Dan Clawson, Robert Zussmann, Joya Misra, Naomi Gerstel, Randall Stokes, Douglas L. Anderton und M. Burawoy (Hrsg.), *Public Sociology. Fifteen Eminent Sociologists Debate Politics and the Profession in the Twenty-first Century* (S. 169–175). Berkeley: University of California Press.

Weingart, Peter, und Patricia Schulz. (Hrsg.) 2014. *Wissen – Nachricht – Sensation. Zur Kommunikation zwischen Wissenschaft, Öffentlichkeit und Medien*. Weilerswist: Velbrück Wissenschaft.

Weiss, Carol H. 1993. The Interaction of the Sociological Agenda and Public Policy. In William Julius Wilson (Hrsg.), *Sociology and the Public Agenda* (S. 23–39). Newbury Park, Ca.: Sage.

Weßler, Hartmut, und Eike M. Rinke. 2013. Öffentlichkeit. In Steffen Mau und Nadine M. Schönebeck (Hrsg.), *Handwörterbuch zur Gesellschaft Deutschlands.* (S. 637–650). Wiesbaden: Springer.

Westphal, Manon. 2014. Jenseits des Konsens-Ideals: Deliberation in der agonalen Demokratie. In Claudia Landwehr und Rainer Schmalz-Bruns (Hrsg.), *Deliberative Demokratie in der Diskussion. Herausforderungen, Bewährungsproben, Kritik* (S. 305–337). Baden-Baden: Nomos.

Wiles, Paul. 2004. Policy and sociology. *British Journal of Sociology* 55: 31–34.

Wilson, William Julius. 2007. Speaking to Publics. In Dan Clawson, Robert Zussmann, Joya Misra, Naomi Gerstel, Randall Stokes, Douglas L. Anderton und M. Burawoy (Hrsg.), *Public Sociology. Fifteen Eminent Sociologists Debate Politics and the Profession in the Twenty-first Century* (S. 117–123). Berkeley: University of California Press.

Wolfe, Alan. 1990. Books vs. Articles: Two Ways of Publishing Sociology. *Sociological Forum* 5: 477–489.

Zussman, Robert, und Joya Misra. 2007. Introduction. In Dan Clawson, Robert Zussmann, Joya Misra, Naomi Gerstel, Randall Stokes, Douglas L. Anderton und M. Burawoy (Hrsg.), *Public Sociology. Fifteen Eminent Sociologists Debate Politics and the Profession in the Twenty-first Century* (S. 3–22). Berkeley: University of California Press.

Theodor Geiger: Aufgaben und Stellung der Intelligenz in der Gesellschaft

I. Kapitel

1.1. Kultursoziologischer Hintergrund

[...]

Dies in groben Umrissen gezeichnete Bild vom Mechanismus des kulturellen Lebens mag als Hintergrund für eine Kennzeichnung der drei früher genannten kulturellen Schichten dienen.

Die *Akademiker* sind leicht abgegrenzt. Sie umfassen alle, die eine akademische Ausbildung abgeschlossen haben, und sind somit die einzige, durch äußere Kennzeichen scharf bestimmbare Schicht. Vom Schulungssystem der Zeit und des Ortes hängt es ab, welche Berufe und Laufbahnen „akademisch" sind. Eine akademische Ausbildung setzt gemeinhin ein, wenn das gesamte Wissen der Zeit die umfassende, theoretische Unterbauung eines fachlichen Tätigkeitszweiges gestattet.

[...]

Die Gebildeten sind jene, die auf aktive und unmittelbare Weise Anteil an den repräsentativen Beständen der Geisteskultur haben. Wohl spricht man bisweilen von einer „Bildung des Herzens", doch ist das nicht viel mehr als eine Metapher und in jedem Falle als ein Vorbehalt gegenüber der „bloß intellektuellen" Bildung gemeint. Solch kritischer Vorbehalt kann indes nur dem Verfallsstadium der Bildung gelten. Der Begriff, ja schon das Wort „Bildung" schließt ja in sich, daß bloß angelerntes Wissen um geistige Werte nicht das Wesentliche sein kann. Geistige Werte wollen verarbeitet werden, um die Persönlichkeit prägen und zu einer höheren Form des Menschtums erheben zu können: zum Humanismus in dieses Wortes vollem und ursprünglichem Verstand. Intellektuelle Bildung ist so nicht ein Gegensatz zu der des Herzens, sondern deren Vollendung.

[...]

Die Intelligenz umfaßt die Schöpfer von Beständen der repräsentativen Kultur, also einen verschwindend kleinen Teil der Bevölkerung. Es bleibe vorerst dahingestellt, wer im einzelnen ihm zuzurechnen sei. Erst ein paar Worte zur Rechtfertigung des Begriffes und Namens.

Die wenigen Erzeuger repräsentativer Kulturbestände in einem besonderen soziologischen Begriff zu erfassen und als gesellschaftliche Kategorie für sich abzugrenzen, erscheint begründet durch die spezifische Bedeutung ihrer Funktion für die Kulturgesellschaft.

Ich unterscheide hier zwischen der Intelligenz und den Intellektuellen. Diese umfassen alle, die im weitesten Sinn geistige, immaterielle Arbeit ausführen, insbesondere die akademisch Geschulten. Es liegt auf der Hand, daß sie nicht alle kulturschöpferisch sind. Rechtsanwalt und Arzt, Ingenieur und Richter sind Intellektuelle, aber nicht ohne weiteres Intelligenz im eben angedeuteten Sinn. – Nicht nur dem Umfang, sondern auch der Farbe nach sind die beiden Begriffe verschieden! „Intellektuelle" läßt uns an einen gewissen Menschentypus, einen geistigen Habitus denken. „Intelligenz" bezeichnet in seiner Einzahl ein Kollektivganzes als Träger einer bestimmten gesellschaftlichen Funktion. Intellektuelle ist ein sozialpsychologischer, lntelligenz ein kultursoziologischer Begriff. Solche Wortbildung steht im Sprachgebrauch nicht einzig da. Die Umgangssprache bezeichnet als „die Hochfinanz" die Gesamtheit jener Personen, die als Eigentümer oder Bankiers über bedeutende Geldkapitalien verfügen, kraft deren sie durch Investitions- und Kreditpolitik das wirtschaftliche Leben steuernd zu beeinflussen vermögen. „Das Industriekapital", „die Großlandwirtschaft", „die öffentliche Meinung" sind verwandte Wortbildungen.

Der Name „die Intelligenz" bezielt also einen Kreis von Personen um ihrer spezifischen Gesellschaftsfunktion willen, enthält aber keine Rangvorstellung Die Einschätzung der Intelligenz seitens der verschiedenen Bevölkerungsschichten mag für das Verhältnis dieser Schichten zur Geisteskultur bezeichnend sein, aber mit der Namengebung sind keinerlei Rangansprüche zugunsten der Intelligenz erhoben. Den Intellekt für sie in Pacht zu nehmen, davon kann schon gar nicht die Rede sein. Gewiß sollte die Intelligenz eine Elite in *ihrer* Art sein. Die freiheitliche Gesellschaft rechnet mit einer selbstwirkenden Auslese der bestgeeigneten auf allen Leistungsgebieten. Beim Künstler vermuten wir überdurchschnittliche bildnerische Begabung, beim Forscher theoretischen Scharfsinn überm Mittelmaß. Doch rechnet man damit, daß die Intelligenz in anderer Hinsicht unterm Durchschnitt stehen mag, z. B. was praktischen Verstand und jene Kombinationsgabe angeht, die den erfolgreichen Geschäftsmann auszeichnen.

Welchen Kreis von Gestalten umfasst die Intelligenz? Ohne Zweifel bildende Künstler, Dichter, Schriftsteller, Komponisten, Forscher und Erfinder. Die Architektur steht auf der Grenze zwischen Kunst und Technik. Sofern der Architekt nicht mangels selbständiger künstlerischer oder bautechnischer Leistung ganz einfach den akademisch geschulten Praktikern zugehört, kann er sich im Kreis der Intelligenz einen Platz unter den Künstlern oder den technischen Neuerern, vielleicht unter beiden, sichern. – Alle eben Genannten tragen, ein jeder auf seine Weise, zur Mehrung der repräsentativen Kulturbestände bei, schaffen neue geistige Werte von ungleicher Lebensdauer und Bedeutung. Es möchte naheliegen, durch Aufstellung von Qualitätsmaßstäben eine untere Grenze zu setzen. Soll der Verfasser seichtester Kriminalromane neben dem Nobelpreisträger stehen? Verdient seine Schreibe den Namen Literatur und einen Platz unter den Kulturbeständen? Wo liegt die Grenze zwischen Malerkunst und Wandschmuck fürs Mittelstandsheim? Objektive Maßstäbe fehlen, die Linien sind zumindest fließend. Wertungsfrei beschreibende Soziologie hat daher auf scharfe Grenzen zu verzichten. Sie geht davon aus, daß die Intelligenz von den Höhen einzig dastehender genialer Leistung über viele Stufen nach unten hin in die Ebene der Alltäglichkeit abfällt. Das steht im Einklang damit, daß der Begriff der Intelligenz Leistungen einer bestimmten *Art* bezielt, aber keinerlei *Wertung* enthält. Gleich jedem anderen Beruf im arbeitsteiligen Gefüge der Gesellschaft hat auch die Intelligenz ihre Giganten und Zwerge – und wie überall, so sind auch hier die Zwerge in der Überzahl. Es verringert nicht die Brauchbarkeit eines Begriffes, daß der Kreis der bezielten Erscheinungen unscharf begrenzt ist. Jedem begrifflichen Typus entspricht in der Wirklichkeit ein Kern von Erscheinungen, umgeben von einem Halo minder eindeutiger Grenzfälle.

Schon im Hinblick auf die bisher genannten Kategorien der Intelligenz sind Vorbehalte vonnöten. Reklame- und Modezeichner z. B. stehen in der Regel außerhalb. Die Reklame gebraucht – oder mißbraucht – allerdings zuweilen wirkliche Kunstwerke, aber die geradezu für Reklamezwecke angefertigte Zeichnung oder Illustration ist bestenfalls angewandte Kunst. Künstlerische Technik wird in den Dienst praktischer Zwecke gestellt. Der Modezeichner gehört zur Intelligenz, wenn er die Formen der Mode schöpferisch bereichert – nicht nur Gewänder üblichen Geschmacks und Schnittes für Damenzeitschriften entwirft. Auch der Reklamezeichner mag sich der Intelligenz zugesellen, wenn er nämlich einen neuen Reklamestil kreiert, der den Anzeigenseiten der Presse oder den Anschlagsäulen der Städte ein neues Gesicht gibt. Außerhalb der Intelligenz steht der Dutzendmaler, der handwerksmäßig sich selbst ins Unendliche kopiert, „Kunst fürs Mittelstandsheim" am laufenden Band herstellt. Auf dem literären Feld bietet die Journalistik gewisse Grenzerscheinungen dar. Der Journalist gehört zur Intelligenz, sofern seine Beiträge selbständige Gedanken enthalten – ungeachtet des Wertes dieser Gedanken. Außerhalb steht der Journalist, der nicht mit Hirn und Feder, sondern mit Schere und Kleister arbeitet, der Gerichts- oder Parlamentsreporter, der ohne eigenen Kommentar den Verhandlungsverlauf berichtet, der Lokalreporter, der kleine Tagesereignisse und Sensationen registriert – es sei denn, er knüpfe daran gesellschaftskritische Betrachtungen oder gieße sie in echt literäre Form.

Der Begriff „kulturschöpferisch" wäre indes zu eng bestimmt, vergäße man die *reproduktiven* Künstler, den Schauspieler und ausübenden Musiker. Doch sind auch hier Grenzen zu ziehen. Der Reproduzierende zählt zur Intelligenz, sofern seine Leistung künstlerisch ist, d. h. eine auf Einlebung und innerer Verarbeitung beruhende Wiederschöpfung der Komposition oder des Schauspiels – nicht nur technisch korrekte Wiedergabe der Noten oder des Textes. Nur im ersten Fall fügt der Musiker dem Werk des Komponisten etwas hinzu, offenbart es dem Hörer in neuer Gestalt. Auch hier sind die Grenzen fließend. Sicher ist, daß Restaurant- und Tanzkapelle jenseits der kritischen Grenze stehen.

In diesem Zusammenhang ist des Übersetzers von Schönliteratur zu gedenken. Er steht außerhalb der Intelligenz, sofern er handwerksmäßig in deutschen Sätzen wiedergibt, was der Verfasser auf Englisch ausgedrückt hat. Diese Auffassung von der Aufgabe des Übersetzers ist leider sehr verbreitet bei den unterbezahlten geistigen Heimarbeitern, die da meinen, daß Schulkenntnis des Englischen sie als Übersetzer qualifiziert. Das mag für Kriminalromane und die Novellen der Unterhaltungsblätter angehen. Zur Intelligenz gehört der Übersetzer, der die dichterische Substanz und die Ausdrucksnuancen des Originals in seine Muttersprache überträgt – eine Aufgabe, die zwar Kenntnis der Sprache des Originals als technisches Erfordernis voraussetzt, vor allem aber meisterliche Beherrschung der eigenen Sprache und literäre Künstlerschaft erheischt. Übersetzer dieses Rangs pflegen indes der Intelligenz von vornherein als Dichter anzugehören.

Eine Gruppe für sich ist die *inszenierende* Intelligenz: der Dirigent, der, ohne selbst einen Ton hervorzubringen, die Symphonie in seiner musikalischen Auffassung aus dem Orchester neu erstehen läßt. Der Regisseur, der in seiner dramaturgischen Phantasie das Schauspiel neu erschafft und die Schauspieler zu kollektiver Leistung vereint. Der Redakteur, der – auch wenn er selbst nie eine Zeile schriebe – doch als Haupt des Blattes dessen Linie und Gesicht bestimmt. Der literäre oder wissenschaftliche Leiter eines Verlags prägt der Buchproduktion des Hauses den Stempel auf, schafft ihm vielleicht die Stellung einer Kulturmacht. Die Programmleitung des Rundfunks endlich entscheidet über die geistige Standardkost eines ganzen Volkes.

In noch anderem Sinn ist „Schöpfung von Kulturbeständen" erweiternd aufzufassen. Neben die originale Neuleistung tritt die Popularisierung.

Man kann insofern zwischen neuschöpferischer und *vermittelnder* Intelligenz unterscheiden. Repräsentative Kulturbestände hängen nicht beziehungslos in der Luft, sondern werden Inhalt des geistigen Lebens eines Kreises von Menschen. Die originäre Leistung wird für jene, denen sie in dieser Form unzugänglich ist, volkstümlich verdolmetscht.

Diese Aufgabe gewinnt an Bedeutung im Mechanismus des Kulturlebens, je mehr dieses demokratisiert wird und je mehr die Spitzenleistungen spezialisierten geistigen Schaffens sich dem unmittelbaren Verständnis des Laien entziehen. Wie die Erzeugung wirtschaftlicher Güter durch die Güterverteilung ergänzt wird, so ist auf einer gewissen Entwicklungsstufe die Erzeugung von Kulturbeständen undenkbar ohne ein besonderes System der Vermittlung in volkstümlicher Form. Wissenschaftliche Leistung dem Laien zugänglich zu machen, ist nicht minder Aufgabe der Intelligenz, als sie hervorzubringen, und die Popularisierung hat sich der Fassungsgabe verschiedener Leserkreise anzupassen. Die Demokratisierung der Kultur hat jenes Stadium überwunden, wo selbst der volkstümliche Verfasser sich nur an „die honetten Leute, nicht an Schuster und Dienstmädchen" (Voltaire) wendete.

Doch findet das Aufgabenfeld der Intelligenz seine Grenze, wo Popularisierung zu Vulgarisierung abfällt, die Vereinfachung geistiger Substanz zur Massenprägung verbaler Scheidemünze und zum Ausposaunen billiger Phrasen wird. Hier schlägt der Unterschied des Grades in einen solchen der Art um. Der volkstümliche Verfasser zählt zur Intelligenz, sofern er originäre Bestände wirklich geistig neuformt, in andere Tonart transponiert. Die bloße verdünnte Wiedergabe ist nicht produktive Leistung.

Popularisierung ist nicht auf Abfassung von Aufklärungsschriften beschränkt, sondern umfaßt auch die Ausarbeitung von Lehrbüchern für alle Stufen des Unterrichts. Eine Folge der zunehmenden Spezialisierung ist es, daß selbst akademische Ausbildung weithin popularisierend sein muß. Chemie und Physik des jungen Mediziners, Sozialökonomik für Rechtstudierende, Philosophie für junge Sozialökonomiker können nicht zu den Gipfeln und Tiefen dieser „Nebenfächer" vordringen.

So drängt sich die Frage nach der Stellung des Lehrers zur Intelligenz auf. Es wäre ungereimt, die Zugehörigkeit zur Intelligenz von schriftlich oder auf andere Weise fixierter Leistung abhängig zu machen. Das gedruckte Buch oder Notenheft, bemalte Leinwand und gegossenes Erz sind nicht selbst Bestand geistiger Kultur, sondern nur dessen fixierter Ausdruck, ein Gefäß, worin der Kulturbestand an die Nachwelt weitergereicht wird. Daß fixierte Bestände in der repräsentativen Kultur die fließenden überwiegen, ist in diesem Zusammenhang nicht entscheidend. Atomtheorie oder kritischer Idealismus wären nicht für die Nachwelt verloren, selbst wenn jegliches Buch, worin sie dargestellt sind, in Flammen aufginge. Sie lebten als Gedankenverbindungen bei jenen fort, die von ihnen Kunde erhalten haben und sie mündlich weitergeben. Wo bliebe übrigens die Leistung des ausübenden Musikers oder Schauspielers, wollte man die Zugehörigkeit zur Intelligenz denen vorbehalten, die ihre Schöpfung in festem Stoff – als Maler, Bildhauer, Architekt oder Zeichenschrift – als Forscher, Dichter, Komponist – verewigen? – Daß Lehrer und Volksredner ihre Gedanken nur in das flüchtige, gesprochene Wort kleiden, kann sie also nicht aus dem Kreis der Intelligenz ausschließen. Sie gehören zur Intelligenz, sofern ihre Lehre durch selbständige Verarbeitung und Darstellung einen Gedankengehalt neu verlebendigt. Das schließt freilich *den* Lehrer aus, der seinen Schülern ein festes Pensum nach ordiniertem Lehrbuch und den Regeln erprobter Didaktik einpaukt.

Gleich anderen sozialen Schichten besteht auch die Intelligenz aus einem festen Kern, umgeben von Massen geringerer Dichte. Im Kern finden wir jene, die sich die besondere Kulturfunktion der Intelligenz zur Lebensaufgabe gemacht haben. Um diesen Kern lagern sich die Scharen jener, deren eigentliches Arbeitsfeld ein anderes ist, die aber gelegentlich den repräsentativen Kulturbestand um einen Beitrag vermehren: der Richter, der dann und wann eine Abhandlung in einer juristischen Zeitschrift veröffentlicht, der Lehrer auf dem Lande, der die Lokalgeschichte seines Gaues erforscht, der Industrielle, der philosophierend oder selbstbiographisch seine sozialökonomischen Meinungen darstellt, der Bibliothekar oder Landpfarrer, der in Mußestunden sich als Dichter versucht. Betrachtet man, wie es hier geschehen ist, eine bestimmte Gesellschaftsfunktion als konstitutiv für die Begriffsbildung, so ist diese *Gelegenheits*-Intelligenz nicht minder wichtig als die *Berufs*-Intelligenz. Bedeutsame Leistung kann von dem weiteren Kreise ebensowohl ausgehen wie vom Kern.

[...]

II. Kapitel

1. Der gesellschaftliche Auftrag der Intelligenz

Kritik und Mäßigung der Macht

Die praktische Nutzfunktion der Wissenschaft ist nicht der einzige Berührungspunkt zwischen Staats- und Wirtschaftsleben auf der einen und schöpferischer Intelligenz auf der anderen Seite. Politik und Wirtschaft münzen die Potenzen und Leistungen der Intelligenz für ihre eigenen Zwecke aus. Aber der schöpferische Geist läßt sich nimmer bedingungslos den Handlungssystemen der Politik oder Wirtschaft als dienendes Werkzeug unterordnen. Er findet sich in die Anwendung seiner Errungenschaften zu materiellen Zwecken, läßt sich aber nicht selbst in das Joch dieser Zwecksysteme spannen. Legen seine Vertreter, die Intelligenz, in einer gegebenen Periode zu wenig Widerstandskraft an den Tag und geraten sie in innere Abhängigkeit, scheint das Gesetz des Geistigen selbst sich neue Gefäße, eine neue Intelligenz zu schaffen, die ihre Souveränität gegenüber den äußeren Gesellschaftsmächten behauptet. Das Wesen des Geistigen fordert Unabhängigkeit von den äußeren Mächten, und zuweilen hat der Geist sich sogar selbst als Gesellschaft steuernde Macht versucht. Die Intelligenz hat eine Funktion nicht nur *innerhalb* des Staats- und Wirtschaftslebens, sondern auch ihm *gegenüber*. Wir stehen, wie man sieht, vor dem Problem des Verhältnisses zwischen Geist und Macht. Diese dritte Funktion der Intelligenz heischt breitere Erörterung.

1) Absolutismus

In einem vorangehenden Abschnitt war von der Staatsidee des (aufgeklärten) Absolutismus die Rede. Der Fürst sollte demzufolge das Gesetz der Vernunft in der geschichtlichen Gesellschaft verwirklichen, der Gelehrte aber dem Fürsten dieses Gesetz verdolmetschen. Die Wissenschaft – die damals vor allem und wesentlich Philosophie bedeutete – war ihrer Bestimmung nach die Ratgeberin der Macht. „Multitudo sapientium sanitas est orbis terrarum" – so steht es als Motto auf dem Titelblatt eines im 16. Jhdt. erschienenen Buches über die gelehrten Institutionen Europas (Mittendorpff).

Der Staat ist nicht ein Ziel und Wert an sich, sondern ein Werkzeug und Mittel im Dienst der Weltgeschichte. Dieser Staatsgedanke ist dem des Macchiavelli entgegensetzt. Er, der Mann der Renaissance, sieht – wie Jacob Burckhardt es formuliert hat – den „Staat als Kunstwerk", womit der Staat ethischer Betrachtung entrückt ist. Der Staat trägt sein Daseinsrecht in sich selbst. Und wer oder was ist der Staat? –: *Lostato*, das sind der Tyrann oder die herrschenden Geschlechter zusammen mit ihrem persönlichen und sachlichen Machtapparat. Wohl räumt auch Macchiavelli „der Vernunft" eine bestimmende Rolle ein, aber die Vernunft, von der er spricht, ist eine andere: sie ist Staatsraison. Macchiavelli ist selbst der Schöpfer dieses in der politischen Geschichte der neueren Zeit so bedeutungsvollen Begriffs. Die Staatsraison ist nicht theoretische, sondern praktische Vernunft, sie ist eine Vernunft, die nicht dem Staate das Gesetz des politischen Verhaltens vorschreibt, sondern im Gegenteil aus dem Daseins- und Herrschaftsanspruch des Staates ihren Inhalt empfängt. Vernünftig ist, was dem Bestand des Staates dient – (bewußt oder unbewußt haben unsere Diktatoren in diesem Punkte eine Anleihe bei Macchiavelli gemacht).

Die Staatskonstruktion des aufgeklärten Fürstenabsolutismus entspricht in gewissem Sinne dem mittelalterlichen Gedanken des Gottesreiches auf Erden, ist die Übersetzung dieses Gedankens ins Weltliche. Damals sollten Gottes Wille und Gebot das irdische Zusammenleben der Menschen im Heiligen Römischen Reiche steuern. Kirche und Priesterschaft verkünde- ten den Willen Gottes – Kaiser und Feudalmacht waren berufen, ihn zu verwirklichen. Nun aber soll die profane Vernunft als Norm walten. Der Gelehrte verkündet ihr Gesetz, der Fürst verschafft ihm Geltung. Aber die für die menschliche Gesellschaft maßstäbliche Vernunft ist nicht durch eine einheitliche und autoritäre Organisation vertreten, wie einst der Wille Gottes sie in der Kirche hatte. Der Gleichgewichts-Dualismus Kirche und Reich, Papst und Kaiser, hat in der neuen politischen Welt nicht seinesglei- chen. Dolmetscher der Vernunft ist die unorganisierte Intelligenz als sol- che, ihre einzelnen Glieder aber sind Untertanen des Fürsten.

Untertanen in ihrer bürgerlichen Eigenschaft, aber als Denker souverän. In diesem einen Punkte nämlich ist der Gedanke der territorial begrenz- ten, aber innerhalb ihrer Gebietsgrenzen unbeschränkten Fürstenherr- schaft durchbrochen. Die gesamte zivilisierte Welt ist zwischen Territorial- staaten aufgeteilt, deren jeder die unbedingte Macht über das auf seinem Gebiet sich entfaltende bürgerliche und wirtschaftliche Leben ausübt. Nur das geistige Leben ist – in der Konstruktion des aufgeklärten Absolutismus – über diese Gebietsgrenzen und die an sie gebundene Territorialmacht er- haben. Sein Träger, die Intelligenz, steht als „die Republik der freien und aufgeklärten Geister" außerhalb politischer Botmäßigkeit. Republik – ein überraschendes Wort in einer Zeit, die sonst den Höhepunkt der Entfal- tung fürstlicher Macht bezeichnet. Diese Freiheit der Wissenschaften und schönen Künste ist um so bemerkenswerter, als das geistige Leben des nie- deren Volkes, Bekenntnis und Glaube, dem Grundsatz unterstand: Cujus regio, illius religio.

Der Intelligenz fällt in diesem Vorstellungskreis eine politisch *konstruk- tive* Aufgabe zu. Zwar regiert sie nicht selbst, übt nicht, wie Plato sich das im Staat der Weisen gedacht hat, die politische Macht aus, aber sie ist die Ratgeberin und Wegweiserin der Staatsmacht. Das politische Wissen ist spekulativ und normativ – ist Staatsphilosophie. Die Zeit ist überzeugt vom Vorhandensein einer Wahrheit in politischen Dingen, einer objektiv und mit Gemeingeltung feststellbaren Wahrheit. Die Aufgabe der Fürstenmacht ist *selektiv und exekutiv*. Die Aufgeklärtheit des Fürsten – er heißt princeps illustrissimus – entscheidet darüber, wieweit die Zeit dafür reif ist, gefundene politische Wahrheit in institutionelle Wirklichkeit umzusetzen und auf welche Weise, mit welchen Mitteln dies zweckmäßig zu geschehen hat. Er ist der Mittler zwischen den ideellen Forderungen politischer Vernunft und den Unzulänglichkeiten des geschichtlichen Augenblicks. Die politische Aufklärung des Barock ist somit *aristokratisch* und institutionell in dem Sinne, daß nur eine schmale Elite, die Intelligenz, und durch sie der Fürst mit seinem Beamtenstab, der Staatsweisheit teilhaftig ist. Das Volk genießt die Segnungen der Vernunft nur indirekt durch Verwirklichung der Vernunftgrundsätze in der Sachwelt des geordneten politischen Daseins.

2) Abfall und Aufruhr

Kaum irgendwo folgt das Staatsleben diesen idealen Linien. Das französische Rokoko vor allem verfiel der Entartung. Macchiavelli siegt über Platon, die politische Vernunft weicht der Staatsraison. Der Fürst schlägt den weisen Rat des Philosophen in den Wind. Er braucht nicht seine Macht, um der politischen Vernunft Geltung zu verschaffen, sondern beugt ihr Gebot nach den Interessen seiner Machtstellung. Die Intelligenz aber ist ihrer Mehrzahl nach bereit, ihren Beruf an den Thron zu verraten. Mit hohen Staatsämtern betraut, als Ehrenträger im Dienst der Krone, vielleicht auch nur als Kostgänger des Hofes, bekommen die Mitglieder der Intelligenz selbst ein Endchen vom Zügel der Staatsmacht zu fassen und werden damit an deren Entfaltung als einem Selbstzweck interessiert. So lernen sie der Fürstenmacht den Steigbügel halten. Statt den Herrscher auf den Weg der Vernunft zu weisen, mißbrauchen sie ihr überlegenes Wissen dazu, der politischen Macht eine Scheinrechtfertigung ihrer Taten, eine offizielle Staatsideologie, zu liefern. Der Geist verkauft sich selbst und begibt sich unter das Joch der Macht.

Helvetius hat mit seiner Lehre vom *Priester- und Herrentrug* diesen Stand der Dinge gegeißelt. Kirchliche und weltliche Machthaber und deren Handlanger entwickeln zur Stützung ihrer Machtstellung eine Ideologie, d. h. ein auf trügerische Voraussetzungen gegründetes Gedankengebäude. Dank ihren äußeren Machtmitteln und ihrem Prestige vermögen sie die Volksmassen in Unwissenheit und geistiger Unmündigkeit zu halten. Der Köhlerglaube an die offizielle Staatsideologie macht den gemeinen Mann regierlich. Die Aufklärungsphilosophie und der an sie anknüpfende revolutionär-bürgerliche Gedanke politischer Emanzipation als Weg zur vernünftigen Staatsordnung sind Aufruhr gegen die Selbstherrlichkeit der Fürstenmacht und den Selbstverrat der staatsphilosophischen Intelligenz. Das öffentliche Leben wird vom Fortschritt zur Vernunft abgeschnitten sein, solange die Vernunft aristokratisch von wenigen Eingeweihten verwaltet wird und ihre Verwirklichung in der Gesellschaft Prärogative des Fürsten bleibt. Demokratisierung der Vernunft ist der einzige Weg zur gerechten und vernünftigen Staatsordnung. Nur wenn die große Masse des Volkes unmittelbaren Zugang zur politischen Wahrheit hat und so imstande ist, deren Verwirklichung im Staatsleben zu überwachen, – nur dann ist die Sicherheit gegeben, daß Machtinteressenten nicht länger die Forderungen politischen Fortschrittes verfälschen können.

Es wird zur Losung der Zeit, den gemeinen Mann politisch reif zu machen. Der Untertan wird zum Mitbürger (citoyen), die Bevölkerung zum Volk. Es entsteht der Nationalstaat – zuerst in Frankreich, wo das Gebiet des Fürstenstaates durch die Gunst der geschichtlichen Umstände mit kulturellen Grenzen übereinstimmte. Das Volk erwacht zum politischen Selbstbewußtsein der *grande nation*. Seine politische Einheit bedarf nicht mehr der Krücken, der Veranschaulichung durch die erhabene, von Prunk und Glanz umstrahlte Gestalt des Fürsten.

Der Dualismus von Vernunft und Macht, ja die Macht selbst als politischer Faktor, scheint aufgehoben durch Vereinigung beider in einer Hand: der Hand des Volkes. Die *Freiheit* ist zum obersten politischen Prinzip erhoben. Das aufgeklärte Staatsvolk selbst ist Sitz der politischen Vernunft, die politische Nation Inhaber der Macht. Durch die gewählten Vertreter des Volkes spricht die Vernunft selbst, und die bestallten Organe des Volkes üben die Macht im Sinne der Vernunft aus. Einer neuen Verfälschung der Vernunftgebote, einer neuen Anmaßung der Macht soll durch strenge Trennung der gesetzgebenden und ausübenden Gewalt vorgebeugt werden. Die gesetzgebende Gewalt – Offenbarung der Staatsvernunft – und die vollziehende Gewalt – Verwirklichung der Vernunftnorm im öffentlichen Leben – sind geschiedenen Organen anvertraut, auf daß dem Volk als solchem die Überwachung gesichert bleibe.

Kein Fürst steht mehr als Mittler – und potenzieller Verfälscher – zwischen der Staatsweisheit und dem Volke. Die Intelligenz tritt in ein unmittelbares Verhältnis zur Allgemeinheit, sie wird zum *Organ der politischen Nation*, in dem diese zum Bewußtsein ihres politischen Willens kommt.

3) Die öffentliche Meinung

Schon Louis' XVI. Finanzminister Necker hatte nach dem Zeugnis seiner Tochter, der Madame de Stael, Verständnis für die Bedeutung der öffentlichen Meinung im Staatsleben. Doch muß sie den Staatsmännern des Absolutismus wohl im wesentlichen als ein negativer Faktor erschienen sein. Sie wußten aus Erfahrung, daß der bloße souveräne Wille des Herrschers nicht ausreicht, einen politischen oder administrativen Gedanken in die Wirklichkeit umzusetzen. Das Volk kann durch passiven Widerstand die Absichten der Regierung vereiteln. Stimmungen und Meinungen des Volkes gehören mit zu den geschichtlichen Bedingungen, denen der Fürst selektiv die Forderungen der politischen Vernunft anzupassen hat. Sie sind Hemmungen und Hindernisse. Die wiederholten Versuche des Absolutismus, das Zunftwesen abzuschaffen, scheiterten so in mehr als einem Lande an den überlieferten Vorstellungen und Gewohnheiten des Bürgertums. In Frankreich brach Turgot 1776 bei dem Versuch den Hals. Kluger Staatsmann, der er war, wußte Necker sehr wohl, daß es nichts nützte, gegen den Strom schwimmen zu wollen. Der Satz, daß Politik die Kunst des Möglichen sei, war zwar damals noch nicht geprägt, aber sein Inhalt war nichtsdestoweniger Gemeingut aller besonnenen Politiker: Wer als Staatsmann etwas ausrichten will, kann auch unterm Absolutismus nicht der öffentlichen Meinung Hohn sprechen. In Dänemark hat der eigensinnige deutsche Aufklärer Struensee 1772 seine Verachtung für die Grenzen des im historischen Augenblick politisch Möglichen mit dem Kopf bezahlt.

Während aber der Absolutismus die Gedanken und Meinungen des Mannes auf der Straße als unbequeme Äußerungen des „beschränkten Untertanenverstands" und als Hindernisse für die Durchsetzung höherer Staatsvernunft betrachtet, wird im parlamentarischen Staatswesen die öffentliche Meinung geradezu als unfehlbares Orakel der politischen Vernunft gewertet. Erst jetzt wird sie mit großen Buchstaben geschrieben.

Der gleiche Mechanismus, der im Wirtschaftsleben als Vehikel des Fortschrittes wirkt, der freie Wettbewerb, dient vermeintlich auch dem politischen Fortschritt. Die öffentliche Meinung nämlich geht nach dem Vorbild der freien Konkurrenz aus der öffentlichen Diskussion hervor. Damit ist an ein Knäuel von Erscheinungen gerührt, das in eingehender Betrachtung abzuwickeln ist.

Nach wie vor figuriert der Gelehrte als Organ des *intensiven* Fortschritts. Die Forschung entdeckt neue und aber neue Wahrheiten, entschleiert die tiefsten Geheimnisse der Vernunft. Aber der Fortschritt hat von nun ab auch seine *extensive* Dimension: die Allgemeinheit ist der Ergebnisse der Forschung teilhaftig zu machen. Das Geistesleben ist zur allgemein-bürgerlichen Angelegenheit geworden. Popularisierung und Volksaufklärung werden damit zu unerläßlichen gesellschaftlichen Aufgaben. Das gilt auch – ja es gilt vor allem – für das *politische* Wissen. Die politische Selbständigkeit des Volkes und die mitbürgerliche Verantwortung jedes einzelnen setzen allgemeine Aufgeklärtheit voraus. Nur so kann die Vernunft durch die Stimme des Volkes laut werden.

Die politische Meinungsbildung setzt die Forderungen der reinen Vernunft in praktisch-aktuelle, politische Wahrheit um. Dies geschieht durch das Medium der Diskussion, in der alle Anschauungen und Auffassungen sich Gehör verschaffen können. Die aktuelle politische Wahrheit kommt entweder zutage durch den Sieg der besten Lösung und der gewichtigsten Gründe im freien Wettbewerb der Meinungen, oder als ein Destillat des Meinungsstreites in der Weise, daß die wertvollsten Bestandteile verschiedener Standpunkte eine Synthese eingehen. Diese läuternde Diskussion spielt sich auf verschiedenen Ebenen ab: in den politischen Klubs, der Presse, in Volksversammlungen, Gesprächen von Mann zu Mann und endlich im Parlament.

Die breiten Wählermassen sind nicht selbst produktiv, bringen nicht aus sich die politischen Gedanken hervor. Sie sind, wie einst der aufgeklärte Herrscher, *selektiv*, verwerfen dank ihrer Aufgeklärtheit die minderwertigen Gedanken und geben den besten ihren Beifall. Die politische Meinungsbildung des Volkes bedarf also einer Anleitung zwar nicht autoritativer, wohl aber konsultativer und repräsentativer Art. Schauplatz der vorbereitenden Diskussion ist der *politische Klub*. Diese Neubildung der französischen Revolutionsära betrachtet sich selbst als politische Elite. Sie ist Vorläufer und Frühform des berufsmäßigen Politikertums unserer Tage. Die politisch produktiven Denker, die führenden Köpfe entwickeln in den Clubs ihre Ansichten, modifizieren und festigen sie im Meinungsstreit mit ihresgleichen. Die nächste Phase ist die *Presse*. Sie macht das Ergebnis der Diskussion unter Eingeweihten allgemein zugänglich. Sie ist die öffentliche Tribüne, auf der die widerstreitenden Auffassungen sich einem breiten Publikum vorstellen, das zugleich Kenntnis von den Tatsachen bekommt, über die es sich eine Meinung zu bilden hat. Die Intelligenz wird um eine neue Figur bereichert: den Journalisten oder Popularisator politischen Wissens. Seine Aufgabe ist es, die streitenden politischen Meinungen und Argumente zu verbreiten und zu erörtern und so der öffentlichen Meinung den Weg zu weisen. Der durch die Presse wohl unterrichtete Bürger mag sich selbst sein Urteil bilden. – Was die Tagespresse für den gebildeten Bürger, den homo literatus, ist, das ist die *Volksversammlung* für die breite Masse. Hier werben die Parlamentskandidaten um die Stimmen der Wähler, politische Gegner diskutieren vor offenem Vorhang und der Wähler selbst mag in ihre Debatte eingreifen. – Der Bestand an Gedanken, der in Presse und Wählerversammlung an den Tag tritt, bildet die Substanz des *politischen Gesprächs von Mann zu Mann*. So vorbereitet wählt der Bürger seinen Standpunkt und gibt seine Stimme dem Kandidaten, dessen Auffassungen er teilt. – Die endgültige Diskussion spielt sich dann im gesetzgebenden Parlament ab, wo die durch die beschriebenen Phasen geläuterten Meinungen und Standpunkte ihre Probe zu bestehen haben. Die Parlamentsvertreter werden nicht als Beauftragte ihrer Wählergruppen, sondern jeder einzelne als Sprachrohr der ganzen Nation betrachtet. Das Parlament als solches ist Verkörperung der Staatsnation, und aus der Parlamentsdebatte steigt als Endergebnis der vermeintliche Gemeinwille des Volkes auf.

Jürgen Habermas: Verwissenschaftliche Politik und öffentliche Meinung

I.

Die Verwissenschaftlichung der Politik bezeichnet heute noch keinen Tatbestand, aber immerhin eine Tendenz, für die sich Tatbestände zitieren lassen: vor allem der Umfang staatlicher Auftragsforschung und das Ausmaß wissenschaftlicher Beratung im öffentlichen Dienst kennzeichnen die Entwicklung. Von Anbeginn war zwar der moderne Staat, der sich im Zusammenhang mit dem Marktverkehr entstehender Natur- und Territorialwirtschaften aus Bedürfnissen einer zentralen Finanzverwaltung gebildet hat, auf den Fachverstand juristisch geschulter Beamter angewiesen. Diese verfügten jedoch über ein technisches Wissen, das sich in seiner Art nicht grundsätzlich unterscheidet vom Fachverstand etwa der Militärs. Wie diese die stehenden Heere, so mußten die Juristen die ständige Verwaltung organisieren – sie hatten eher eine Kunst auszuüben denn eine Wissenschaft anzuwenden. Nach strikt wissenschaftlichen Empfehlungen orientieren sich Bürokraten, Militär und Politiker in Ausübung ihrer öffentlichen Funktionen erst seit etwas einer Generation, ja, in größerem Stil erst seit den Tagen des Zweiten Weltkrieges. Damit ist eine neue Stufe jener ‚Rationalisierung‘ erreicht, als die Max Weber schon die Ausbildung der bürokratisierten Herrschaft moderner Staaten begriffen hat. Nicht als hätten Wissenschaftler die Macht im Staate erobert, aber die Ausübung der Herrschaft im Innern und die Behauptung der Macht gegen äußere Feinde sind nicht mehr nur durch die Vermittlung einer arbeitsteilig organisierten, nach Kompetenzen geregelten, an gesetzte Normen gebundenen Verwaltungstätigkeit rationalisiert; sie sind vielmehr durch die Sachgesetzlichkeit neuer Technologien und Strategien in ihrer Struktur noch einmal verändert worden.

Max Weber hat im Gefolge einer Tradition, die auf *Hobbes* zurückgeht, für das Verhältnis von Fachwissen und politischer Praxis klare Definitionen gefunden. Seine berühmte Konfrontation der Beamtenherrschaft mit dem politischen Führertum[1] dient der strikten Trennung zwischen den Funktionen des Sachverständigen und des Politikers. Dieser bedient sich

---

1 Max Weber, *Politische Schriften*, S. 308 ff.

des technischen Wissens, aber die Praxis von Selbstbehauptung und Herrschaft verlangt darüber hinaus die interessierte Durchsetzung eines dezidierten Willens. In letzter Instanz kann sich das politische Handeln nicht rational begründen, es realisiert vielmehr eine Entscheidung zwischen konkurrierenden Wertordnungen und Glaubensmächten, die zwingender Argumente entraten und einer verbindlichen Diskussion unzugänglich bleiben. So sehr der Sachverstand des Fachmannes die Techniken rationaler Verwaltung und militärischer Sicherung bestimmen und somit auch die Mittel der politischen Praxis nach wissenschaftlichen Regeln erzwingen kann, so wenig kann die praktische Entscheidung in konkreter Lage durch Vernunft *zureichend* legitimiert werden. Gerade die Rationalität der Mittelwahl geht zusammen mit der erklärten Irrationalität der Stellungnahme zu Werten, Zielen und Bedürfnissen. Erst die komplette Arbeitsteilung zwischen den sachlich informierten und technisch geschulten Generalstäben der Bürokratie und des Militärs auf der einen, den machtinstinktiven und willensintensiven Führern auf der anderen Seite soll, Weber zufolge, eine Verwissenschaftlichung der Politik ermöglichen.

Heute stellt sich die Frage, ob dieses *dezisionistische Modell* auch auf der zweiten Stufe der Rationalisierung von Herrschaft noch plausibel Geltung beanspruchen darf. Im gleichen Maße wie Systemforschung und vor allem Entscheidungstheorie für die politische Praxis nicht etwa nur neue Technologien bereitstellen und somit die herkömmlichen Instrumente verbessern, sondern durch berechnete Strategien und Entscheidungsautomatiken die Wahl als solche rationalisieren, scheint sich der Sachzwang der Spezialisten gegen die Dezision der Führer durchzusetzen. Im Gefolge einer Tradition, die über *Saint-Simon* bis *Bacon* zurückreicht, will man daher heute die dezisionistische Bestimmung des Verhältnisses von Fachwissen und politischer Praxis zugunsten eines *technokratischen Modells* preisgeben.[2] Das Abhängigkeitsverhältnis des Fachmannes vom Politiker scheint sich umgekehrt zu haben – dieser wird zum Vollzugsorgan einer wissenschaftlichen Intelligenz, die unter konkreten Umständen den Sachzwang der verfügbaren Techniken und Hilfsquellen sowie der optimalen Strategien und Steuerungsvorschriften entwickelt. Wenn es möglich ist, die Entscheidung praktischer Fragen als eine Wahl in Situationen der Unsicherheit so zu rationalisieren, daß die „Symmetrie der Ratlosigkeit" (Rittel) und damit die Entscheidungsproblematik überhaupt schrittweise abgebaut wird, dann bleibt in der Tat dem Politiker im technischen Staat nurmehr eine fiktive Ent-

---

2 J. Ellul, *La Technique ou l'enjeu du siecle*, Paris 1954; H. Schelsky, *Der Mensch in der wissenschaftlichen Zivilisation*, Köln-Opladen 1961.

scheidungstätigkeit. Allenfalls wäre er so etwas wie der Lückenbüßer einer noch unvollkommenen Rationalisierung der Herrschaft, wobei die Initiative ohnehin auf wissenschaftliche Analyse und technische Planung übergegangen ist. Der Staat scheint die Substanz von Herrschaft nun doch zugunsten eines effizienten Einsatzes verfügbarer Techniken im Rahmen sachlich gebotener Strategien preisgeben zu müssen – er scheint nicht länger ein Apparat zur gewaltsamen Durchsetzung prinzipiell unbegründbarer, nur dezisionistisch vertretener Interessen zu bleiben, sondern Organ einer durchgängig rationalen Verwaltung zu werden.

Aber die Schwächen dieses technokratischen Modells liegen auf der Hand. Einerseits unterstellt es einen immanenten Zwang des technischen Fortschritts, der diesen Schein der Verselbständigung nur der Naturwüchsigkeit der in ihm wirksamen gesellschaftlichen Interessen verdankt;[3] zum anderen setzt das Modell ein Kontinuum der Rationalität in der Behandlung technischer und praktischer Fragen voraus, das es nicht geben kann.[4] Die neuen Verfahren, die die Rationalisierung der Herrschaft auf ihrer zweiten Stufe charakterisieren, bringen nämlich die mit der Entscheidung praktischer Fragen verknüpfte Problematik keineswegs ohne Rest zum Verschwinden. Über „Wertsysteme", das heißt aber: über soziale Bedürfnisse und objektive Bewußtseinslagen, über die Richtungen der Emanzipation und der Regression können wir im Rahmen der Forschungen, die unsere technische Verfügungsgewalt erweitern, keine zwingenden Aussagen machen. Entweder finden sich andere als die theoretisch-technischen Formen der Diskussion, um die mit Technologien und Strategien nicht restlos zu beantwortenden praktischen Fragen gleichwohl rational zu klären; oder solche Fragen wären überhaupt nicht mit Gründen zu entscheiden, dann müßten wir aber zum dezisionistischen Modell zurückkehren.

Diese Konsequenz zieht Hermann Lübbe: „Mochte einst der Politiker über den Fachmann, weil dieser bloß wußte und plante, was jener durchzusetzen verstand, im Respektverhältnis erhoben sein; nunmehr kehrt es sich um, sofern der Fachmann zu lesen versteht, was die Logik der Verhältnisse vorschreibt, während der Politiker Positionen in Streitfällen vertritt, für die es Instanzen irdischer Vernunft nicht gibt."[5] Lübbe nimmt die neue Stufe der Rationalisierung in das dezisionistische Modell auf, hält aber

---

3 Siehe H. Krauch, *Wider den technischen Staat*, in: *Atomzeitalter*, 1961, S. 201 ff.

4 Vgl. H. P. Bahrdt, *Helmut Schelskys technischer Staat*, in: *Atomzeitalter*, 1961, S. 195 ff.; J. Habermas, *Vom sozialen Wandel akademischer Bildung*, in: *Universitätstage 1963*, Berlin 1963, S. 165 ff.

5 H. Lübbe, *Zur politischen Theorie der Technokratie*, in: *Der Staat*, 1962, S. 19 ff., Zitat S. 21.

grundsätzlich an dem von *Max Weber* und *Carl Schmitt* definierten Gegensatz des technischen Wissens zur Ausübung politischer Herrschaft fest. Er rügt am technokratischen Selbstverständnis der neuen Experten, daß sie als Logik der Sachen tarnen, was doch in Wahrheit Politik sei wie eh und je. Wohl ist der Spielraum der puren Dezisionen in dem Maße eingeschränkt worden, in dem der Politiker über ein vervielfachtes und verfeinertes Arsenal technologischer Mittel verfügen und der strategischen Entscheidungshilfen sich bedienen kann. Aber innerhalb dieses verringerten Spielraums ist jetzt erst, was der Dezisionismus immer schon unterstellt hat, wahr geworden – jetzt erst ist die Problematik politischer Entscheidungen bis auf den Kern abgebaut, der schlechterdings nicht weiter rationalisiert werden kann. Die ins Extrem getriebene Kalkulation der Entscheidungshilfen führt die Entscheidung selber auf reine Dezision zurück, reinigt sie also von allen Elementen, die noch irgend der verbindlichen Analyse für zugänglich gehalten werden.

In diesem Punkt hat indessen auch das *erweiterte dezisionistische Modell* nichts von seiner ursprünglichen Fragwürdigkeit verloren. Es hat gewiß deskriptiven Wert für eine Praxis der wissenschaftlich informierten Entscheidungen, die heute in den Befehlszentralen der Massendemokratien, prototypisch in den USA, geübt wird. Das heißt aber nicht, daß sich dieser Typus von Entscheidung aus logischen Gründen einer weiteren Reflexion entziehen müßte. Wenn die Rationalisierung an den Leerstellen der politisch in Dienst genommenen technologisch-strategischen Forschung tatsächlich abgebrochen und durch Dezisionen ersetzt wird, dann darf das als ein sozialer Tatbestand, der aus objektiven Interessenlagen erklärt werden mag, registriert werden; um ein Verhalten, das sich aus der Sachproblematik notwendig ergibt, handelt es sich nicht – es sei denn, eine wissenschaftliche Diskussion, überhaupt eine disziplinierte Erörterung wäre jenseits der Grenzen positivistisch zugelassener Redeweise von vornherein ausgeschlossen. Weil das nicht der Fall ist, ist das dezisionistische Modell, wie immer es den tatsächlich geübten Prozeduren einer verwissenschaftlichten Politik angenähert sein mag, seinem eigenen theoretischen Anspruch nach unzureichend. Offensichtlich besteht zwischen Werten, die aus Interessenlagen hervorgehen, einerseits und den Techniken, die zur Befriedigung wertorientierter Bedürfnisse verwendet werden können andererseits, ein Verhältnis der Interdependenz. Wenn sogenannte Werte ihren Zusammenhang mit einer technisch geeigneten Befriedigung realer Bedürfnisse auf die Dauer einbüßen, werden sie funktionslos und sterben als Ideologien ab; umgekehrt können sich mit neuen Techniken aus veränderten Interessenlagen neue Wertsysteme bilden. In jedem Fall bliebe die dezisionistische Trennung der Wert- und Lebensfragen von der Sachproblematik abstrakt. Schon *Dewey* hat bekanntlich die Möglichkeit erörtert, daß der Einsatz stetig vermehrter und verbesserter Techniken nicht nur an undiskutierte Wertorientierungen gebunden bleibt, sondern seinerseits auch die tradierten Werte einer gleichsam pragmatischen Bewährungsprobe unterzieht. Am Ende sollen Wertüberzeugungen nur bestehen dürfen, soweit sie mit den verfügbaren und den denkbaren Techniken, das heißt mit der möglichen Realisierung von Wert in produzierten Gütern oder veränderten Situationen kontrollierbar zusammenhängen. Dewey hat zwar den Unterschied zwischen einer Erfolgskontrolle technischer Empfehlungen und einer praktischen Bewährung von Techniken im hermeneutisch geklärten Zusammenhang konkreter Lagen nicht berücksichtigt; immerhin besteht er aber auf einer pragmatischen Prüfung und somit rationalen Erörterung der Beziehung zwischen verfügbaren Techniken und praktischen Entscheidungen, die in der dezisionistischen Betrachtung ignoriert wird.

Anstelle einer strikten Trennung zwischen den Funktionen des Sachverständigen und des Politikers tritt im *pragmatistischen Modell* gerade ein kritisches Wechselverhältnis, das eine ideologisch gestützte Ausübung von Herrschaft nicht etwa nur einer unzuverlässigen Legitimationsbasis entkleidet, sondern *im ganzen* der wissenschaftlich angeleiteten Diskussion zugänglich macht und dadurch substanziell verändert. Weder ist der Fachmann, wie es im technokratischen Modell vorgestellt wird, souverän geworden gegenüber den Politikern, die faktisch dem Sachzwang unterworfen sind und nur noch fiktiv entscheiden; noch behalten diese, wie das dezisionistische Modell unterstellt, außerhalb der zwingend rationalisierten Bereiche der Praxis ein Reservat, in dem praktische Fragen nach wie vor durch Willensakte entschieden werden müssen. Vielmehr scheint eine wechselseitige Kommunikation derart möglich und nötig zu sein, daß einerseits wissenschaftliche Experten die Entscheidung fällenden Instanzen „beraten" und umgekehrt die Politiker die Wissenschaftler nach Bedürfnissen der Praxis „beauftragen". Dabei wird einerseits die Entwicklung neuer Techniken und Strategien aus einem explizit gemachten Horizont von Bedürfnissen und den geschichtlich bestimmten Interpretationen dieser Bedürfnisse, von Wertsystemen also, gesteuert; andererseits werden diese in Wertsystemen gespiegelten gesellschaftlichen Interessen ihrerseits durch Prüfung an technischen Möglichkeiten und strategischen Mitteln ihrer Befriedigung kontrolliert. So werden sie teils bestätigt, teils abgewiesen, werden sie artikuliert und neu formuliert oder aber ihres ideologisch verklärten und verpflichtenden Charakters entblößt.

II.

Die *drei Modelle* für das Verhältnis von *Fachwissen und Politik* haben wir bisher ohne Rücksicht auf die Verfassung moderner Massendemokratien bestimmt. Nur eines von ihnen, das pragmatistische, ist auf Demokratie *notwendig* bezogen. Wenn sich die Aufteilung der Kompetenzen zwischen Sachverständigen und Führern nach dem dezisionistischen Muster einspielt, kann die politisch fungierende Öffentlichkeit des Staatsbürgerpublikums einzig zur Legitimation der Führungsgruppe dienen. Wahl und Bestätigung der regierenden oder regierungsfähigen Personen sind in der Regel plebiszitäre Akte; nur weil über die Besetzung von Positionen mit Entscheidungsbefugnis, und nicht über die Richtlinien für künftige Entscheidung selbst, abgestimmt werden kann, vollzieht sich die demokratische Wahl hier eher in Gestalt von Akklamationen als von öffentlichen Diskussionen. Vor der politischen Öffentlichkeit legitimieren sich allenfalls die Personen, die entscheiden sollen; die Entscheidungen selber müssen, der dezisionistischen Auffassung zufolge, öffentlicher Diskussion grundsätzlich entzogen bleiben. Auch die Verwissenschaftlichung der Politik fügt sich demnach zwanglos der von Max Weber entwickelten und über Schumpeter für die neuere politische Soziologie verbindlich gewordenen Theorie ein, die den Prozeß demokratischer Willensbildung in letzter Instanz auf ein geregeltes Akklamationsverfahren für alternativ zur Herrschaft berufene Eliten zurückführt. Die in ihrer irrationalen Substanz unangetastete Herrschaft kann auf diese Weise legitimiert, nicht aber als solche rationalisiert werden.

Diesen Anspruch hält hingegen das technokratische Modell einer verwissenschaftlichten Politik aufrecht. Freilich kann die Reduktion von politischer Herrschaft auf rationale Verwaltung hier nur um den Preis von Demokratie überhaupt gedacht werden. Eine politisch fungierende Öffentlichkeit könnte, sobald die Politiker dem Sachzwang strikt unterworfen wären, allenfalls das Verwaltungspersonal legitimieren und über die Fachqualifikation bestellter Funktionäre befinden; aber bei vergleichbarer Qualifikation wäre es im Prinzip gleichgültig, welche der konkurrierenden Führungsgruppen zur Macht gelangte. Eine technokratisierte Verwaltung der industriellen Gesellschaft macht jede demokratische Willensbildung gegenstandslos. Diese Konsequenz zieht Helmut Schelsky: „[...] an die Stelle eines politischen Volkswillens tritt die Sachgesetzlichkeit, die der Mensch als Wissenschaft und Arbeit selbst produziert."[6]

---

6 Schelsky, a.a.O., S. 22.

Demgegenüber ist nach dem pragmatistischen Modell eine erfolgreiche Umsetzung technischer und strategischer Empfehlungen in die Praxis auf die Vermittlung der politischen Öffentlichkeit angewiesen. Denn die Kommunikation zwischen den Sachverständigen und den Instanzen politischer Entscheidung, die im gleichen Maße die Richtung des technischen Fortschritts aus dem traditionsgebundenen Selbstverständnis praktischer Bedürfnisse bestimmt, wie sie umgekehrt auch dieses Selbstverständnis an den technisch ermöglichten Chancen der Befriedigung mißt und kritisiert, muß ja an die gesellschaftlichen Interessen und die Wertorientierungen einer gegebenen sozialen Lebenswelt anknüpfen. In beiden Richtungen ist der rückgekoppelte Kommunikationsprozeß an dem festgemacht, was Dewey die *value beliefs* nannte, eben an einem historisch bestimmten und gesellschaftlich normierten Vorverständnis des in konkreter Lage praktisch Notwendigen. Dieses Vorverständnis ist ein nur hermeneutisch aufzuklärendes Bewußtsein, das sich im Miteinandersprechen zusammenlebender Bürger artikuliert. Jene im pragmatistischen Modell vorgesehene Kommunikation, die die politische Praxis verwissenschaftlicht, kann sich daher nicht unabhängig von der Kommunikation bilden, die vorwissenschaftlich immer schon in Gang ist; diese läßt sich aber in der demokratischen Form von öffentlichen Diskussionen im Staatsbürgerpublikum institutionalisieren. Für die Verwissenschaftlichung der Politik ist das Verhältnis der *Wissenschaften* zur *öffentlichen Meinung* konstitutiv.

Freilich ist dieses Verhältnis in der Tradition des pragmatistischen Denkens nicht eigens zum Thema erhoben worden. Für Dewey verstand es sich von selbst, daß sich die wechselseitige Anleitung und Aufklärung zwischen der Erzeugung von Techniken und Strategien einerseits und den Wertorientierungen interessierter Gruppen andererseits im fraglosen Horizont des gesunden Menschenverstandes und einer unkomplizierten Öffentlichkeit vollziehen könnte. Aber der *Strukturwandel der bürgerlichen Öffentlichkeit* müßte diese unschuldige Auffassung der Naivität überführen, wenn diese nicht ohnehin an der wissenschaftsinternen Entwicklung scheiterte, die eine angemessene Übersetzung technischer Informationen schon zwischen den einzelnen Disziplinen, und erst recht zwischen den Wissenschaften und dem großen Publikum zu einem noch weithin ungelösten Problem macht. Wer gleichwohl an einer Dauerkommunikation zwischen den politisch in Anspruch genommenen Wissenschaften und einer informierten öffentlichen Meinung festhält, gerät in Verdacht, wissenschaftliche Diskussionen auf Massenbasis umstellen und ideologisch mißbrauchen zu wollen. Er ruft eine Ideologiekritik auf den Plan, die gegen weltanschaulich vereinfachte und überdehnte Interpretationen wissenschaftlicher Ergebnisse auf der positivistischen Trennung zwischen Theorie und Praxis beharrt.

Jürgen Habermas

Max Webers Neutralismus der Wissenschaften gegenüber den Wertungen, welche die Praxis stets schon vollzogen hat, läßt sich gegen Scheinrationalisierungen praktischer Fragen, gegen eine *kurzschlüssige* Verbindung zwischen technischem Sachverstand und manipulativ beeinflußbarem Publikum, gegen die verzerrte Resonanz, die wissenschaftliche Information auf dem rissigen Boden einer deformierten Öffentlichkeit finden, überzeugend aufbieten.[7]

Diese Kritik verfällt indessen der positivistischen Beschränkung und einer die Wissenschaft vor Selbstreflexion schützenden Ideologie, sobald sie eine weitergehende Rationalisierung der Herrschaft überhaupt in Frage stellt. Dann nämlich verwechselt sie die faktische Schwierigkeit einer Dauerkommunikation zwischen Wissenschaft und öffentlicher Meinung mit dem Verstoß gegen logische und methodologische Regeln. Das pragmatistische Modell läßt sich, gewiß, nicht ohne weiteres auf die politische Willensbildung in den modernen Massendemokratien anwenden; aber nicht etwa deshalb, weil eine Erörterung praktischer Fragen sowohl im Zusammenhang mit den verfügbaren Techniken und Strategien als auch aus dem Horizont des explizierten Selbstverständnisses einer sozialen Lebenswelt zur Scheinrationalisierung unbegründbarer Willensakte nötigen würde; nur vernachlässigt das Modell die logische Eigenart und die sozialen Voraussetzungen für eine zuverlässige Übersetzung wissenschaftlicher Informationen in die Umgangssprache der Praxis wie auch umgekehrt für die Rückübersetzung aus dem Kontext praktischer Fragen in die Fachsprache technischer und strategischer Empfehlungen.[8] Am Beispiel der USA, des Landes also, in dem eine Verwissenschaftlichung der politischen Praxis am weitesten fortgeschritten ist, läßt sich zeigen, wie sich in der Diskussion zwischen Wissenschaftlern und Politikern solche hermeneutischen Aufgaben stellen und, ohne daß sie *als solche* bewußt würden, gelöst werden. Nur weil diese verschwiegene Hermeneutik nicht explizit in die Zucht wissenschaftlicher Disziplin genommen ist, entsteht nach außen hin der Anschein und unter den Beteiligten weithin auch das Selbstverständnis einer logisch zwingenden Arbeitsteilung zwischen technischer Entscheidungshilfe und aufgeklärter Dezision.

---

7 H. Lübbe, *Die Freiheit der Theorie*, in: *Archiv für Rechts- und Sozialphilosophie*, 1962, S. 343 ff.
8 Vgl. Helmut Krauch, *Technische Information und öffentliches Bewußtsein*, in: *Atomzeitalter*, 1963, S. 235 ff.

III.

Die Kommunikation zwischen den politisch befugten Auftraggebern und den fachlich kompetenten Wissenschaftlern der *Großforschungsinstitute* bezeichnet die kritische Zone der *Übersetzung praktischer Fragen* in wissenschaftlich gestellte Probleme und der *Rückübersetzung wissenschaftlicher Informationen* in Antworten auf praktische Fragen. Freilich trifft diese Formulierung noch nicht die Dialektik des Vorgangs. Die Heidelberger Studiengruppe für Systemforschung berichtet über ein aufschlußreiches Beispiel. Das Hauptquartier der amerikanischen Luftwaffe läßt durch geschulte Kontaktleute dem Programmbüro eines Großforschungsinstituts ein grob umrissenes militärtechnisches oder organisatorisches Problem vortragen; der Ausgangspunkt ist ein vage formuliertes Bedürfnis. Eine strengere Fassung des Problems ergibt sich erst im Laufe einer langwierigen Kommunikation zwischen den selbst wissenschaftlich ausgebildeten Offizieren und dem Projektleiter. Mit der Identifizierung und der gelungenen Definition der Fragestellung ist indessen der Kontakt nicht erschöpft; sie genügen allenfalls für den Abschluß eines detaillierten Vertrages. Während der Forschungsarbeiten selbst besteht auf allen Ebenen, vom Präsidenten bis zum Techniker, ein Informationsaustausch mit den entsprechenden Stellen der auftragerteilenden Institution. Die Kommunikation darf nicht abbrechen, bis die Lösung des Problems grundsätzlich gefunden ist, denn erst mit der prinzipiell absehbaren Lösung ist das Ziel des Projektes *endgültig* definiert. Das Vorverständnis des Problems, das praktische Bedürfnis des Auftraggebers, wird selber erst in dem Maße artikuliert, in dem sich theoretische Lösungen und damit Techniken der Befriedung in streng entworfenen Modellen abzeichnen. Die Kommunikation zwischen den beiden Partnern ist gleichsam das zwischen Praxis und Wissenschaft ausgespannte Netz rationaler Erörterung, das nicht reißen darf, wenn während der Entwicklung bestimmter Technologien oder Strategien das zunächst vage vorverstandene Interesse an der Beseitigung einer problematischen Lage nicht verfehlt, sondern in den formalisierten wissenschaftlichen Modellen seiner Intention nach streng festgehalten werden soll. Umgekehrt finden auch die praktischen Bedürfnisse, korrespondierende Ziele, die Wertsysteme selber, erst im Verhältnis zu der technisch möglichen Realisierung ihre genaue Bestimmung. Das Situationsverständnis politisch handelnder Sozialgruppen ist so sehr von den zur Durchsetzung von Interessen verfügbaren Techniken abhängig, daß oft genug Forschungsprojekte nicht von praktischen Fragen angestoßen, sondern von den Wissenschaftlern an die Politiker herangetragen werden. In Kenntnis des Forschungsstandes können Techniken vorentworfen werden, für die der Zusammenhang mit praktischen Bedürf-

Jürgen Habermas

nissen dann erst gesucht, der Zusammenhang mit neuartikulierten Bedürfnissen erst gestiftet wird. Freilich ist bis zu diesem Punkt der Problemlösung und Bedürfnisartikulation erst die eine Hälfte des Übersetzungsprozesses beendet; die technisch angemessene Lösung einer präzisiert zu Bewußtsein gebrachten problematischen Lage muß wiederum in den Gesamtbestand der geschichtlichen Situation, in der sie praktische Folgen hat, rückübersetzt werden. Die Bewertung der fertiggestellten Systeme und der ausgearbeiteten Strategien erfordert am Ende die gleiche Form von Interpretation eines konkreten Handlungszusammenhangs, mit der der Übersetzungsprozeß, beim Vorverständnis der praktischen Ausgangsfrage, begonnen hat.

Der Übersetzungsprozeß, der sich zwischen den politischen Auftraggebern und den Fachleuten der Projektwissenschaften eingespielt hat, ist auch im großen institutionalisiert worden. Auf Regierungsebene sind Lenkungsbürokratien für Forschung und Entwicklung und wissenschaftliche Beratungsinstitute eingerichtet worden, deren Funktionen noch einmal die eigentümliche Dialektik der Umsetzung von Wissenschaft in politische Praxis widerspiegeln. Die amerikanische Bundesregierung unterhält fünfunddreißig solcher Scientific Agencies. In ihrem Rahmen wird eine *Dauerkommunikation zwischen Wissenschaft und Politik* eingerichtet, die sich sonst bloß ad hoc bei der Vergabe spezieller Forschungsaufträge entzünden könnte. Schon das erste Regierungskomitee für Wissenschaftler, das der amerikanische Präsident 1940 kurz vor Kriegseintritt begründete, übernahm jene beiden Funktionen, die heute eine große Beratungsmaschinerie erfüllt. *Politikberatung* hat die Aufgabe, einerseits Forschungsergebnisse aus dem Horizont leitender Interessen, die das Situationsverständnis der Handelnden bestimmen, zu interpretieren, und andererseits Projekte zu bewerten, und solche Programme anzuregen und zu wählen, die den Forschungsprozeß in die Richtung praktischer Fragen lenken

Sobald sich diese Aufgabe aus dem Kontext einzelner Probleme löst und die Entwicklung der Forschung im ganzen zum Thema wird, geht es im Dialog zwischen Wissenschaft und Politik um die Formulierung einer langfristigen *Forschungspolitik.* Das ist der Versuch, die naturwüchsigen Beziehungen zwischen technischem Fortschritt und sozialer Lebenswelt unter Kontrolle zu bringen. Die Richtung des technischen Fortschritts ist heute noch weithin durch gesellschaftliche Interessen bestimmt, die naturwüchsig aus dem Zwang zur Reproduktion des gesellschaftlichen Lebens hervorgehen, ohne als solche reflektiert und mit dem erklärten politischen Selbstverständnis der sozialen Gruppe konfrontiert zu werden; infolgedessen bricht neues technisches Können unvorbereitet in bestehende Formen der Lebenspraxis ein, neue Potentiale einer erweiterten technischen Verfü-

gungsgewalt machen das Mißverhältnis zwischen den Ergebnissen ange-
spanntester Rationalität und unreflektierten Zielen, erstarrten Wertsystemen, hinfälligen Ideologien nur noch offenbarer. Die mit Forschungspolitik befaßten Beratungsgremien veranlassen einen neuen Typus von inter-
disziplinär verflochtener Zukunftsforschung, die den immanenten Ent-
wicklungsstand und die sozialen Voraussetzungen des technischen Fortschritts zusammen mit dem Bildungsniveau der Gesamtgesellschaft klären
und insofern von naturwüchsigen Interessenlagen zunächst einmal abhe-
ben soll. Auch diese Untersuchungen verfolgen ein hermeneutisches Er-
kenntnisinteresse; sie gestatten nämlich, die gegebenen gesellschaftlichen
Institutionen und deren Selbstverständnis mit den tatsächlich verwendeten
und den möglicherweise verfügbaren Techniken zu konfrontieren; und im
gleichen Verhältnis zu dieser gezielten ideologiekritischen Klärung erlauben sie umgekehrt auch, gesellschaftliche Bedürfnisse und erklärte Ziele
zu reorientieren. Die Formulierung einer langfristigen Forschungspolitik,
die Vorbereitung neuer Industrien, welche künftige wissenschaftliche Informationen verwerten, die Planung des Ausbildungssystems für einen
qualifizierten Nachwuchs, dessen Berufspositionen erst geschaffen werden
– dieser Versuch, eine bisher naturgeschichtlich sich durchsetzende Vermittlung des technischen Fortschritts mit der Lebenspraxis großer Indus-
triegesellschaften bewußt in Regie zu nehmen, entfaltet die Dialektik von
aufgeklärtem Wollen und selbstbewußtem Können.

Während sich die Kommunikation zwischen den Experten der Großforschungsinstitute und den politischen Auftraggebern bei einzelnen Projek-
ten im Rahmen eines objektiv abgesteckten Problembereichs abspielt,
während auch noch die Diskussion zwischen den beratenden Wissenschaftlern und der Regierung an die Konstellation gegebener Situationen
und verfügbarer Potentiale gebunden bleibt – ist der Dialog zwischen Wissenschaftlern und Politikern bei dieser dritten Aufgabe einer Programmie-
rung der gesamtgesellschaftlichen Entwicklung von *bestimmten* Problem-
anstößen freigesetzt. Gewiß muß er an die konkrete Lage anknüpfen, und
zwar einerseits an den geschichtlichen Traditionsbestand und an gesellschaftliche Interessenlagen, andererseits an ein gegebenes Niveau technischen Wissens und industrieller Verwertung; aber im übrigen muß sich der
Versuch einer langfristigen, an den immanenten Möglichkeiten und den
objektiven Folgen orientierten Forschungs- und Bildungspolitik jener Dialektik überlassen, die wir auf den früheren Stufen schon kennengelernt haben. Er muß die politisch Handelnden im Verhältnis zu dem gesellschaftlichen Potential an technischem Wissen und Können über das traditionsbe-
stimmte Selbstverständnis ihrer Interessen und Ziele auf klären und sie *zugleich* im Lichte der artikulierten und neu interpretierten Bedürfnisse in-

standsetzen, praktisch zu beurteilen, in welcher Richtung sie ihr technisches Wissen und Können künftig entwickeln wollen. Diese Erörterung bewegt sich unaufhebbar innerhalb des Zirkels, daß wir nur in demselben Maße, als wir in Kenntnis des technischen Könnens unseren historisch bestimmten Willen an der gegebenen Lage orientieren, auch umgekehrt wissen, welche bestimmt gerichtete Erweiterung unseres technischen Könnens wir in Zukunft wollen.

IV.

Der Übersetzungsprozeß zwischen Wissenschaft und Politik ist in letzter Instanz auf öffentliche Meinung bezogen. Diese Beziehung ist ihm nicht, etwa mit Rücksicht auf die geltenden Normen einer Verfassung, äußerlich; sie ergibt sich vielmehr immanent zwingend aus den Erfordernissen der Konfrontation *technischen Wissens und Könnens* mit einem *traditionsabhängigen Selbstverständnis,* aus dessen Horizont die Bedürfnisse als Ziele interpretiert und die Ziele in Gestalt von Werten hypostasiert werden. In der Integration von technischem Wissen und hermeneutischer Selbstverständigung steckt, da sie von einer vom Staatsbürgerpublikum losgelösten Diskussion der Wissenschaftler in Gang gebracht werden muß, immer auch ein Moment von Vorwegnahme. Die Aufklärung eines wissenschaftlich instrumentierten politischen Willens kann nach Maßstäben rational verbindlicher Diskussion nur aus dem Horizont der miteinander sprechenden Bürger selbst hervorgehen und muß in ihn zurückführen. Auch die Berater, die sich unterrichten möchten, welchen Willen die politischen Instanzen ausdrücken, stehen unter dem hermeneutischen Zwang, sich auf das historische Selbstverständnis einer sozialen Gruppe, in letzter Instanz auf die Gespräche der Staatsbürger untereinander, einzulassen. Eine solche Explikation ist wohl an die Verfahrensweisen der hermeneutischen Wissenschaften gebunden, aber diese lösen den dogmatischen Kern geschichtlich erarbeiteter und überlieferter Interpretationen nicht auf, sie legen ihn nur aus. Die beiden weiteren Schritte einer sozialwissenschaftlichen Analyse dieses Selbstverständnisses aus dem Zusammenhang gesellschaftlicher Interessen einerseits und einer Vergewisserung der verfügbaren Techniken und Strategien andererseits führen zwar über diesen Gesprächskreis der Bürger hinaus, aber das Resultat dieser Schritte kann als Aufklärung des politischen Willens nur wiederum innerhalb der Kommunikation der Bürger Wirksamkeit erlangen. Denn eine Artikulierung der Bedürfnisse nach Maßgabe technischen Wissens kann ausschließlich *im Bewußtsein der politisch Handelnden selber* ratifiziert werden. Experten können diesen Akt der

Bestätigung denen, die mit ihrer Lebensgeschichte für die neuen Interpretationen der sozialen Bedürfnisse und für die akzeptierten Mittel der Bewältigung problematischer Lagen einzustehen haben, nicht abnehmen; sie müssen ihn freilich, mit diesem Vorbehalt, immer auch schon antizipieren. Soweit sie diese Stellvertretung übernehmen, denken sie versuchsweise und zugleich notgedrungen geschichtsphilosophisch, ohne noch den Glauben der Geschichtsphilosophie teilen zu können.

Der Prozeß der Verwissenschaftlichung von Politik würde sich, mit der Integration technischen Wissens in das hermeneutisch explizierte Selbstverständnis einer gegebenen Situation, jeweils erst dann vollenden können, wenn unter den Bedingungen einer allgemeinen, auf das Publikum der Staatsbürger ausgedehnten und von Herrschaft freien Kommunikation zwischen Wissenschaft und Politik die Gewähr dafür geboten wäre, daß sich der Wille die Aufklärung verschafft hat, die er tatsächlich will, und daß zugleich Aufklärung den tatsächlichen Willen soweit durchdrungen hat, wie sie es unter den gegebenen, den gewollten und den machbaren Umständen irgend vermag. Diese *prinzipiellen Erwägungen* sollen freilich nicht darüber hinwegtäuschen, daß die *empirischen Bedingungen* für die Anwendung des pragmatistischen Modells fehlen. Die Entpolitisierung der Masse der Bevölkerung und der Zerfall einer politischen Öffentlichkeit sind Bestandteile eines Herrschaftssystems, das dazu tendiert, praktische Fragen aus der öffentlichen Diskussion auszuschließen. Der bürokratisierten Ausübung der Herrschaft entspricht vielmehr eine demonstrative Öffentlichkeit, die bei einer mediatisierten Bevölkerung für Zustimmung sorgt.[9] Aber auch wenn wir von Systemschranken absehen und annehmen, daß öffentliche Diskussionen in einem großen Publikum heute noch eine gesellschaftliche Basis fänden – selbst dann wäre eine Versorgung mit relevanten wissenschaftlichen Informationen nicht einfach.

Unabhängig von ihrer Resonanzfähigkeit sind der politischen Öffentlichkeit gerade die praktisch folgenreichsten Forschungsergebnisse am schwierigsten zugänglich. Während früher allenfalls industriell verwertbare Informationen aus Gründen privatwirtschaftlicher Konkurrenz geheimgehalten oder geschützt wurden, blockieren heute vor allem die militärischen Geheimhaltungsvorschriften den freien Fluß der Informationen. Die Verzögerung zwischen dem Zeitpunkt der Entdeckung und dem der Veröffentlichung beträgt bei strategisch relevanten Ergebnissen mindestens drei Jahre, in vielen Fällen aber mehr als ein Jahrzehnt.

---

9 Vgl. meine Untersuchung *Strukturwandel der Öffentlichkeit*, Neuwied 1968.

Eine weitere Barriere zwischen Wissenschaft und Öffentlichkeit stört den Kommunikationsfluß prinzipiell. Ich meine die bürokratische Abschließung, die sich aus der Organisation des modernen Forschungsbetriebs ergibt.

Mit den Formen individueller Gelehrsamkeit und einer unproblematischen Einheit von Forschung und Lehre schwindet auch der zwanglose und einst selbstverständliche Kontakt des einzelnen Forschers mit einem größeren Publikum, sei es von Lernenden oder von gebildeten Laien. Das sachliche Interesse des großbetrieblich integrierten Forschers, das auf die Lösung eng umschriebener Probleme gerichtet ist, braucht nicht mehr von vornherein mit der pädagogischen oder publizistischen Rücksicht auf die Mitteilung an ein Publikum von Hörern oder Lesern gekoppelt zu sein. Denn der Adressat vor den Toren der organisierten Forschung, für den die wissenschaftlichen Informationen bestimmt sind, ist nun, jedenfalls unmittelbar, nicht mehr ein lernendes Publikum oder eine diskutierende Öffentlichkeit, sondern in der Regel ein Auftraggeber, der am Ausstoß des Forschungsprozesses um seiner technischen Verwendung willen interessiert ist. Früher gehörte die Aufgabe der literarischen Darstellung noch zur wissenschaftlichen Reflexion selbst; im System der Großforschung tritt an deren Stelle das auftragsbezogene Memorandum und der auf technische Empfehlungen ausgerichtete Forschungsbericht.

Gewiß behauptet sich daneben eine wissenschaftsinterne Öffentlichkeit, in der sich die Experten über Fachzeitschriften oder auf Tagungen austauschen; aber auch zwischen ihr und der literarischen oder gar politischen Öffentlichkeit wären Kontakte kaum zu erwarten gewesen, wenn nicht inzwischen eine eigentümliche Schwierigkeit zu einer neuen Form der Kommunikation genötigt hätte. Man hat ausgerechnet, daß sich im Zuge der Differenzierung der Forschung während der letzten hundert Jahre die Zahl der Fachzeitschriften alle fünfzehn Jahre verdoppelt hat. Heute erscheinen auf der ganzen Welt schon etwa 50 000 wissenschaftliche Journale.[10] Mit der steigenden Flut der Informationen, die in der wissenschaftlichen Öffentlichkeit verarbeitet werden müssen, mehren sich deshalb Versuche, das unübersichtlich werdende Material zusammenzufassen, für Zwecke des Überblicks zu ordnen und zu bearbeiten.

Die Referatenzeitschrift bezeichnet nur den ersten Schritt auf dem Wege eines Übersetzungsprozesses, der das Rohmaterial der ursprünglichen In-

---

10 D. J. de Solla Price, *Science since Babylon*, New Haven 1961; ders. *Little Science, Big Science*, New York 1963; vgl. dazu H. P. Dreitzel, *Wachstum und Fortschritt der Wissenschaft*, in: *Atomzeitalter*, Nov. 1963, S. 289.

formation weiterverarbeitet. Eine Reihe von Zeitschriften dienen dem gleichen Zweck einer Kommunikation zwischen Wissenschaftlern verschiedener Disziplinen, die eines Dolmetschers bedürfen, um die wichtigen Informationen angrenzender Fächer für die eigene Arbeit verwenden zu können. Je weiter sich die Forschung spezialisiert, um so größere Entfernungen muß eine wichtige Information überwinden, um in die Arbeit eines anderen Experten eingehen zu können: Physiker informieren sich etwa aus dem *Time Magazine* über neue Entwicklungen in Technik und Chemie. Helmut Krauch vermutet wohl mit Recht,[11] daß auch in Deutschland der Austausch zwischen Wissenschaftlern verschiedener Disziplinen bereits auf die Übersetzungen eines wissenschaftlichen Journalismus angewiesen ist, der von den anspruchsvollen Literaturberichten bis zu den Wissenschaftsspalten der Tagespresse reicht. Etwa am Beispiel der Kybernetik, die ihre Modelle an Vorgängen aus Bereichen der Physiologie und der Nachrichtentechnik, der Hirnpsychologie und der Ökonomie entwickelt und dabei Ergebnisse aus den entlegensten Disziplinen verbindet, läßt sich leicht einsehen, wie wichtig es ist, den Kommunikationszusammenhang auch dann nicht reißen zu lassen, wenn die Informationen von einem zum anderen Spezialisten den weiten Weg über die Umgangssprache und das Alltagsverständnis des Laien nehmen müssen. Die wissenschaftsexterne Öffentlichkeit wird, bei hochgradiger Arbeitsteilung, vielfach schon zum kürzesten Weg interner Verständigung zwischen den einander entfremdeten Spezialisten. Von diesem Zwang zur Übersetzung wissenschaftlicher Informationen, der aus Bedürfnissen des Forschungsprozesses selbst hervorgeht, profitiert aber auch die gefährdete Kommunikation zwischen den Wissenschaften und dem großen Publikum der politischen Öffentlichkeit.

Eine weitere Tendenz, die ebenfalls der Kommunikationshemmung zwischen beiden Bereichen entgegenwirkt, ergibt sich aus dem internationalen Zwang zur friedlichen Koexistenz konkurrierender Gesellschaftssysteme. Die militärischen Geheimhaltungsvorschriften, die den freien Zufluß wissenschaftlicher Informationen in die Öffentlichkeit blockieren, vertragen sich nämlich, wie vor allem Oskar Morgenstein nachgewiesen hat,[12] immer weniger mit den Bedingungen einer immer dringlicher werdenden Rüstungskontrolle. Die wachsenden Risiken eines prekären Gleichgewichts der Abschreckung nötigen zu einer wechselseitig kontrollierten Abrüstung; das umfassende Inspektionssystem, das diese voraussetzt, kann

---

11 *Technische Information und öffentliches Bewußtsein,* in: *Atomzeitalter,* Sept. 1963, S. 238.

12 *Strategie heute,* Frankfurt/M. 1962, bes. Kap. XII, S. 292 ff.

aber nur wirksam arbeiten, wenn das Prinzip der Öffentlichkeit rigoros auf die internationalen Beziehungen, auf die strategischen Pläne und vor allem auf die militärisch nutzbaren Potentiale ausgedehnt wird. Der Kern dieses Potentials ist wiederum die strategisch verwertbare Forschung. Das Programm einer Offenen Welt verlangt daher in erster Linie den freien Austausch wissenschaftlicher Informationen. Es gibt also wenigstens gewisse Anhaltspunkte für die Vermutung, daß die staatliche Monopolisierung der technisch ergiebigen Wissenschaften, der wir uns heute gerade im Zeichen eines allgemeinen Wettrüstens nähern, als eine Durchgangsstufe betrachtet werden darf, die schließlich zur kollektiven Nutzung der Informationen auf der Grundlage einer freizügigen Kommunikation zwischen Wissenschaft und Öffentlichkeit führt.

Freilich würden weder der wissenschaftsimmanente Zwang zur Übersetzung noch der von außen kommende Zwang zum freien Austausch von Forschungsinformationen ausreichen, um in einer resonanzfähigen Öffentlichkeit ernstlich eine Diskussion über die praktischen Folgen wissenschaftlicher Resultate in Gang zu bringen, wenn nicht schließlich die verantwortlichen Forscher selbst die Initiative ergriffen. Die dritte Tendenz, die wir zugunsten einer solchen Diskussion anführen möchten, ergibt sich aus dem Rollenkonflikt, in den die repräsentativen Forscher als Wissenschaftler einerseits und als Staatsbürger andererseits geraten. In dem Maße, in dem die Wissenschaften tatsächlich für die politische Praxis beansprucht werden, wächst für die Wissenschaftler objektiv der Zwang, nun auch, über technische Empfehlungen, die sie erzeugen, hinausgehend, auf die praktischen Folgen, die sie auslösen, zu reflektieren. In großem Stil galt das zunächst für die Atomphysiker, die mit der Herstellung der A- und H-Bomben befaßt waren.

Seitdem haben Diskussionen stattgefunden, in denen führende Wissenschaftler über die politischen Auswirkungen ihrer Forschungspraxis streiten; so beispielsweise über die Schädigungen, die der radioaktive Niederschlag für die aktuelle Gesundheit der Bevölkerung und die erbliche Substanz der Menschengattung hervorruft. Aber die Beispiele sind kärglich. Immerhin zeigen sie, daß kompetenzfrei verantwortliche Wissenschaftler die Schranken ihrer wissenschaftsinternen Öffentlichkeit durchbrechen und sich an öffentliche Meinung direkt wenden, wenn sie entweder praktische Folgen, die mit der Wahl bestimmter Technologien verbunden sind, abwenden, oder wenn sie bestimmte Forschungsinvestitionen an deren sozialen Auswirkungen kritisieren wollen.

Solche Ansätze lassen freilich kaum ahnen, daß die Diskussion, die in den Büros der wissenschaftlichen Politikberatung angesponnen wird, im Grundsätzlichen ebenso auf dem breiteren Forum der politischen Öffentlichkeit ausgetragen werden müßte wie auch jener Dialog, den Wissenschaftler und Politiker um die Formulierung einer langfristigen Wissenschaftspolitik führen oder, wie hierzulande, erst einmal führen sollten.

Auf beiden Seiten sind, wie wir gesehen haben, die Voraussetzungen dafür nicht günstig. Auf der einen Seite dürfen wir mit gesicherten Institutionen für eine öffentliche Diskussion im großen Publikum der Staatsbürger nicht mehr rechnen; auf der anderen Seite können sich ein arbeitsteiliges System der Großforschung und ein bürokratisierter Herrschaftsapparat nur zu gut unter Ausschluß der politischen Öffentlichkeit aufeinander einspielen. Die Alternative, die uns interessiert, besteht nicht etwa zwischen einer Führungsgruppe, die über eine mediatisierte Bevölkerung hinweg ein lebenswichtiges Wissenspotential wirksam ausschöpft; und einer anderen Führungsgruppe, die vom Zufluß wissenschaftlicher Informationen selbst abgesperrt ist, so daß technisches Wissen in den Prozeß der politischen Willensbildung nur unzureichend einfließt. Es geht vielmehr darum, ob ein folgenreicher Wissensstand nur in die Verfügung technisch hantierender Menschen geleitet oder zugleich in den Sprachbesitz kommunizierender Menschen eingeholt wird. Als mündig könnte sich eine verwissenschaftliche Gesellschaft nur in dem Maße konstituieren, in dem Wissenschaft und Technik durch die Köpfe der Menschen hindurch mit der Lebenspraxis vermittelt würden.

Die eigentümliche Dimension, in der eine kontrollierte Übersetzung technischen Wissens in praktisches und damit eine wissenschaftlich angeleitete Rationalisierung der politischen Herrschaft möglich ist, wird verfehlt, wenn die prinzipiell mögliche Aufklärung des politischen Willens im Verhältnis zur Belehrung über sein technisches Können, sei es zugunsten verstockter Dezisionen, für unmöglich, sei es in Ansehung der Technokratie, für überflüssig gehalten wird. Die objektive Folge würde in beiden Fällen die gleiche sein: ein vorzeitiger Abbruch möglicher Rationalisierung. Auch der illusionäre Versuch der Technokraten, politische Entscheidungen einzig von der Logik des Sachzwangs dirigieren zu lassen, würde den Dezisionisten recht geben, nämlich der puren Willkür überlassen müssen, was an den Rändern technologischer Rationalität dann doch als unaufgelöster Rest von Praktischem sich absetzt.

Theodor W. Adorno: Marginalien zu Theorie und Praxis

Für Ulrich Sonnemann

I

Wie sehr die Frage nach Theorie und Praxis abhängt von der nach Subjekt und Objekt, tut eine einfache historische Besinnung dar. Zur selben Zeit, da die Cartesianische Zweisubstanzenlehre die Dichotomie von Subjekt und Objekt ratifizierte, wurde in der Dichtung Praxis erstmals als fragwürdig wegen ihrer Spannung zur Reflexion dargestellt. Die reine praktische Vernunft ist bei allem eifrigen Realismus so objektlos wie die Welt, für Manufaktur und Industrie, zum qualitätslosen Material der Bearbeitung wird, die ihrerseits nirgendwo anders als auf dem Markt sich legitimiert. Während Praxis verspricht, die Menschen aus ihrem Verschlossensein in sich hinauszuführen, ist sie eh und je verschlossen; darum sind die Praktischen unansprechbar, die Objektbezogenheit von Praxis a priori unterhöhlt. Wohl ließe sich fragen, ob nicht bis heute alle naturbeherrschende Praxis in ihrer Indifferenz gegens Objekt Scheinpraxis sei. Ihren Scheincharakter erbt sie fort auch an all die Aktionen, die den alten gewalttätigen Gestus von Praxis ungebrochen übernehmen. Man hat dem amerikanischen Pragmatismus seit seiner Frühzeit mit Grund vorgeworfen, daß er, indem er zum Kriterium von Erkenntnis deren praktische Verwertbarkeit erklärt, sie auf bestehende Verhältnisse vereidige; nirgends sonst lasse der praktische Nutzeffekt der Erkenntnis sich überprüfen. Wird aber am Ende Theorie, der es ums Ganze geht, wenn sie nicht vergeblich sein soll, auf ihren Nutzeffekt jetzt und hier festgenagelt, so widerfährt ihr dasselbe, trotz des Glaubens, sie entrinne der Systemimmanenz. Dieser entwände Theorie sich allein, wo sie die gleichviel wie modifizierte pragmatistische Fessel abstreifte. Daß alle Theorie grau sei, läßt Goethe Mephistopheles dem Schüler predigen, den er an der Nase herumführt; der Satz war Ideologie schon am ersten Tag, Betrug darüber, wie wenig grün des Lebens Baum ist, den die Praktiker gepflanzt haben, und den der Teufel im gleichen Atemzug mit dem Metall Gold vergleicht; das Grau der Theorie seinerseits ist Funktion des entqualifizierten Lebens. Nichts soll sein, was nicht sich anpacken läßt; nicht der Gedanke. Das auf sich selbst zurückgeworfene, durch einen Abgrund von seinem Anderen getrennte Subjekt sei unfähig zur Tat. Hamlet ist ebenso die Urgeschichte des Individuums in dessen subjektiver Reflexion wie das Drama des im Handeln durch jene Reflexion Gelähmten. Die Selbstentäußerung des Individuums zu dem, was ihm nicht gleicht, spürt es als ihm unangemessen und wird gehemmt, sie zu vollbringen. Wenig später schon beschreibt der Roman, wie es auf jene Situation reagiert, die durch das Wort Entfremdung falsch benannt ist – so als wäre im vorindividuellen Zeitalter Nähe gewesen, die doch anders als von Individuierten schwerlich empfunden werden kann: die Tiere sind nach Borchardts Wort „einsame Gemeinde" –; mit Pseudo-Aktivität. Die Narrheiten des Don Quixote sind Versuche der Kompensation fürs entgleitende Andere, nach psychiatrischer Sprache Restitutionsphänomene. Was seitdem als Problem der Praxis gilt und heute abermals sich zuspitzt zur Frage nach dem Verhältnis von Praxis und Theorie, koinzidiert mit dem Erfahrungsverlust, den die Rationalität des Immergleichen verursacht. Wo Erfahrung versperrt oder überhaupt nicht mehr ist, wird Praxis beschädigt und deshalb ersehnt, verzerrt, verzweifelt überwertet. So ist, was das Problem der Praxis heißt, mit dem der Erkenntnis verflochten. Die abstrakte Subjektivität, in der der Rationalisierungsprozeß terminiert, kann strengen Sinnes so wenig irgend etwas tun, wie vom transzendentalen Subjekt vorzustellen ist, was gerade ihm attestiert wird, Spontaneität. Seit der Cartesianischen Doktrin von der zweifelsfreien Gewißheit des Subjekts – und die Philosophie, die sie beschrieb, kodifizierte ein geschichtlich Vollzogenes, eine Konstellation von Subjekt und Objekt, in der, dem antiken Topos zufolge, nur Ungleiches Ungleiches soll erkennen können – nimmt Praxis etwas Scheinhaftes an, so als trüge sie nicht über den Graben hinüber. Worte wie Betriebsamkeit und Geschäftigkeit treffen die Nuance recht prägnant. Die Scheinrealitäten mancher praktischer Massenbewegungen des zwanzigsten Jahrhunderts, welche zur blutigsten Realität wurden und dennoch vom nicht ganz Realen, Wahnhaften überschattet sind, hatten ihre Geburtsstunde, als erst einmal nach der Tat gefragt wurde. Während Denken zur subjektiven, praktisch verwertbaren Vernunft sich beschränkt, wird korrelativ das Andere, das ihr entgleitet, einer zunehmend begriffslosen Praxis zugewiesen, die kein Maß anerkennt als sich selbst. So antinomisch wie die Gesellschaft, die ihn trägt, vereint der bürgerliche Geist Autonomie und pragmatistische Theoriefeindschaft. Die Welt, die von der subjektiven Vernunft tendenziell nur noch nachkonstruiert wird, soll zwar immerfort, ihrer wirtschaftlichen Expansionstendenz gemäß, verändert werden, aber doch bleiben, was sie ist. Coupiert wird am Denken, was daran rührt: zumal Theorie, die mehr will als Nachkonstruktion. Herzustellen wäre ein Bewußtsein von Theorie und Praxis, das beide weder so trennt, daß Theorie ohnmächtig würde und Praxis willkürlich; noch Theorie durch den von Kant und Fichte proklamierten, urbürgerlichen Primat der praktischen Vernunft bricht. Denken ist ein Tun, Theorie eine Gestalt von Praxis; allein die Ideologie der Reinheit des Denkens täuscht darüber. Es hat Doppelcharakter: ist immanent bestimmt und stringent, und gleichwohl eine unabdingbar reale Verhaltensweise inmitten der Realität. Soweit Subjekt, die denkende Substanz der Philosophen, Objekt ist, soweit es in Objekt fällt, soweit ist es vorweg auch praktisch. Die stets wieder obenauf kommende Irrationalität der Praxis aber – ihr ästhetisches Urbild sind die jähen Zufallsaktionen, durch die Hamlet das Geplante realisiert und an der Realisierung scheitert – belebt unermüdlich den Schein absoluter Getrenntheit von Subjekt und Objekt. Wo Objekt dem Subjekt als schlechthin Inkommensurables vorgegaukelt wird, erbeutet blindes Schicksal die Kommunikation zwischen beiden.

2

Man vergröberte, wollte man der geschichtsphilosophischen Konstruktion zuliebe die Divergenz von Theorie und Praxis so spät wie auf die Renaissance datieren. Nur ist sie damals, nach dem Einsturz jenes ordo, der wie der Wahrheit so auch den guten Werken ihren hierarchischen Ort anzuweisen sich vermaß, erstmals reflektiert worden. Man erfuhr die Krise von Praxis in der Gestalt: nicht wissen, was man tun soll. Samt der mittelalterlichen Hierarchie, die mit ausgeführter Kasuistik verbunden war, sind die praktischen Anweisungen zergangen, die damals, bei all ihrer Fragwürdigkeit, zumindest als der Sozialstruktur adäquat erschienen. Im vielbefehdeten Formalismus der Kantischen Ethik kulminiert eine Bewegung, die mit der Emanzipation autonomer Vernunft unaufhaltsam, und mit kritischem Recht, ins Rollen kam. Die Unfähigkeit zur Praxis war primär das Bewußtsein des Mangels an Regulativen, Schwäche schon ursprünglich; das Zaudern, der Vernunft als Kontemplation verschwistert und Hemmung der Praxis, rührt daher. Der formale Charakter der reinen praktischen Vernunft konstituierte deren Versagen vor der Praxis; veranlaßte freilich auch zur Selbstbesinnung, die über den schuldhaften Begriff von Praxis hinausgeleitet. Hat die autarkische Praxis seit je manische und zwangshafte Züge, so heißt diesen gegenüber Selbstbesinnung: die Unterbrechung der blind nach außen zielenden Aktion; Unnaivetät als Übergang zum Humanen. Wer nicht das Mittelalter romantisieren will, muß die Divergenz von Theorie und Praxis bis auf die älteste Trennung körperlicher und geistiger Arbeit zurückverfolgen, wahrscheinlich bis in die finstere Vorgeschichte. Praxis ist entstanden aus der Arbeit. Zu ihrem Begriff gelangte sie, als Arbeit nicht länger bloß das Leben direkt reproduzieren sondern dessen Bedingungen produzieren wollte: das stieß zusammen mit den nun einmal vorhandenen Bedingungen. Ihre Abkunft von Arbeit lastet schwer auf aller Praxis. Bis heute begleitet sie das Moment von Unfreiheit, das sie mitschleppte: daß man einst wider das Lustprinzip agieren mußte um der Selbsterhaltung willen; obwohl doch die auf ein Minimum reduzierte Arbeit nicht länger mit Verzicht gekoppelt zu sein brauchte. Auch daß die Sehnsucht nach Freiheit der Aversion gegen Praxis eng verwandt ist, verdrängt der gegenwärtige Aktionismus. Praxis war der Reflex von Lebensnot; das entstellt sie noch, wo sie die Lebensnot abschaffen will. Insofern ist Kunst Kritik von Praxis als Unfreiheit; damit hebt ihre Wahrheit an. Der Abscheu vor Praxis, die heute allerorten so hoch im Kurs steht, läßt schockhaft sich nachfühlen an naturgeschichtlichen Phänomenen wie den Bauten der Biber, der Emsigkeit der Ameisen und Bienen, der grotesk mühseligen Geducktheit des Käfers, der einen Halm transportiert. Jüngstes verschränkt in Praxis sich mit einem Ältesten; sie wird abermals zum heiligen Tier, so wie es in der Vorwelt als Frevel dünken mochte, nicht mit Haut und Haaren dem selbsterhaltenden Betrieb der Gattung sich auszuliefern. Die Physiognomie von Praxis ist tierischer Ernst; er löst sich, wo das Ingenium von Praxis sich emanzipiert: das wohl war von Schillers Spieltheorie gemeint. Die meisten Aktionisten sind humorlos auf eine Weise, die nicht weniger beängstigt als der Mitlacher-Humor anderer. Der Mangel an Selbstbesinnung rührt nicht nur von ihrer Psychologie her. Er markiert Praxis, sobald sie als ihr eigener Fetisch zur Barrikade vor ihrem Zweck wird. Desperat ist die Dialektik, daß aus dem Bann, den Praxis um die Menschen legt, allein durch Praxis hinauszugelangen ist, daß sie aber einstweilen zwangshaft als Praxis am Bann verstärkend mitwirkt, dumpf, borniert, geistfern. Die neueste Theoriefeindschaft, die das innerviert, macht ein Programm daraus. Aber der praktische Zweck, der die Befreiung von allem Bornierten einschließt, ist gegen die Mittel, die ihn erreichen wollen, nicht gleichgültig; sonst artet Dialektik in vulgären Jesuitismus aus. Der blödsinnige Parlamentarier von Dorés Karikatur, der sich rühmt: „Meine Herren, ich bin vor allem praktisch", offenbart sich als Wicht, der über anfallende Aufgaben nicht hinaussieht und sich auch noch etwas darauf einbildet; sein Gestus denunziert den Geist von Praxis selber als Ungeist. Das nicht Bornierte wird von Theorie vertreten. Trotz all ihrer Unfreiheit ist sie im Unfreien Statthalter der Freiheit.

3

Heute wird abermals die Antithese von Theorie und Praxis zur Denunziation der Theorie mißbraucht. Als man einem Studenten das Zimmer zerschlug, weil er lieber arbeitete als an Aktionen sich zu beteiligen, schmierte man ihm an die Wand: wer sich mit Theorie beschäftige, ohne praktisch zu handeln, sei ein Verräter[1] am Sozialismus. Praxis wurde nicht ihm allein gegenüber zum ideologischen Vorwand von Gewissenszwang. Das von ihnen diffamierte Denken strengt offenbar die Praktischen ungebührlich an: es bereitet zuviel Arbeit, ist zu praktisch. Wer denkt, setzt Widerstand; bequemer ist, mit dem Strom, erklärte er sich auch als gegen den Strom, mitzuschwimmen. Indem man einer regressiven und deformierten Gestalt des Lustprinzips nachgibt, es sich leichter macht, sich gehenläßt, darf man überdies eine moralische Prämie von den Gleichgesinnten erhoffen. Das kollektive Ersatz-Überich gebietet in roher Umkehrung, was das alte Überich mißbilligte: die Zession seiner selbst qualifiziert den Willigen als besseren Menschen. Auch bei Kant war emphatische Praxis guter Wille; der aber soviel wie autonome Vernunft. Ein nicht borniert er Begriff von Praxis indessen kann einzig noch auf Politik sich beziehen, auf die Verhältnisse der Gesellschaft, welche die Praxis eines jeden Einzelnen weithin zur Irrelevanz verurteilen. Das ist der Ort der Differenz zwischen der Kantischen Ethik und den Anschauungen Hegels, der, wie Kierkegaard sah, Ethik im traditionellen Verstande eigentlich nicht mehr kennt. Die moralphilosophischen Schriften Kants waren, dem Stand von Aufklärung im achtzehnten Jahrhundert gemäß, bei allem Antipsychologismus und aller Anstrengung zu schlechthin verbindlicher, übergreifender Gültigkeit, individualistisch soweit, wie sie an das Individuum sich wendeten als an das Substrat richtigen – bei Kant: radikal vernünftigen – Handelns. Kants Beispiele kommen allesamt aus der Privat- und der geschäftlichen Sphäre; der Begriff der Gesinnungsethik, deren Subjekt der individuierte Einzelne sein muß, wird davon bedingt. In Hegel meldet erstmals die Erfahrung sich an, daß das Verhalten des Individuums, sei es noch so reinen Willens, nicht heranreicht an eine Realität, die dem Individuum die Bedingungen seines

---

1 Der Begriff des Verräters kommt aus dem ewigen Vorrat kollektiver Repression, gleichgültig welcher Farbe. Das Gesetz verschworener Gemeinschaften ist die Unwiderruflichkeit; darum wärmen Verschwörer gern den mythischen Begriff des Eides auf. Wer anderen Sinnes wird, ist nicht nur ausgestoßen sondern härtesten moralischen Sanktionen ausgesetzt. Der Begriff der Moral erheischt Autonomie, sie wird aber von denen nicht toleriert, die Moral im Munde führen. Wer in Wahrheit Verräter genannt zu werden verdiente, wäre der Frevler an der eigenen Autonomie.

Handelns vorschreibt und einschränkt. Indem Hegel den Begriff des Moralischen ins Politische erweitert, löst er ihn auf. Keine unpolitische Reflexion über Praxis seitdem ist triftig. Ebensowenig jedoch sollte man darüber sich täuschen, daß in eben der politischen Erweiterung des Praxisbegriffs Repression des Einzelnen durchs Allgemeine mitgesetzt ist. Humanität, die ohne Individuation nicht ist, wird durch deren schnöselige Abfertigung virtuell widerrufen. Ist aber einmal das Handeln des Einzelnen, und damit aller Einzelnen, verächtlich gemacht, so lähmt das auch das kollektive. Spontaneität erscheint angesichts der tatsächlichen Übermacht der objektiven Verhältnisse vorweg als nichtig. Kants Moral- und Hegels Rechtsphilosophie repräsentieren zwei dialektische Stufen des bürgerlichen Selbstbewußtseins von Praxis. Beide sind, gespalten nach den Polen des Besonderen und des Allgemeinen, die jenes Bewußtsein auseinanderreißt, auch falsch; beide behalten so lange gegeneinander recht, wie nicht in der Realität eine mögliche höhere Gestalt von Praxis sich enthüllt; ihre Enthüllung bedarf der theoretischen Reflexion. Kein Zweifel und unbestritten, daß die vernünftige Analyse der Situation die Voraussetzung zumindest von politischer Praxis ist: sogar in der militärischen Sphäre, der des kruden Vorrangs von Praxis, wird so verfahren. Analyse der Situation erschöpft sich nicht in der Anpassung an diese. Indem sie darüber reflektiert, hebt sie Momente hervor, welche über die Situationszwänge hinausführen mögen. Das ist von unabsehbarer Relevanz für das Verhältnis von Theorie und Praxis. Durch ihre Differenz von dieser als dem unmittelbaren, situationsgebundenen Handeln, durch Verselbständigung also, wird Theorie zur verändernden, praktischen Produktivkraft. Betrifft Denken irgend etwas, worauf es ankommt, so setzt es allemal einen, wie sehr auch dem Denken verborgenen praktischen Impuls. Der allein denkt, welcher das je Gegebene nicht passiv hinnehmen will; von dem Primitiven, der sich überlegt, wie er sein Feuerchen vorm Regen beschützen oder wohin er vorm Gewitter sich verkriechen kann, bis zum Aufklärer, der konstruiert, wie die Menschheit durchs Interesse an der Selbsterhaltung aus ihrer selbstverschuldeten Unmündigkeit hinausgelange. Derlei Motive wirken fort; erst recht vielleicht, wo keine praktischen Anlässe unmittelbar thematisch sind. Es gibt keinen Gedanken, wofern er irgend mehr ist, als Ordnung von Daten und ein Stück Technik, der nicht sein praktisches Telos hätte. Jegliche Meditation über die Freiheit verlängert sich in die Konzeption ihrer möglichen Herstellung, solange die Meditation nicht an die praktische Kandare genommen und auf ihr anbefohlene Ergebnisse zugeschnitten wird. So wenig indessen die Getrenntheit von Subjekt und Objekt durch den Machtspruch des Gedankens unmittelbar revozierbar ist, so wenig gibt es unmittelbare Einheit von Theorie und Praxis: sie imitierte die falsche Identität von Subjekt und Objekt und perpetuierte das identitätssetzende Herrschaftsprinzip, gegen das anzugehen in wahrer Praxis liegt. Der Wahrheitsgehalt der Rede von der Einheit von Theorie und Praxis war an geschichtliche Bedingungen geknüpft. An Knotenpunkten, Bruchstellen der Entwicklung mögen Reflexion und Handlung zünden; selbst dann jedoch sind beide nicht eins.

4

Der Vorrang des Objekts ist von Praxis zu achten; die Kritik des Idealisten Hegel an Kants Gewissensethik hat das erstmals verzeichnet. Recht verstanden ist Praxis, insofern Subjekt seinerseits ein Vermitteltes ist, das, was das Objekt will: sie folgt seiner Bedürftigkeit. Aber nicht durch Anpassung des Subjekts, welche die heteronome Objektivität bloß befestigte. Die Bedürftigkeit des Objekts ist durchs gesellschaftliche Gesamtsystem vermittelt; daher nur durch Theorie kritisch bestimmbar. Praxis ohne Theorie, unterhalb des fortgeschrittensten Standes von Erkenntnis, muß mißlingen, und ihrem Begriff nach möchte Praxis es realisieren. Falsche Praxis ist keine. Verzweiflung, die, weil sie die Auswege versperrt findet, blindlings sich hineinstürzt, verbindet noch bei reinstem Willen sich dem Unheil. Feindschaft gegen Theorie im Geist der Zeit, ihr keineswegs zufälliges Absterben, ihre Achtung durch die Ungeduld, welche die Welt verändern will, ohne sie zu interpretieren, während es doch an Ort und Stelle geheißen hatte, die Philosophen hätten bislang bloß interpretiert – solche Theoriefeindschaft wird zur Schwäche der Praxis. Daß dieser die Theorie sich beugen soll, löst deren Wahrheitsgehalt auf und verurteilt Praxis zum Wahnhaften; das auszusprechen ist praktisch an der Zeit. Kollektivbewegungen, offenbar einstweilen gleich welchen Inhalts, verschafft das Quentchen Wahnsinn ihre sinistre Anziehungskraft. Durch Integration in den Kollektivwahn werden die Individuen mit der eigenen Desintegration, nach Ernst Simmels Einsicht durch die kollektive mit der privaten Paranoia fertig. Sie äußert sich im Augenblick vorab als Unfähigkeit, objektive, vom Subjekt nicht in Harmonie aufzulösende Widersprüche reflektierend ins Bewußtsein hineinzunehmen; krampfhaft unangefochtene Einheit ist das Deckbild unaufhaltsamer Selbstentzweiung. Der sanktionierte Wahn dispensiert von der Realitätsprüfung, die notwendig auf dem geschwächten Bewußtsein unerträgliche Antagonismen wie den von subjektivem Bedürfnis und objektiver Versagung gerät. Schmeichlerisch bösartiger Diener des Lustprinzips, steckt das wahnhafte Moment mit einer Krankheit an, die das Ich durch den Schein seiner Geborgenheit tödlich bedroht. Davor sich zu fürchten wäre die einfachste und darum ebenfalls verdrängte Selbsterhaltung: die unbeirrte Weigerung, den rasch eintrocknenden Rubikon zwischen Vernunft und Wahn zu überschreiten. Der Übergang zur theorielosen Praxis wird motiviert von der objektiven Ohnmacht der Theorie und vervielfacht jene Ohnmacht durch die Isolierung und Fetischisierung des subjektiven Moments der geschichtlichen Bewegung, der Spontaneität. Ihre Deformation ist abzuleiten als reaktiv auf die verwaltete Welt. Indem sie jedoch vor deren Totalität krampfhaft die Augen verschließt und sich verhält, als stünde es bei den Menschen unmittelbar, ordnet sie der objektiven Tendenz fortschreitender Entmenschlichung sich ein; auch in ihren Praktiken. Spontaneität, welche die Bedürftigkeit des Objekts innervierte, müßte an die anfälligen Stellen der verhärteten Realität sich heften, an die, wo die Brüche nach außen kommen, die der Druck der Verhärtung bewirkt; nicht wahllos, abstrakt, ohne Rücksicht auf den Inhalt des oft nur der Reklame zuliebe Bekämpften um sich schlagen.

5

Riskiert man ausnahmsweise, über die historischen Differenzen hinweg, in denen die Begriffe Theorie und Praxis ihr Leben haben, eine sogenannte große Perspektive, so gewahrt man das unendlich Fortschrittliche der von der Romantik beklagten und in ihrem Gefolge von vielen Sozialisten – nicht dem reifen Marx – diffamierten Trennung von Theorie und Praxis. Wohl ist der Dispens des Geistes von der materiellen Arbeit Schein, denn Geist setzt zur eigenen Existenz materielle Arbeit voraus. Aber er ist nicht nur Schein, dient nicht nur der Repression. Die Trennung markiert die Stufe eines Prozesses, der aus der blinden Vorherrschaft materieller Praxis hinausführt, potentiell hin auf Freiheit. Daß einige ohne materielle Arbeit leben und, wie Nietzsches Zarathustra, ihres Geistes sich freuen, das ungerechte Privileg, sagt auch, daß es allen möglich sei; vollends auf einem Stand der technischen Produktivkräfte, der den allgemeinen Dispens von materieller Arbeit, ihre Reduktion auf einen Grenzwert absehbar macht. Durch Machtspruch jene Trennung widerrufen dünkt sich idealisch und ist regressiv. Der ohne Überschuß in die Praxis heimbefohlene Geist würde Konkretismus. Er verstünde sich mit der technokratisch-positivistischen Tendenz, der er zu opponieren meint und zu der er, übrigens auch in gewissen Parteiungen, mehr Affinität besitzt, als er sich träumen läßt. Mit der Trennung von Theorie und Praxis erwacht Humanität; fremd ist sie jener Ungeschiedenheit, die in Wahrheit dem Primat von Praxis sich beugt. Tiere, ähnlich wie regredierende Gehirnverletzte, kennen nur Aktionsobjekte: Wahrnehmung, List, Fressen sind einerlei unterm Zwang, der auf den Subjektlosen schwerer noch lastet als auf den Subjekten. List muß sich verselbständigt haben, damit die Einzelwesen jene Distanz vom Fressen gewinnen, deren Telos das Ende der Herrschaft wäre, in welcher Naturgeschichte sich perpetuiert. Das Mildernde, Gutartige, Zarte – auch das Versöhnliche an Praxis ahmt den Geist nach, ein Produkt der Trennung, deren Widerruf die allzu unreflektierte Reflexion betreibt. Entsublimierung, die man ohnehin im gegenwärtigen Zeitalter kaum eigens zu empfehlen braucht, verewigte den finsteren Zustand, den ihre Fürsprecher aufhellen möchten. Daß Aristoteles die dianoetischen Tugenden am höchsten stellte, hatte fraglos seine ideologische Seite, die Resignation des hellenistischen Privatmanns, der der Einwirkung auf die öffentlichen Dinge aus Angst sich entziehen muß und nach Rechtfertigung dafür sucht. Aber seine Tugendlehre öffnete auch den Horizont seliger Betrachtung; selig, weil sie dem Ausüben und Erleiden von Gewalt entronnen wäre. Die Aristotelische Politik ist so viel humaner als der Platonische Staat, wie ein quasi-bürgerliches Bewußtsein humaner ist als ein restauratives, das, um einer bereits aufgeklärten Welt sich zu oktroyieren, prototypisch ins Totalitäre umschlägt. Das Ziel richtiger Praxis wäre ihre eigene Abschaffung.

6

Marx hat in dem berühmten Brief an Kugelmann vor dem drohenden Rückfall in die Barbarei gewarnt, der damals schon absehbar gewesen sein muß. Nichts hätte besser die Wahlverwandtschaft von Konservativismus und Revolution ausdrücken können. Diese erschien bereits Marx als ultima ratio, um den von ihm prognostizierten Zusammenbruch abzuwenden. Aber die Angst, die Marx nicht zuletzt wird bewogen haben, ist überholt. Der Rückfall hat stattgefunden. Nach Auschwitz und Hiroshima ihn für die Zukunft zu erwarten, hört auf den armseligen Trost, es könne immer noch schlimmer werden. Die Menschheit, die das Schlimme ausübt und über sich ergehen läßt, ratifiziert dadurch das Schlimmste: man muß nur dem Gewäsch von den Gefahren der Entspannung lauschen. Fällige Praxis wäre allein die Anstrengung, aus der Barbarei sich herauszuarbeiten. Diese ist, mit der Beschleunigung der Geschichte zur Überschallgeschwindigkeit, so weit gediehen, daß sie alles ansteckt, was ihr widerstrebt. Vielen klingt die Ausrede plausibel, gegen die barbarische Totalität verfingen nur noch barbarische Mittel. Unterdessen jedoch ist ein Schwellenwert erreicht. Was vor fünfzig Jahren der allzu abstrakten und illusionären Hoffnung auf totale Veränderung für eine kurze Phase noch gerecht erscheinen

mochte, Gewalt, ist nach der Erfahrung des nationalsozialistischen und sta-
linistischen Grauens und angesichts der Langlebigkeit totalitärer Repression unentwirrbar verstrickt in das, was geändert werden müßte. Ist der
Schuldzusammenhang der Gesellschaft, und mit ihm der Prospekt der Ka-
tastrophe, wahrhaft total geworden – und nichts erlaubt, daran zu zweifeln
–, so ist dem nichts entgegenzusetzen, als was jenen Verblendungszusam-
menhang aufkündigt, anstatt in den eigenen Formen daran zu partizipie-
ren. Entweder die Menschheit verzichtet auf das Gleich um Gleich der Gewalt, oder die vermeintlich radikale politische Praxis erneuert das alte Ent-
setzen. Schmählich wird die Spießbürgerweisheit, Faschismus und Kom-
munismus seien dasselbe, oder die jüngste, die ApO hülfe der NPD, verifi-
ziert: die bürgerliche Welt ist vollends so geworden, wie die Bürger sie sich
vorstellen. Wer nicht den Übergang zu irrationaler und roher Gewalt mit-
vollzieht, sieht in die Nachbarschaft jenes Reformismus sich gedrängt, der
seinerseits mitschuldig ist am Fortbestand des schlechten Ganzen. Aber
kein Kurzschluß hilft, und was hilft, ist dicht zugehängt. Dialektik wird
zur Sophistik verdorben, sobald sie pragmatistisch auf den nächsten Schritt
sich fixiert, über den doch die Erkenntnis der Totale längst hinausreicht.

7

Das Falsche des heute geübten Primats von Praxis wird deutlich an dem
Vorrang von Taktik über alles andere. Die Mittel haben zum Äußersten
sich verselbständigt. Indem sie reflexionslos den Zwecken dienen, haben
sie diesen sich entfremdet. So fordert man allerorten Diskussion, zunächst
gewiß aus anti-autoritärem Impuls. Aber Taktik hat die Diskussion, übrigens wie Öffentlichkeit eine durchaus bürgerliche Kategorie, vollends zu-
nichte gemacht. Was aus Diskussionen resultieren könnte, Beschlüsse von
höherer Objektivität darum, weil Intentionen und Argumente ineinander-
greifen und sich durchdringen, interessiert die nicht, welche automatisch,
auch in ganz inadäquaten Situationen, Diskussion wollen. Jeweils dominierende Cliquen haben vorweg die von ihnen gewollten Ergebnisse parat.
Die Diskussion dient der Manipulation. Jedes Argument ist auf die Absicht
zugeschnitten, unbekümmert um Stichhaltigkeit. Was der Kontrahent sagt,
wird kaum wahrgenommen; allenfalls, damit man mit Standardformeln
dagegen aufwarten kann. Erfahrungen will man nicht machen, wofern
man sie überhaupt machen kann. Der Diskussionsgegner wird zur Funktion des jeweiligen Plans: verdinglicht von verdinglichtem Bewußtsein mal-
gré lui-meme. Entweder man will ihn durch Diskussionstechnik und Soli-
daritätszwang zu etwas Verwertbarem bewegen, oder ihn vor den Anhän-

gern diskreditieren; oder sie reden einfach zum Fenster hinaus, der Publizität zuliebe, deren Gefangene sie sind: Pseudo-Aktivität vermag einzig durch unablässige Reklame sich am Leben zu erhalten. Gibt der Kontrahent nicht nach, so wird er disqualifiziert und des Mangels eben der Eigenschaften bezichtigt, welche von der Diskussion vorausgesetzt würden. Deren Begriff wird ungemein geschickt so zurechtgebogen, daß der andere sich überzeugen lassen müsse; das erniedrigt die Diskussion zur Farce. Hinter der Technik waltet ein autoritäres Prinzip: der Dissentierende müsse die Gruppenmeinung annehmen. Unansprechbare projizieren die eigene Unansprechbarkeit auf den, welcher sich nicht will terrorisieren lassen. Mit all dem fügt der Aktionismus in den Trend sich ein, dem sich entgegenzustemmen er meint oder vorgibt: dem bürgerlichen Instrumentalismus, welcher die Mittel fetischisiert, weil seiner Art Praxis die Reflexion auf die Zwecke unerträglich ist.

8

Pseudo-Aktivität, Praxis, die sich um so wichtiger nimmt und um so emsiger gegen Theorie und Erkenntnis abdichtet, je mehr sie den Kontakt mit dem Objekt und den Sinn für Proportionen verliert, ist Produkt der objektiven gesellschaftlichen Bedingungen. Sie wahrhaft ist angepaßt: an die Situation des huis clos. Der scheinrevolutionäre Gestus ist komplementär zu jener militärtechnischen Unmöglichkeit spontaner Revolution, auf die vor Jahren bereits Jürgen von Kempski hinwies. Gegen die, welche die Bombe verwalten, sind Barrikaden lächerlich; darum spielt man Barrikaden, und die Gebieter lassen temporär die Spielenden gewähren. Mit den Guerillatechniken der Dritten Welt mag es anders sich verhalten; nichts in der verwalteten Welt funktioniert bruchlos. Darum erwählt man in fortgeschrittenen Industrieländern die unterentwickelten sich als Muster. Diese sind so unkräftig wie der Personenkult hilflos und schmählich ermordeter Führer. Modelle, die nicht einmal im bolivianischen Busch sich bewährten, lassen sich nicht übertragen.

Pseudo-Aktivität wird herausgefordert vom Stand der technischen Produktivkräfte, der zugleich zum Schein sie verdammt. Wie die Personalisierung falsch darüber tröstet, daß es im anonymen Getriebe auf keinen Einzelnen mehr ankommt, so betrügt Pseudo-Aktivität über die Depotenzierung einer Praxis, welche den frei und autonom Handelnden voraussetzt, der nicht länger existiert. Relevant auch für politische Aktivität ist, ob es zur Mondumseglung der Astronauten überhaupt bedurft hätte, die nicht nur nach ihren Knöpfen und Apparaturen sich zu richten hatten, sondern obendrein minuziöse Ordres von der großen Zentrale drunten empfingen. Physiognomik und Sozialcharakter bei Columbus und Borman differieren ums Ganze. Als Reflex auf die verwaltete Welt wiederholt Pseudo-Aktivität jene in sich selbst. Die Prominenzen des Protests sind Virtuosen der Geschäftsordnungen und formalen Prozeduren. Mit Vorliebe verlangen die geschworenen Feinde der Institutionen, man müsse dies oder jenes, meist Wünsche zufällig konstituierter Gremien, institutionalisieren; worüber man redet, soll um jeden Preis „verbindlich" sein. Subjektiv wird all das befördert vom anthropologischen Phänomen des gadgeteering, der jegliche Vernunft überschreitenden, über alle Lebensbereiche sich ausdehnenden affektiven Besetzung der Technik. Ironisch – Zivilisation in ihrer tiefsten Erniedrigung – behält McLuhan recht: the medium is the message. Die Substitution der Zwecke durch Mittel ersetzt die Eigenschaften in den Menschen selbst. Verinnerlichung wäre das falsche Wort dafür, weil jener Mechanismus feste Subjektivität gar nicht mehr sich bilden läßt; Instrumentalisierung usurpiert deren Stelle. In Pseudo-Aktivität bis hinauf zur Scheinrevolution findet die objektive Tendenz der Gesellschaft mit subjektiver Rückbildung fugenlos sich zusammen. Parodistisch bringt abermals die Weltgeschichte diejenigen hervor, deren sie bedarf.

[...]

14

Sind Theorie und Praxis weder unmittelbar eins noch absolut verschieden, so ist ihr Verhältnis eines von Diskontinuität. Kein stetiger Weg führt von der Praxis zur Theorie – das eben wird vom Hinzutretenden als dem spontanen Moment gemeint. Theorie aber gehört dem Zusammenhang der Gesellschaft an und ist autonom zugleich. Trotzdem verläuft Praxis nicht unabhängig von Theorie, diese nicht unabhängig von jener. Wäre Praxis das Kriterium von Theorie, so würde sie dem thema probandum zuliebe zu dem von Marx angeprangerten Schwindel und könnte darum nicht erreichen, was sie will; richtete Praxis sich einfach nach den Anweisungen von Theorie, so verhärtete sie sich doktrinär und fälschte die Theorie obendrein. Was Robespierre und St. Just mit der Rousseauschen volonté générale anstellten, der allerdings der repressive Zug nicht fehlte, ist dafür der berühmteste, keineswegs der einzige Beleg. Das Dogma von der Einheit von Theorie und Praxis ist entgegen der Lehre, auf die es sich beruft, undialektisch: es erschleicht dort simple Identität, wo allein der Widerspruch die Chance hat, fruchtbar zu werden. Während Theorie aus dem gesellschaftlichen Gesamtprozeß nicht herausoperiert werden kann, hat sie in diesem auch Selbständigkeit; sie ist nicht nur Mittel des Ganzen sondern auch Moment; sonst vermöchte sie nicht dem Bann des Ganzen irgend zu widerstehen. Das Verhältnis von Theorie und Praxis ist, nachdem beide einmal voneinander sich entfernten, der qualitative Umschlag, nicht der Übergang, erst recht nicht die Subordination. Sie stehen polar zueinander. Diejenige Theorie dürfte noch die meiste Hoffnung auf Verwirklichung haben, welche nicht als Anweisung auf ihre Verwirklichung gedacht ist, analog etwa zu dem, was in der Naturwissenschaft zwischen Atomtheorie und Kernspaltung sich zutrug; das Gemeinsame, die Rückbeziehung auf mögliche Praxis steckte in der technologisch orientierten Vernunft an sich, nicht im Gedanken an Verwendung. Die Marxische Einheitslehre galt, wohl aus dem Vorgefühl heraus, sonst könne es zu spät werden, dem Jetzt oder Nie. Insofern war sie gewiß praktisch; aber es fehlen der eigentlich ausgeführten Theorie, der Kritik der politischen Ökonomie, alle konkreten Übergänge zu jener Praxis, die der elften Feuerbach-These zufolge ihre raison d'etre sein sollte. Die Scheu von Marx vor theoretischen Rezepten für Praxis war kaum geringer als die, eine klassenlose Gesellschaft positiv zu beschreiben. Das „Kapital" enthält zahllose Invektiven, meist übrigens gegen Nationalökonomen und Philosophen, aber kein Aktionsprogramm; jeder Sprecher der ApO, der sein Vokabular gelernt hat, müßte das Buch abstrakt schelten. Aus der Mehrwerttheorie war nicht herauszulesen, wie man Revolution machen soll; der antiphilosophische Marx ging im Hinblick auf Praxis generell – nicht in politischen Einzelfragen – kaum über das Philosophem hinaus, die Emanzipation des Proletariats könne nur dessen eigene Sache sein; und damals war das Proletariat noch sichtbar. In den jüngstvergangenen Dezennien wurden die „Studien über Autorität und Familie", die „Authoritarian Personality", auch die in vielem heterodoxe Herrschaftstheorie der „Dialektik der Aufklärung" ohne praktische Absicht geschrieben und übten doch wohl einige praktische Wirkung aus. Was davon ausstrahlte, rührte nicht zuletzt daher, daß in einer Welt, in der auch die Gedanken zu Waren geworden sind und sale's resistance provozieren, es bei der Lektüre dieser Bände keinem einfallen konnte, irgend etwas solle ihm verkauft, aufgeschwätzt werden. Wo ich im engeren Sinn unmittelbar, mit sichtbarer praktischer Wirkung eingegriffen habe, geschah es durch Theorie allein: in der Polemik gegen die musikalische Jugendbewegung und ihren Anhang, in der Kritik am neudeutschen Jargon der Eigentlichkeit, die einer sehr virulenten Ideologie das Vergnügen versalzte, indem sie abgeleitet und auf ihren eigenen Begriff gebracht wurde. Sind tatsächlich jene Ideologien falsches Bewußtsein, so inauguriert ihre Auflösung, die im Medium des Gedankens weit sich verbreitete, eine gewisse Bewegung hin zur Mündigkeit;

sie allerdings ist praktisch. Der Marxische Kalauer über „kritische Kritik", der witzlos pleonastische, ausgewalzte Witz, der Theorie damit vernichtet meinte, daß sie Theorie ist, verdeckt nur die Unsicherheit bei deren direkter Umsetzung in Praxis. Dieser hat Marx sich denn auch später, trotz der Internationale, mit der er sich zerstritt, keineswegs überantwortet. Praxis ist Kraftquelle von Theorie, wird nicht von ihr empfohlen. In der Theorie erscheint sie lediglich, und allerdings mit Notwendigkeit, als blinder Fleck, als Obsession mit dem Kritisierten; keine kritische Theorie ist im einzelnen auszuführen, die nicht das Einzelne überschätzte; aber ohne die Einzelheit wäre sie nichtig. Der Zusatz des Wahnhaften dabei indessen warnt vor Überschreitungen, in denen es unaufhaltsam sich vergrößert.

Rolf Klima: Einige Widersprüche im Rollen-Set des Soziologen

Daß die gegenwärtig in Deutschland wieder aktuelle Diskussion über das Selbstverständnis der Soziologie in essentialistischer Manier als Diskussion über den „Wissenschaftsbegriff" der Soziologie bezeichnet wird, verdeckt vielleicht die Tatsache, daß hier weniger die Frage des sinnvollen Gebrauchs des Wortes „Wissenschaft" – also ein definitorisches Problem – aufgeworfen ist als vielmehr ein normatives Problem: den deutschen Soziologen ist es noch immer nicht gelungen, sich auf ein gemeinsames Wissenschafts*programm* zu einigen. Verschiedene Gruppen innerhalb und außerhalb der engeren soziologischen Fachgemeinschaft hegen durchaus widersprüchliche Vorstellungen über Ziel und Weg der Disziplin und richten dementsprechend konfligierende Erwartungen an die Soziologen. Die Diskussion über den sogenannten Wissenschaftsbegriff der Soziologie verweist also auf einen Rollenkonflikt, dem der Soziologe ausgesetzt ist – ein Sachverhalt, der selber der soziologischen Analyse zugänglich ist. Es ist zu hoffen, daß eine solche Analyse wenigstens dazu beiträgt, die Debatte über die bisher übliche bloße Konfrontation konkurrierender Wissenschaftsprogramme hinauszuführen. Bis heute, so scheint mir, hat jedenfalls die wissenschaftstheoretische Diskussion in der Soziologie eher den Streit zwischen den Schulen verschärft als etwas zur Lösung der substantiellen Probleme der Soziologie beigetragen.[1]

Ich sprach von „Rollenkonflikt" und sollte hinzufügen, daß es „die" Soziologen-Rolle offensichtlich nicht gibt. Wenn wir mit Linton und Merton unter Status „eine Position in einem sozialen System (verstehen), die designierte Rechte und Pflichten umfaßt" und „unter Rolle [...] das Verhalten, das sich an diesen kulturell vorgeformten Erwartungen anderer orien-

---

1 Vgl. Thomas S. Kuhn: *The Structure of Scientific Revolutions*, Phoenix Books, Chicago and London 1964, S. 47f.: Die Periode in der Entwicklung einer Wissenschaft, die der allgemeinen Einigung auf eine gemeinsame Basis vorangeht „in particular, is regularly marked by frequent and deep debates over legitimate methods, problems, and standards of solution, though these serve rather to define schools than to produce agreement".

tiert";[2] dann ist klar, daß zu der sozialen Position des Soziologen in unserer Gesellschaft „nicht nur eine einzige zugeordnete Rolle gehört, sondern eine Reihe von Rollen".[3] Dies nennt Merton einen Rollen-Set: „Unter Rollen-Set verstehe ich die Kombination von Rollen-Beziehungen, in die eine Person auf Grund ihrer Inhaberschaft eines bestimmten sozialen Status verwickelt ist."[4] Ich will hier nur die Probleme des Rollen-Set des Soziologen behandeln, der in Forschung und Lehre tätig ist, denn dieser ist es, der die Entwicklung der Soziologie als akademisches Fach bestimmt, von dem wir hier handeln wollen. Es geht um die Konflikte, die für den Soziologen dadurch entstehen, daß in seinen Rollen-Set bestimmte widersprüchliche Erwartungen eingebaut sind.

Etwas vergröbernd kann man folgende Rollenbeziehungen hervorheben, die mit der Position des Soziologen verbunden sind:

1. die Beziehungen zu den anderen Angehörigen seiner Disziplin,
2. die Beziehungen zu den Gruppen der „Öffentlichkeit", für die die Soziologie ideologische Bedeutung besitzt,
3. die Beziehungen zu den Gruppen, die soziologische Informationen im Sinne technologisch-manipulativer Instrumente benutzen wollen.

Diese Liste ist nicht vollständig, und jede dieser Gruppen muß selbst noch differenziert werden; aber es handelt sich ja nur um eine erste Orientierung.

II

Daß die Beziehungen zu anderen Soziologen für den Soziologen von Bedeutung sind, liegt auf der Hand: vom Moment des Studienbeginns an bis wenigstens zur ersten Berufung auf einen soziologischen Lehrstuhl beeinflussen andere Soziologen die Karriere des Soziologen. Die anderen Soziologen bestimmen wenigstens zum Teil den Zugang zu Publikationsmitteln, zu Forschungsmitteln usw. Sie kontrollieren den Zugang zu den professionellen Organisationen und Gremien. Aber noch in einem anderen und – wie mir scheint – grundsätzlicheren Sinn ist die Fachkollegenschaft für den praktizierenden Soziologen von Bedeutung: sie stellt einen wesent-

---

2 Robert K. Merton: *Der Rollen-Set: Probleme der soziologischen Theorie*, in: *Moderne amerikanische Soziologie*, herausgegeben und eingeleitet von Heinz Hartmann, Stuttgart 1967, S. 159.

3 A. a. O., S. 260.

4 A. a. O.

lichen Teil des *Publikums* für die wissenschaftliche Arbeit des Soziologen. Ich nehme an, daß für jede Art von kreativer Tätigkeit der Zugang zu einem Publikum unabdingbare Voraussetzung ist. Von diesem Publikum hängt es ab, ob der Produzent die Bestätigung erhält, daß seine Arbeit tatsächlich zu beachtenswerten Resultaten geführt hat. Diese Anerkennung ist wahrscheinlich ein sehr wesentliches Moment in dem Prozeß der Verstärkung und Aufrechterhaltung der Arbeitsmotivation und damit der Arbeitsfähigkeit überhaupt. Gleichzeitig bestimmt das Publikum mittels dieser Anerkennung auch den sozialen Rang oder die „Reputation" des Produzenten und den Zugang zu anderen wichtigen Belohnungsarten (etwa sein Einkommen usw.). So verfügt das „Publikum" über eine Reihe bedeutender Möglichkeiten der informellen und der formellen Kontrolle über die Arbeit des kreativ Tätigen.[5]

Die kritische Frage ist nun, wieweit die Fachkollegenschaft legitimerweise ein Monopol als relevantes Publikum beanspruchen kann – und zwar im Gegensatz zu anderen sozialen Gruppen, mit denen der Soziologe durch seinen Rollen-Set verbunden ist.[6] Zu Konflikten kommt es in genau dem Maße, wie a. das Fachpublikum selbst (etwa in Form wissenschaftlicher Schulen) einander widersprechende Ziele und Normen für „beachtenswerte" wissenschaftliche Arbeit institutionalisiert und/oder b. außerdisziplinäre Gruppen wirksame Standards etablieren können, die in Konkurrenz zu den „wissenschaftlichen" Standards des Fachpublikums treten und/oder c. diese außerdisziplinären Gruppen selbst noch miteinander konfligierende Erwartungen an den Soziologen herantragen.

Das „soziale Problem", das sich dem Soziologen unter solchen Bedingungen stellt, besteht darin, daß er sich der „Bestrafung" durch all jene Gruppen aussetzt, deren Erwartungen er enttäuschen muß, wenn er sich in seiner Arbeit nach den Standards einer dieser Gruppen des für ihn relevanten Publikums richtet. Diese Bestrafungsmöglichkeiten reichen von dem bloßen Entzug der Aufmerksamkeit für seine wissenschaftliche Arbeit bis

---

5 Über die Bedeutung von Anerkennung und Reputation für die Selbststeuerung von Wissenschaften siehe Theodore Caplow und Reece J. McGee: *The Academic Marketplace,* New York 1958; Warren O. Hagstrom: *The Scientific Community,* New York 1965; Norman W. Storer: *The Social System of Science,* New York 1966, und Niklas Luhmann: *Selbststeuerung der Wissenschaft,* in: *Jahrbuch für Sozialwissenschaft,* Bd. 19 (1968), Heft 2, S. 147–170.
6 Zum Begriff des „relevanten Publikums" vgl. Erwin K. Scheuch: *Sozialer Wandel und Sozialforschung. Über die Beziehungen zwischen Gesellschaft und empirischer Sozialforschung,* in: *Kölner Zeitschrift für Soziologie und Sozialpsychologie,* 17. Jahrgang 1965, Heft 1, S. 1–48.

hin zu offener Pression durch organisatorische Macht. Psychologisch gesehen besteht die Schwierigkeit darin, daß ihm möglicherweise keine der konkurrierenden Normen zur Selbstverständlichkeit wird, wodurch die ihm auferlegte Entscheidungslast (oder der Zwang zur „Reflexion") ein Maß erreichen kann, das seine psychische Kapazität übersteigt.[7]

Was sind die Bedingungen dafür, daß die Fachkollegenschaft das Monopol als „Normensender" nicht nur beanspruchen, sondern auch effektiv ausüben kann? Warum funktioniert das System informeller Kontrolle, das mit einem System wechselseitiger Tauschbeziehungen („wissenschaftliche Beiträge" gegen „Anerkennung durch die Kollegen") gesetzt ist, wenigstens in den exakten Wissenschaften im allgemeinen so problemlos? Offenbar muß innerhalb einer solchen Disziplin ein weitgehender Konsensus über die Kriterien vorhanden sein, nach denen sich die Relevanz eines derartigen Beitrages bemißt. Es ist nun einleuchtend, daß eine *empirische Methodologie* und ein einigermaßen unumstrittenes *theoretisches Konzept* derartige Kriterien mit größter Objektivität zu liefern vermögen – wobei „Objektivität" hier „intersubjektive Übertragbarkeit" (oder auch „Selbstverständlichkeit") bedeutet.

Wenn – wie in der gegenwärtigen Soziologie – weder empirische Verfahren für die Entscheidung von Wahrheitsproblemen noch theoretische Annahmen für die Entscheidung von Relevanzproblemen unbestritten sind und allgemein akzeptiert werden, so ist die Sicherheit bei der Beurteilung der Bedeutsamkeit wissenschaftlicher Arbeit entsprechend gering. Kein Soziologe kann sicher sein, für seine Arbeit allgemeine Anerkennung im Kollegenkreis zu finden – ja, es ist nicht einmal sicher, daß sie überhaupt zur Kenntnis genommen wird. Einen entsprechenden Konsensus gibt es allenfalls für die Mitglieder einer soziologischen Schule, und wenn wir noch hinzunehmen, daß die absolute Zahl der Soziologen jedenfalls in den deutschsprachigen Ländern noch sehr gering ist, wird klar, wie klein das Expertenpublikum ist, von dem man als Soziologe Anerkennung oder auch nur Verständnis erwarten kann.[8]

So wird die Bedeutung der Fachkollegenschaft im Rollen-Set des Soziologen wenigstens relativiert: die Legitimität des Urteils sehr vieler Mitglieder der Profession ist zweifelhaft, da sie von anderen als den eigenen Voraussetzungen aus kritisieren; andererseits verbietet die allgemeine wissenschaftliche Norm der rationalen Argumentation, sich allein auf die Maß-

---

7 Über die „Selbstverständlichkeiten" vgl. Peter R. Hofstätter: *Einführung in die Sozialpsychologie*, Stuttgart 1963, S. 57 ff.
8 Scheuch, a.a.O., S. 14 f.

stäbe der eigenen soziologischen Bezugsgruppe oder Schule zu verlassen. Bisweilen ist man auch aus ganz äußeren Gründen – etwa aus Interesse an der eigenen Karriere – darauf angewiesen, auf die Kritik der fremden Schule Rücksicht zu nehmen. Auf diese Weise gelingt es keinem der konkurrierenden „Ansätze" oder „Paradigmata", den Status selbstverständlicher Verbindlichkeit zu gewinnen. Jeder Soziologe sieht sich immer wieder vor die Grundfragen seiner Disziplin gestellt. So bleiben die Fragen nach dem „Sinn" der Soziologie, nach ihrer Legitimation und ihren Zielen ein ständiger Diskussionsgegenstand. Wohl keine Disziplin außerhalb der Philosophie befaßt sich derartig exzessiv mit wissenschaftstheoretischen Problemen wie die Soziologie.[9] Versuche, sich dieser Diskussion zu entziehen, setzen sich dem Vorwurf der Naivität aus. Die Unsicherheit über die Maßstäbe wissenschaftlicher Leistung setzt das innerdisziplinäre Kontrollsystem außer Kraft. In dem Maße aber, wie die Disziplin ihre Standards weder einheitlich zu definieren noch deren Einhaltung zu kontrollieren vermag, verliert sie an sozialer Autonomie. Je weniger ihr Selbststeuerungssystem funktioniert, desto leichter unterliegt sie außerdisziplinären sozialen Einflüssen. So verstehen wir, warum gerade eine Wissenschaft wie die Soziologie, die ihre theoretischen und methodische Probleme nicht zu lösen weiß,[10] so sehr die Frage ihrer praktischen Bedeutung (für Reform oder Revolution der Gesellschaft) in den Mittelpunkt ihrer Interessen stellt.[11] Die Ungewißheit des wissenschaftlichen Status seiner Disziplin macht den Soziologen empfänglich für die Kritik, aber auch für alle Legitimationsangebote von seiten außerdisziplinärer Interessenten. „Soziologie als Ideolo-

---

9 Die meiner Auffassung nach falsche Hoffnung, mit Hilfe der Wissenschaftstheorie der Soziologie zu einem taxonomisch-theoretischen Konsensus, zu einer „sicheren Ausgangsbasis", zu verhelfen, hat bereits zur Vergabe von Lehraufträgen für Wissenschaftstheorie und zu Plänen zur Errichtung von Lehrstühlen für dieses Gebiet im Rahmen der Soziologie geführt – ein Unikum in der Wissenschaftsgeschichte. Siehe auch Anmerkung I und vgl. Richard A. Kurtz und John R. Maiolo: *Surgery for Sociology: The Need for Introductory Text Opening Chapterectomy*, in: *The American Sociologist*, Vol. 3, No. I (Feb. 1968), S. 39–41.
10 Jedenfalls wird sie sich über deren Lösung nicht einig.
11 Als Beispiel vgl. besonders die Beiträge von D. Danckwerts und B. Schäfers in diesem Band. – Mit ihrem Wunsch, sich nützlich zu machen, scheint auch das neuerdings intensive Interesse der Soziologen an der sogenannten interdisziplinären Forschung zusammenzuhängen. Die Soziologen sollten sich darauf gefaßt machen, daß eine solche Umarmung mit anderen, etablierten Disziplinen für die Soziologie tödlich ausgehen könnte. – Natürlich spielt der Zwang, für die Masse der Soziologiestudenten irgendeine sinnvolle Berufstätigkeit zu finden, hier eine nicht zu unterschätzende Rolle.

gie" und „Soziologie als Technologie" – das scheinen die wichtigsten Alternativen für „Soziologie als Wissenschaft" zu sein.

III

Wenn wir uns die aktuellen soziologischen Diskussionen ansehen, fällt sofort auf, daß es sich dabei weitgehend um *wechselseitige Ideologiekritik* handelt. Theoreme und Interpretationen werden nicht deshalb kritisiert, weil sie empirischer Überprüfung oder logischer Analyse nicht standhalten – solche Tests sind häufig schon deshalb nicht möglich, weil die Aussagen gar nicht so formuliert sind, daß sie eine derartige Überprüfung zuließen; sie werden kritisiert, weil sie z. B. der Rechtfertigung bestehender Herrschaftsverhältnisse dienen sollen. Hierin deutet sich die sehr geringe Emanzipation der Sozialwissenschaften von denjenigen Wissensformen an, die der Legitimation oder Kritik sozialer Verhältnisse dienen, also von den Ideologien und Utopien. Ohne auf die Vorgeschichte und Geschichte der Soziologie im einzelnen einzugehen, kann man wohl sagen, daß diese Disziplin geradezu ein Produkt der ideologischen Kämpfe der europäischen Neuzeit ist. Soziologische Aussagen sind – selbst wenn sie tatsächlich den Kriterien der Wissenschaftlichkeit genügen – unmittelbar ideologierelevant. Welche Rolle die Soziologie und die Soziologen nach wie vor in den politisch-sozialen Konflikten spielen, können wir gerade in unseren Tagen beobachten. Für die Soziologie und jeden einzelnen Soziologen ist es deshalb von entscheidender Bedeutung, wie weit sie sich als Teil der intellektuellen Öffentlichkeit verstehen sollen, in der die ideologischen Konflikte sich abspielen. Wenigstens wird von verschiedenen Gruppen dieser Öffentlichkeit und mehr noch von einzelnen soziologischen Schulen selbst immer wieder die Erwartung an den Soziologen gerichtet, daß er mit seiner Arbeit an diesen Auseinandersetzungen teilnimmt. Man kann die bestehenden Schulen in der Soziologie danach unterscheiden, wiewit sie bereit sind, bewußt und aktiv in diese Auseinandersetzungen einzugreifen oder wiewit sie derartige Fragestellungen als „unwissenschaftlich" auszuscheiden geneigt sind. Jedenfalls ist es in der gegenwärtigen Lage nahezu unvermeidlich, daß der Soziologe sich in irgendeiner Weise mit diesen Erwartungen auseinandersetzt, und insofern ist auch sein Verhalten zu den politisch-ideologischen Fragen ein Problem seines Rollen-Sets.

Wenn ich es richtig sehe, stellt die Studentenbewegung nicht zuletzt eine Herausforderung an die Soziologie und den Soziologen dar, mehr noch als bisher – oder vielleicht genauer: wieder mehr, als es inzwischen bereits der Fall war –, den politisch-sozial und kritisch engagierten Teil der intellektuellen Öffentlichkeit und darin nun eben die sozialistische Studentenbewegung selbst als *das* relevante Publikum ihrer wissenschaftlichen Arbeit zu akzeptieren. Die Forderungen laufen insbesondere darauf hinaus, die Relevanz der Problemstellungen und nicht zuletzt auch die Wahl des theoretischen Ansatzes (also: ob etwa ein „marxistischer" Bezugsrahmen sinnvoll ist oder nicht) nach den Kriterien eben dieser politisch-kritisch engagierten Gruppen zu bestimmen.[12]

Jeder Versuch, die Legitimität einer Disziplin daran zu messen, wieweit sie etwas zu den großen politisch-gesellschaftlichen Problemen einer Epoche zu „sagen" hat, bringt eine Gefahr für ihre Wissenschaftlichkeit mit sich. Erstens ist die Problemhierarchie, die sich aus der immanenten Systematik einer Wissenschaft ergibt, nicht notwendig identisch mit der Priorität von Problemen, die sich aus ihrer politisch-praktischen Dringlichkeit ergibt; dies gilt auch, wenn die theoretische Systematik noch nicht wirklich erarbeitet werden konnte, also hauptsächlich noch Entwurf und Intention ist. In diesem Sinne sind „soziale Probleme" nicht unbedingt auch „soziologische Probleme";[13] es ist ein fragwürdiger Gedanke, den Fortschritt der soziologischen Theorie vom gesellschaftlichen Fortschritt abhängig machen wollen,[14] weil das nur den Fortschritt der Theorie behindern kann, ohne dem Fortschritt der Gesellschaft zu nutzen. Zweitens unterstellt sich auch die Soziologie mit ihrer Verwissenschaftlichung dem Wahrheitskriterium der modernen Wissenschaften, nämlich der Forderung nach intersubjektiv zwingender Übertragbarkeit des Wissens auf Grund eindeutiger Demonstrierbarkeit. Aus dieser Einschränkung der Wahrheitsbedingungen (gegenüber den außerhalb der Wissenschaft geltenden Bedingungen) ergibt sich eine „Schwelle relativer Indifferenz zwischen Wissenschaft und Gesellschaft",[15] an der sich dann der wissenschaftliche Soziologe vom engagierten Intellektuellen trennt.

Unterwirft sich der Soziologe in seinen Arbeiten den strengen Regeln der wissenschaftlichen Beweismethode, so schließt er sich von der Teilnah-

---

12 Als Beispiel für eine Stellungnahme in diesem Sinne vgl. den Beitrag von D. Danckwerts in diesem Band. Typisch dort die Berufung auf die Tradition der Soziologie als „Krisenwissenschaft" Eine solche, in der geisteswissenschaftlich orientierten deutschen Soziologie ja übliche Beschwörung der Geschichte scheint mir die jener Stellungnahme zugrunde liegende Dezision (gegen die Emanzipation der Soziologie) nur zu verdecken, indem versucht wird, ihr die Weihe historischer Legitimität zu geben, ohne diese Dezision zu rechtfertigen.

13 Vgl. Robert K. Merton: *Notes on Problem-Finding in Sociology*, in: *Sociology Today – Problems and Prospects*, hrsg. von Merton, Broom und Cottrell, jr., New York 1959.

14 Siehe B. Schäfers in diesem Band.

15 Luhmann, a.a.O.

me an der allgemeinen intellektuellen und literarischen Diskussion der „big problems" aus, jedenfalls insoweit, als er die gewünschten Stellungnahmen zu diesen Problemen im Sinne jener Regeln nicht verantworten könnte.[16] Lehnt der Soziologe diese Einschränkung ab, so tauscht er dafür vielleicht gewisse Chancen der Beeinflussung der öffentlichen Meinung ein, aber er sollte sich auch über die möglichen Auswirkungen einer solchen Entscheidung auf die Entwicklungschancen seiner Disziplin Gedanken machen.[17]

So dürfte im Interesse dieser Entwicklung, der theoretischen Integration und des kumulativen Fortschritts auf der Basis eines solchen tragfähigen theoretischen Ansatzes, die Möglichkeit, daß sich auch die Soziologie wenigstens zeitweise von den praxisrelevanten Fragestellungen entfernt, denen sie vielleicht sogar ihre Entstehung mitverdankt, nicht a priori ausgeschlossen werden.[18] Bedingung für diese Entwicklung wäre, daß sich die soziologische Fachgemeinschaft zunehmend als das einzig relevante Publikum für ihre eigenen Mitglieder definiert (denn nur die „Experten" verfügen über die Kompetenz, die wissenschaftliche Relevanz und Validität eines Beitrages zu beurteilen und dafür die entsprechende Anerkennung zu vergeben). Aber gerade diese Tendenz zur akademischen Professionalisierung und damit zur sozialen Autonomie wird kritisiert; gerade die Legitimität einer solchen praxisabgewandten Verselbständigung des wissenschaftlichen Erkenntnisinteresses wird in der Kritik des „Elfenbeinturms" bestritten.

Dies fällt um so leichter, als ja unter den Soziologen selbst die Möglichkeit einer kumulativ-theoretischen Soziologie immer noch umstritten ist. Es wird behauptet, daß eine Soziologie, die sich an die Regeln der analyti-

---

16 Vgl. Bennett M. Berger: *Sociology and the Intellectuals: An Analysis of a Stereotype*, in: *The Progress of a Decade. A Collection of Articles*, hrsg. von S. M. Lipset und N. J. Smelser, Englewood Cliffs, N. J. 1961, S. 43.
17 Es ist auch für die Praxis unökonomisch, auf theoretische Arbeit oder Grundlagenforschung zu verzichten. „Nichts ist praktischer als eine gute Theorie." Es läßt sich zeigen, daß systematische Grundlagenforschung eher die Voraussetzungen für handlungspraktische Innovationen schafft als die unkoordinierte Suche nach Lösungen für je auftauchende Praxisprobleme. Andererseits: wenn „man von der Theorie Beantwortung aller von der Gesellschaft gestellten Fragen verlangte [...], hieße [das] Verantwortung ins Unverantwortliche ausdehnen. Darin läge ein Verzicht auf jene evolutionäre Errungenschaft, die den Leistungen der neuzeitlichen Wissenschaft zugrunde liegt: auf gesellschaftliche Ausdifferenzierung und funktionale Spezifikation" (Niklas Luhmann: *Die Praxis der Theorie*, unveröff. Manuskript).
18 Vgl. Kuhn, a.a.O., S. 37.

schen Wissenschaftslehre hält, nur zu höchst trivialen Ergebnissen führe, weil diese Ergebnisse angeblich kaum über das hinausgehen, was der gesunde Menschenverstand ohnehin schon weiß, und zudem die großen historisch-gesellschaftlichen Probleme unseres Zeitalters nicht berühren.[19]

Ich will die Berechtigung dieses Vorwurfs hier nicht weiter diskutieren und nur in Parenthese darauf hinweisen, daß die Trivialität der Ergebnisse, sollte dieser Vorwurf für Deutschland zutreffen, nicht zuletzt eine Folge gerade jenes programmatischen Vorbehaltes selbst sein dürfte, der insofern eine „selffulfilling prophecy" darstellt. Denn solange sich die deutsche Soziologie gar nicht erst als theoretische Erfahrungswissenschaft ernst nimmt und sich entweder auf sozialphilosophische Reflexionen oder auf methodisch und theoretisch unbedarfte Datensammlung zwecks Befriedigung ephemerer Informationsbedürfnisse beschränkt, ist es gar nicht verwunderlich, daß das in Frage stehende Ziel nicht erreicht werden kann. Das heißt, auch hier gilt das Thomas-Theorem: „If men define situations as real, they are real in their consequences."

Solange z. B. Soziologen ihren Gegenstand auf Grund eines historistischen Vorverständnisses a priori als der kausalanalytischen oder statistischen Behandlung unzugänglich definieren, wird es hier tatsächlich zu keinen bedeutenden Fortschritten kommen. Wirkliche Fortschritte sind erst dann zu erwarten, wenn es gelingt, sich von einem solchen Vorverständnis soweit zu distanzieren, daß die wissenschaftliche Methode erfolgreich sein kann. Die Argumentation, daß sich die Methode nach dem Gegenstand zu richten habe, läßt sich nur halten, wenn man ein bestimmtes „ontologisches" Vorurteil über den Gegenstand unbefragt läßt. Kurz: die Definition des Gegenstandes (bzw. der Variablen) muß sich danach richten, ob man mit ihrer Hilfe bestätigungsfähige Hypothesen formulieren kann.

Die dauernden Bemühungen, einer empirisch-theoretischen Soziologie entweder ihre „erkenntnistheoretische" Unmöglichkeit nachzuweisen oder (und paradoxerweise oft obendrein noch) ihr den Ruf moralischer Fragwürdigkeit anzuhängen, laufen praktisch auf ein Erkenntnisverbot hinaus. Scheuch deutet diese Feindschaft „gegenüber einer Soziologie vom Theorietyp der Naturwissenschaften" als Widerstand gegen die fortschreitende

---

19 Am populärsten wurde diese Kritik durch C. Wright Mills: *The Sociological Imagination*, New York 1959.

Rationalisierung und „Entzauberung" der Welt.[20] Der Vorwurf des Obskurantismus erscheint mir nicht ganz ungerechtfertigt.[21]

Diesen Abschnitt zusammenfassend kann man also sagen: wie die verschiedenen soziologischen Schulen für den einzelnen Soziologen potentiell konfligierende Bezugsgruppen darstellen, die so zu einem Konflikt im Rollen-Set des Soziologen führen können, liefern die nicht prinzipiell miteinander harmonisierenden Erwartungen der soziologischen Profession und intellektuell-ideologisch engagierter sozialer Gruppen einen weiteren Konfliktstoff. Man kann zwar annehmen, daß der zuletzt erörterte Konflikt den „positivistisch" eingestellten Soziologen vor schwerwiegendere Entscheidungen stellt als denjenigen Soziologen, für den sich wissenschaftliche Arbeit ohnehin mit ihrer praktisch-politischen Relevanz legitimieren muß. Und zwar kann dieser Konflikt gerade dann besonders schmerzlich sein, wenn der „Positivist" die politischen Ziele der betreffenden kritischen Gruppe teilt. Aber ich vermute, daß sich auch derjenige Soziologe vor dieses Problem gestellt sieht, der den „positivistischen Wissenschaftsbegriff" als einen „bürgerlichen" verworfen hat, sofern ihm Wissenschaft überhaupt etwas anderes als politische Praxis bedeutet.

IV

So wie der Soziologie einerseits die Legitimation als autonome Einzelwissenschaft von denjenigen abgesprochen wird, die die Aufgabe der Deutung sozialer Prozesse als ein Privileg von mit diffuser Autorität ausgestatteten Intellektuellen erhalten wissen wollen,[22] so wird ihr von anderen Gruppen abverlangt, die Nützlichkeit soziologischer Forschung für ihre soziotechnischen, manipulativen Interessen nachzuweisen, wenn ihr denn schon die gewünschte materielle und personelle Ausstattung zugestanden werden soll. Während man den Naturwissenschaften heute mehr oder weniger unbefragt glaubt, daß sich die enormen Aufwendungen für sie schon irgendwann auszahlen werden, kann die Soziologie kaum von einem solchen Vertrauensvorschuß zehren. Die Soziologen sehen sich deshalb genötigt, jeweils erst die unmittelbar praktische Nützlichkeit ihrer Forschung für irgendwelche Interessenten darzulegen, bevor ihnen zum Beispiel ein Pro-

---

20 Scheuch, a.a.O., S. 8–12.
21 Vgl. Dahrendorfs Kritik an Habermas und vor allem an Adorno in: Ralf Dahrendorf: *Die Soziologie und der Soziologe – Zur Frage von Theorie und Praxis* (Konstanzer Universitätsreden, hrsg. von Gerhard Hess, Heft 6), Konstanz 1967, S. 14 f.
22 Scheuch, a.a.O., S. 12–14.

jekt bewilligt wird. Viele Soziologieprofessoren tun fast nichts anderes, als auf diese Weise Mittel zu beschaffen, um den Forschungsbetrieb ihrer Institute aufrechtzuerhalten. Daraus erwächst die Gefahr, daß die Soziologie sich als reine Technik der Datensammlung etabliert, während ihre theoretischen Grundfragen verdrängt werden. In dem gleichen Maße, wie der Soziologe so von seinen Auftraggebern abhängig wird, entfremdet er sich von seiner Wissenschaft. Man braucht gar nicht an jene Fälle zu denken, in denen die Auftraggeber Geheimhaltung der Ergebnisse verlangen, wodurch sie eo ipso für die Wissenschaft wertlos werden. Auch ohne dies ist der Soziologe, der nur noch Auftragsforschung erledigt, kaum in der Lage, seine Untersuchungen so anzulegen, daß sie für den Erkenntnisfortschritt seiner Disziplin von Bedeutung und damit für seine Kollegen von Interesse sind. Auch hier haben wir es mit einem Rollenkonflikt zu tun: ich denke an die vielen Fälle, in denen die Soziologen, um Forschung überhaupt zu ermöglichen, den möglichen Interessenten zunächst weitgehend nach dem Munde reden, dann mühsam versuchen, an das Auftragsprojekt ihre theoretische Fragestellung, mit der sie sich als Wissenschaftler auszuweisen gedenken, anzupappen, und zum Schluß weder die Auftraggeber zufriedenstellen (weil die Ergebnisse nun doch nicht so unmittelbar nützlich sind, wie zuvor versichert wurde) noch ihre eigenen wissenschaftlichen Interessen befriedigen (weil der übernommene Auftrag die Lösung möglicher relevanter Grundsatzprobleme nur beschränkt erlaubte).

Wir haben es auch hier mit der Problematik der geringen Autonomie der Soziologie zu tun: wie früher die Kirche die Naturwissenschaften zu einem „demütigen Positivismus" zwingen wollte, der zwar empirische Beobachtungen machen durfte, die theoretische Interpretation der Daten, die „Spekulation" aber den Theologen überlassen sollte,[23] so haben auch heute die Auftraggeber soziologischer Forschungen im allgemeinen wenig Verständnis für theoretisch fundierte Fragestellungen und theoretische Interpretationen, sondern sie wollen nichts als Daten, die sich auf unproblematische Weise in ihr praxisorientiertes Vorverständnis einordnen lassen. Daher trifft der Soziologe mit seinen Untersuchungsplänen sehr häufig auf Abwehr und Mißtrauen, wozu dann auch die Furcht vor „Schnüffelei", Kontrollen und „politisch" unliebsamen Ergebnissen beitragen dürfte.

---

23 Philip Frank: *The Logical and Sociological Aspects of Science,* in: *Contributions to the Analysis and Synthesis of Knowledge* (= Proceedings of the American Academy of Arts and Science, Vol. 80 No. 1, Juli 1951), S. 24 ff.

V

Die angedeuteten Widersprüche im Rollen-Set des Soziologen haben vielfältige Folgen. Lassen wir die Konsequenzen für die Entwicklungschancen
der Soziologie als Wissenschaft einmal außer acht, so dürfte eine der sozial
problematischsten Folgen sein, daß diese Widersprüche die Orientierung
der Studierenden dieses Faches ungemein erschweren. Der Soziologiestu-
dent muß immer damit rechnen, daß das Ergebnis seines Studiums „trai-
ned incapacity" ist – daß er schließlich gerade für die wissenschaftlichen
und beruflichen Pläne, für die er sich am Ende seines Studiums entscheidet, nicht die richtige Ausbildung hat. Es ist eine allgemein bestätigte Erfahrung, daß Wissenschaften ihre internen Konflikte dadurch mildern, daß
sie ihre wissenschaftlichen Qualitätsstandards und damit auch die Ausbil-
dungsforderungen allgemein niedrig halten.[24] Dies ist eine der Folgen der
Unmöglichkeit, bei mangelndem wissenschaftlichen Konsensus das informelle Kontrollsystem einer „Fachgemeinschaft" intakt zu halten.

Wo die Qualitätsstandards selbst umstritten sind, kann keine Schule ihre
Standards durchsetzen, ohne massiven sozialen Druck auszuüben und den
entsprechenden Widerstand hervorzurufen. Eine Folge davon ist, daß man
sich auch bei der Selektion und Sozialisation des Nachwuchses sozusagen
auf den kleinsten gemeinsamen Nenner einigt. – In der Soziologie kann
man zum Beispiel keine verbindlichen Lehrbücher einführen, weil das,
was verbindlich gewußt werden sollte, von jeder Schule anders definiert
werden würde. Ähnliche Schwierigkeiten gibt es bei der Aufstellung von
Bücherlisten, Lehrplänen und Prüfungsordnungen. Vor allem entstehen
diese Probleme dann, wenn an einem Institut die Lehrstühle von Soziologen verschiedener Provenienz besetzt sind, oder entsprechend, wenn über-
regionale Vereinbarungen getroffen werden sollen. So lernen dann die Studenten ein bißchen Sozialphilosophie, ein bißchen empirische Methoden
und Statistik, ein bißchen Dogmengeschichte, ein bißchen Sozialpsychologie, ein bißchen Systemtheorie – aber nichts mit der Rigorosität, die jede
Schule von ihren eigenen Ansprüchen her eigentlich fordern müßte. Andererseits haben diese Widersprüche des Rollen-Sets natürlich zur Folge,
daß die Qualifikation des einzelnen kaum effektiv kontrolliert werden
kann. Die Konsequenz ist, daß die Soziologie ein „dünnes Brett" ist und
bleibt und wir viele schlechte Soziologen haben.

Abgesehen davon führt dieser schlechte Zustand zu den bekannten Erscheinungen sozialer und individueller Desorganisation. Soziologen nei-

---

24 Vgl. Hagstrom, a.a.O., S. 159–236.

gen zur Isolation voneinander – was durch unsere Universitätsstruktur entscheidend begünstigt wird –, zu wechselseitiger Mißgunst und arroganter Originalitätssucht, ja zu manifesten Aggressivitäten gegeneinander. Individuelle Desorganisation zeigt sich nicht zuletzt darin, daß Soziologen häufig unzufrieden sind mit sich selbst und Produktivitätshemmungen haben. Die Unsicherheit über die kognitiven Standards der Disziplin führt nicht selten zu Erkenntnisdefaitismus oder gar Erkenntniszynismus. Unter Umständen hat das den Rückzug aus der selbständigen Forschungsarbeit überhaupt zur Folge.[25] In diesem Fall stehen dann einige andere Segmente des Rollen-Sets offen, auf die ich hier noch gar nicht eingegangen bin: Verlagerung der Aktivität auf reine Lehre, auf Hochschulverwaltung und Universitätspolitik, auf außeruniversitäre Beratungstätigkeit, auf Journalismus oder Politik. Oder der Betreffende zieht sich sogar völlig auf privatistische Verhaltensmuster zurück: das Interesse gilt der Familie und privaten Hobbys. Soziologische Forschung wird allenfalls noch als ritueller Schein aufrechterhalten.

---

25 Also "Retreatism". S. Robert K. Merton: *Social Structure and Anomie and Continuities in the Theory of Social Structure and Anomie*, in: Robert K. Merton: *Social Theory and Social Structure*, revised and enlarged edition, Glencoe, Ill. 1962, S. 131–194.

Ralf Dahrendorf: Vom Nutzen der Soziologie

Nur wenige Erscheinungen des öffentlichen Lebens heutzutage belehren uns so nachhaltig wie die Soziologie darüber, wie nahe Nutzen und Nachteil beieinander wohnen. Dabei zeigt sich zugleich, daß die Nähe nicht in den Dingen selbst ihren Sitz hat, sondern in den Menschen, die sich mit solchen öffentlichen Erscheinungen zu beschäftigen haben, indem sie diese nach den Maßen ihrer sozialen Rollen und Normen bewerten. Die Protestdemonstration – so hört man ja heute zuweilen – ist nichts anderes als das Zwischenpraktikum der Studenten der Soziologie. Wenn der Student des Maschinenbaus in die Fabrik und der der Medizin in die Klinik geht, dann geht der Soziologe auf die Straße, um zu prüfen, ob das, was er gelernt hat, sich mit dem, wovon er etwas gelernt hat, verträgt. Zwar muß es als zweifelhaft gelten, ob Einsteins Theorien auch jene Veränderungen des Erkenntnisgegenstandes durch ihre Betrachter noch decken, die von den Praktikanten der Soziologie bewirkt werden. Und daß Dutschke und Cohn-Bendit, Krahl und Rabehl keine Maschinenbauer und keine Mediziner sind, ist verdächtig bekannt. Was aber beweist diese Tatsache? Den Nutzen – oder den Nachteil der Soziologie? War und ist die Soziologie ein willkommen notwendiges Instrument der Überwindung abgestandener Traditionen der Unfreiheit? Oder ist die Soziologie ein Störenfried einer Gesellschaft, die gerade daran ist, zu sich selbst und zu ihren Möglichkeiten zu finden?

Solche Beobachtungen sind nur dramatische Belege einer bekannten Erscheinung. Mit dem etwas beängstigenden Tempo, das sie selbst der sogenannten industriellen Gesellschaft gerne nachsagt, hat die Soziologie in vielen europäischen Ländern in den letzten zwei Jahrzehnten einen beträchtlichen Weg zurückgelegt. Wenn ich schon zu Beginn meiner Erörterung einer allerdings fast vergessenen Versuchung des Faches nachgeben, nämlich Einsicht und Urteil mischen darf, muß ich sagen: die Soziologie hat einen zu langen Weg zu rasch zurückgelegt. Sie hat auf diese Weise fast schon ihre Chancen mit ihrem Nutzen verspielt. Indem sie dies getan hat, ist sie jedoch zugleich zum Opfer ihres Nutzens geworden; denn sie hätte nicht so rasch so weit kommen können, wenn es nicht in Theorie und Praxis die Lücke gegeben hätte, in die sie eindrang.

Der Anfang liegt ja noch nicht gar so lange zurück. Zunächst erweckte die Soziologie bei den Wohlwollenden vornehmlich Neugier. Man wollte wissen, was diese etwas geheimnisvolle Disziplin denn wohl zu bieten habe, die sich in leicht verwirrender Weise zugleich mit dem „Daseinsgesamt" und mit Lohnanreizen, mit den Ursachen des Selbstmordes und denen der Revolution, mit sozialem Handeln überhaupt und mit dem totalen Ideologieverdacht beschäftigte. Mit der Neugier verband sich allerdings auch eine verbreitete Abwehr. Traditionellen Fakultäten, aber auch einer in gewohnten vertrauten Bahnen denkenden Öffentlichkeit schien die neue Wissenschaft verdächtig. Sie waren bereit, hier und da einen Soziologen zu akzeptieren, der auch sonst, etwa als Historiker oder Jurist, ausgewiesen war und dem man seine Soziologie gleichsam als Spleen, als private Marotte nachsehen konnte. Aber im übrigen unterschied man eher zwischen der Soziologie einerseits und den Wissenschaften andererseits.

Allerdings wäre es falsch, dieses erste Stadium in der Entwicklung der neueren Soziologie – das in Europa auch die Anfangszeit nach dem Zweiten Weltkrieg noch umfaßt – zu verniedlichen. Neugier und Abwehr hatten schon hier einen bestimmteren Grund in jenem gemeinsamen Merkmal aller Soziologie, in dem ihr Nutzen, ihre Explosivität und ihre Schwächen sich verbinden: Soziologen stellen das Selbstverständliche in Frage; sie sind unbequem. Preistheorien auf der Grundlage der Annahme des Rationalverhaltens im engeren ökonomischen Sinne sind in ihrer sozialen Wirkung ebenso harmlos wie Rechtssätze und noch rechtsphilosophische Erwägungen, die mit der Fehlbarkeit die grundsätzliche Irrationalität des Menschen in Rechnung stellen. Der Nutzen beider stimmt nicht ängstlich – oder stimmt vielleicht erst dann ängstlich, wenn ein Soziologe gekommen ist, um die Annahmen der Theorien und Sätze selbst in Frage zu stellen. Findet man heraus, daß es in einem weiteren, nämlich sozialen Sinne rational sein kann, einen schönen Titel einem höheren Gehalt vorzuziehen, oder trotz angespannter finanzieller Verhältnisse eher beim teuren Kaufmann an der Ecke als im Großmarkt einzukaufen, dann hat man nicht nur einen leichten Schatten auf angesehene ökonomische Theorien geworfen, sondern auch Dimensionen des menschlichen Verhaltens hervorgekehrt, die manchen unbehaglich stimmen. Von der Gesellschaft als einer „ärgerlichen Tatsache" spreche ich nicht darum, weil ich mir einen gesellschaftsfreien Raum der kulturpessimistisch verkorksten Privatpersönlichkeit, sagen wir den „Rembrandtdeutschen", wünsche, sondern darum, weil Gesellschaft ebenso wie ihre Aufdeckung im strengen Sinne immer anstößig ist und insofern Ärgernis erregt. Wer hört schon gern, daß selbst noch der zerfledderte „Guide Michelin" im Fond des vernachlässigten, wenngleich teuren Wagens ein Statussymbol ist, so sehr wie das mit der Autonummer bestickte Sofakissen auf dem Rücksitz und der Fuchsschwanz an der Antenne. Daß wir allerorten von Erwartungen umgeben sind, die wir als Maximen in uns hineingenommen haben und an deren

Erfüllung sich unser sozialer Rang entscheidet, möchte mancher lieber wegdenken. So versuchte Marx die besondere eigene Stellung zu begründen und erfand jenen „Teil der Bourgeoisideologen, welche zum theoretischen Verständnis der ganzen geschichtlichen Bewegung sich hinaufgearbeitet haben"; später übersetzten Karl Mannheim und Alfred Weber den Gedanken in die Hoffnung auf die „freischwebende Intelligenz".

Aber die Versuche sind vergebens. Die Gesellschaft ist die totale Institution, die uns alle umfängt. Ihr hält kein selbstgerechter Dogmatismus eines einzelnen, einer Gruppe, einer wissenschaftlichen Disziplin stand. Daß man sich nicht beliebt macht, wenn man solches sagt – daß man übrigens das Leben, das eigene wie das der anderen, damit auch nicht gerade vereinfacht –, liegt auf der Hand. Aber ich wollte noch (mit einer seit den Anfängen der Soziologie beliebten Denkfigur) von den drei Stadien sprechen, die die Soziologie in den europäischen Ländern in den letzten Jahren so rasch durchlaufen hat. Der neugierigen Abwehr folgte bald eine wachsende Anerkennung, die jedoch ihrerseits so emphatische Formen annahm, daß die eben noch mit vorsichtigem Abstand umschlichene Disziplin fast über Nacht zur bestimmenden Kraft einer Modeströmung wurde. In mehreren Ländern Europas hat es Jahrzehnte gedauert, bis dem ersten und zuweilen zweiten Lehrstuhl für Soziologie ein dritter folgte. Innerhalb weniger Jahre aber sind, im wesentlichen nach 1960, aus zwei oder drei zwanzig oder dreißig Lehrstühle geworden. Schienen diese zunächst der Ergänzung der traditionellen Fakultäten zu dienen, so zeigten sie bald ihre eigene Anziehungskraft. Mancher deutsche Kollege, der vor acht Jahren seinen Lehrstuhl übernahm, war stolz auf die ersten fünf oder zuweilen zehn Studenten, die Soziologie als Hauptfach belegten. Heute gibt es an seiner Universität zwar einen zweiten, auch dritten Lehrstuhl; aber aus den zehn Studenten sind an einer Reihe von Orten fünfhundert, achthundert, tausend und mehr geworden. In der Bundesrepublik gibt es heute mit Sicherheit mehr als 5000, wahrscheinlich etwa 8000 Studenten der Soziologie. Mit den Lehrstühlen, Instituten und Studenten entwickelten sich Studiengänge und eigene Prüfungen, zum Teil im Anschluß an schon vorhandene Examina – etwa in der Form des „Diplom-Volkswirts soziologischer Richtung" –, vor allem aber in der Gestalt des „Diplom-Soziologen" oder des „Magister artium" mit dem Hauptfach Soziologie. Die Dozenten der Soziologie wurden zu den gefragtesten Kollegen in den interdisziplinären Professorenzirkeln, auch in ernsthaften Forschungsprojekten der Kriminologie, der Arbeitsmarktforschung, der Sozialmedizin und mancher anderer Bereiche. Die Studenten kamen in Scharen, meist gegen den Willen ihrer Eltern – und möglicherweise nicht zuletzt aus diesem Grunde –, aber voller Bereitschaft, sich auf das Abenteuer der neuen Wissenschaft einzulassen und auf diese Weise selbst neue Wege zu gehen.

Die Eltern, die ihren Kindern das Studium der Soziologie gerne verbieten würden, bestätigen in gewisser Weise die Notwendigkeit des Faches; so wie die politischen Führer, die Soziologen ihrer Posten entheben und ihrer Wirkungsmöglichkeiten berauben. Dennoch bleibt das Verhältnis von Theorie und Praxis für den Soziologen in einer eigentümlichen Weise schwierig, für die sich kaum ein anderes Beispiel geben läßt. Der Jurist findet den Weg zur Praxis leicht; ihre Forderungen gehen unmittelbar in sein Denken ein; er denkt normativ, d.h. seine Begründungsketten beziehen sich auf Urteile, die selbst praxisgestaltenden Charakter haben. Der Ökonom, zumal der theoretische Nationalökonom, mag tatsächlich den Weg zur Praxis sehr viel schwerer finden. Die Beziehungen seiner Theorien zu Entscheidungsproblemen sind oft gebrochen, wie vor allem das Beispiel der empirisch zweifelhaften Verhaltensannahmen in diesen Theorien zeigt. Aber methodisch liegt hier auch für den Ökonomen kein entscheidendes Problem: er wendet seine Wissenschaft an, d.h. er bezieht theoretische Einsichten auf Fragestellungen, die sich im Bereich praktischer Entscheidung stellen. Anders der Soziologe. Zwar kann auch sein Wirken im einen wie im anderen Fall – und vielen analogen Fällen – zuweilen einigermaßen mühelos zur Praxis führen. Materialien über Verbraucherverhalten gehen als Daten in wirtschaftswissenschaftliche Theorien und ihre Anwendung ein. Einsichten über die Wirkungen bestimmter Formen des Strafvollzuges mögen juristische Entscheidungen beeinflussen. Aber bei alledem bleibt der Kern des Wirkens der Soziologie, nämlich ihre grundsätzliche kritische Distanz von allen (und das heißt konkret immer, von den bestehenden) gesellschaftlichen Verhältnissen noch unerwähnt, wenngleich er vorhanden ist. Soziologische Theorie ist auch dann, wenn sie sich als erfahrungswissenschaftliche Theorie versteht, in ihren Implikationen immer kritische Theorie. Anwendung von Soziologie heißt immer schon Anwendung des Zweifels.

In einem strengen und letzten Sinn ist nämlich die gesamte Diskussion um die konservativen oder progressiven Implikationen bestimmter soziologischer Theorieansätze verfehlt; noch der konservativste Soziologe muß für den ernsthaft Konservativen ein Störenfried sein: weil er vom Unaussprechlichen redet und damit – wie Edmund Burke genau und voll Ingrimm sah – das Überleben des Bestehenden schon gefährdet. Ich behaupte also: es liegt auch dann noch ein kritischer Zug in der Anwendung der Soziologie, wenn sie im Interesse eines „human engineering", also beispielsweise im Sinne Elton Mayos zur Unterstützung unternehmerischer Kontrolle verwendet wird. So wie soziologische Theorie immer schon kritische Theorie ist, ist die Praxis der Soziologie immer schon eine verändernde, relativierende, Gewohnheiten brechende Praxis. Es gibt auch die soziale Rolle des Soziologen. Aber das erste Merkmal dieser sozialen Rolle ist das des Rollenbrechers, und wer an die Rollen der Menschen rührt, der rührt an ihr elementares Bedürfnis nach Gewißheit, d.h. der macht ihnen Angst.

Die dritte Phase in der Entwicklung der neueren europäischen Soziologie ist also eine Phase, in der die Etablierung des Faches in unerwarteten Dimensionen eine erhebliche Unruhe innerhalb wie außerhalb der Universitäten mit sich bringt. Das möchte ich nicht mißverstanden wissen. Ich vertrete nicht etwa die Meinung, daß die Ursache der studentischen Unruhen bei der Soziologie zu suchen ist; es ist mir auch durchaus bekannt, daß nicht alle unruhigen jungen Leute Soziologie studieren. Aber es bleiben doch ein paar Tatsachen, die ich wiederum aus dem Blickwinkel der Erfahrungen der Bundesrepublik beschreiben möchte: insoweit die substantiellen Forderungen der unruhigen Studenten sich auf wissenschaftliche Fragen beziehen, ist für sie vor allem der Ruf nach der gesellschaftlichen Relevanz der übrigen Wissenschaften bezeichnend. Auch jenseits der wissenschaftlichen Forderungen liegt die Absicht der Unruhe in Gesellschaftskritik und Gesellschaftsreform; sie setzt also vor allem soziologische Einsicht voraus. Der Ruf nach dem Soziologen ist nicht mehr nur für die harmlosen Professorenzirkel, sondern vor allem für die Reformgremien der Universitäten kennzeichnend. Gab es noch vor kurzem kein wissenschaftliches Projekt, bei dem nicht nach dem Soziologen gefragt wurde, so gibt es heute keine Kommission, an der nicht der Soziologe teilnehmen muß – in seinen vielfältigen Eigenschaften als Urheber, als Analytiker und als Heilpraktiker der Probleme, um die es geht.

Hand in Hand mit dieser Entwicklung geht die zunehmende Dringlichkeit der Frage, was denn diejenigen, die ihren Eltern in das Studium der Soziologie davongelaufen sind, tun sollen, wenn sie ihr Diplom oder ihren Magister erworben haben.

Denn dies ist das beherrschende Kennzeichen der dritten Phase in der Entwicklung der europäischen Soziologie, die ich hier konstruiert habe: auf Neugier und Anerkennung ist eine große Unsicherheit gefolgt, die auch die Soziologen selbst ergriffen hat. Man kann es schärfer sagen: „Soziologie", vor noch nicht allzulanger Zeit ein mit Hoffnungen und Zweifeln umgebener unbekannter Begriff, ist zuerst zum Modewort, jetzt aber zum Schimpfwort geworden. Wo der Soziologe vorgestern bestaunt wurde, gestern gesucht war, hebt man heute die Hände in Abwehr und sucht ihn zu verdrängen.

Das alles muß nicht – wie gesagt – gegen den Nutzen der Soziologie sprechen. Es könnte ja sein, daß der Nutzen dieser Wissenschaft gerade da-

rin liegt, andere aus ihrer Ruhe zu schrecken. Aber ich meine, daß die tiefe
Skepsis, die heute ebensosehr die Öffentlichkeit wie die Studierenden und
die hauptberuflich Praktizierenden der Soziologie ergriffen hat, doch Anlaß sein sollte, über die Möglichkeiten und Grenzen des Faches erneut
nachzudenken. Mich selbst führt ein solches Nachdenken zu zwei sehr kritischen Anmerkungen über die Entwicklung des Faches, aus denen ich Folgerungen ziehen möchte für die Zukunft der Soziologie, damit sie ihren
Nutzen entfalten kann und nicht durch ihr Tun ihre Chancen gefährdet.

Die erste Überlegung betrifft die wissenschaftliche Entwicklung der Soziologie. An mehreren Punkten werden schon meine bisherigen Überlegungen deutlich gemacht haben, daß dieses Fach in gewisser Weise ein Un-
fach, eine Disziplin ohne Disziplin, nämlich eine Wissenschaft ist, die ständig in Gefahr gerät, sich mit allem und jedem zu beschäftigen. Gewiß ist
es naiv, die Einführung in eine Wissenschaft säuberlich damit zu beginnen,
ihren Gegenstand und ihre Methode wie einen Vorgarten einzuzäunen,
um alsdann die Gartenzwerge der eigenen Geschichte darin aufzustellen.
Aber die Soziologie erscheint manchem wie das andere Ende der durch
dieses Extrem bezeichneten Skala, wie das Universum selbst und alle Methoden seiner Erkenntnis. Das ist eine verdächtige, eine mißliche Situation. Insoweit sie den Tatsachen entspricht, muß sie uns dazu zwingen, manchen modernen Philosophen entsprechend zu erklären, daß wir eine Disziplin vertreten, die auf ihre eigene Auflösung hintendiert. Wenn die Mediziner soziologisch zu denken beginnen, erübrigt sich die Medizin-Soziolo-
gie: das Entsprechende gilt für die Juristen und Architekten, für die Litera-
turwissenschaftler und Psychologen. Wir Soziologen stellen den dogmati-
scheren Disziplinen Fragen, die diese im Hinblick auf eine sachgemäße Lösung ihrer Probleme im Grunde selber stellen müßten, aber tatsächlich
nicht stellen. Indem wir die Fragen stellen, eröffnen wir neue Horizonte
der Erkenntnis. Wir tun dies aber in dem Bewußtsein, daß die Probleme,
um die es geht, sich in keiner Weise einzäunen, also dem einen eher als
dem anderen Fach zuordnen lassen.

Auch eine auf lange Sicht derart selbstverleugnende Entwicklung verlangt allerdings innerhalb des Faches der Soziologie Fortschritte, die heute
tatsächlich nicht stattfinden. Damit die neuen Möglichkeiten der Erkenntnis sich bewähren, müssen Fragen gestellt und gelöst werden. Selbst wenn
man die Zukunft der Soziologie bis zu einem gewissen Grade in ihrer Diffusion sieht, muß es sie doch geben, bevor sie sich an andere Bereiche aufgeben kann. Nun gibt es eine wachsende soziologische Literatur. Sicher
läßt sich heute eine Bibliothek von 20 000 Bänden zusammenstellen, auf
die kein anderes Fach einen Anspruch erheben würde. Es gibt mehrere
Dutzend soziologischer Zeitschriften; es gibt Fachverbände und Fachkon-

gresse. Aber die äußere Professionalisierung täuscht eher über die Problematik hinweg. Sie ist nämlich durch die innere Entwicklung des Faches nicht gedeckt. Weil der Weg der Soziologie in den letzten Jahren so rasch, fast hektisch war, ist der Anspruch ihrer Erkenntnis nicht oder nur unvollkommen eingelöst worden. An Problemen fehlt es nicht, an Ansätzen auch nicht. Vielfach fehlt es auch noch nicht einmal an Geld, sondern eher schon an Zeit. Das wiederum hängt mit den Ansprüchen zusammen, die sich daraus ergeben, daß der Soziologie so rasch ein gewiß modisches, daher umstrittenes, vor allem aber viel zu großes Kleid entstanden ist. Anspruchserwartung und tatsächlicher Erkenntnisnutzen der Soziologie klaffen in fast bemitleidenswerter Weise auseinander: eine Situation, die zur geistigen Hochstapelei geradezu herausfordert.

Das andere Problem, das den zweiten möglichen Nutzen der Soziologie neben dem des Fortganges der wissenschaftlichen Erkenntnis im eigenen Bereich betrifft, ergibt sich aus der Tatsache, daß das Kleid der Soziologie eben eines der Soziologie geworden ist, d.h. daß die geschilderte Entwicklung immer auch eine der Abgrenzung von anderen Disziplinen war. Das schlägt sich in der Forschung, aber fast noch mehr in den Studiengängen nieder, und zwar überall dort, wo eigene soziologische Studiengänge entwickelt worden sind. Die Soziologie, so sagte ich, muß kraft ihres theoretischen Ansatzes gerade die dogmatischen Disziplinen und die ihnen entsprechenden Verhaltensweisen ständig kritisch relativieren. War die alte Artistenfakultät noch eine Art Hofnarr, der die drei großen dogmatischen Fakultäten der Theologie, Jurisprudenz und Medizin umtänzelte, gelegentlich ein bißchen ärgerte, aber nicht eigentlich im Kern berührte, so greift der Zweifel der Soziologie an die Substanz dieser Disziplinen. Was die Medizin angeht, so wird dies noch deutlicher im Hinblick auf das Wirken der Psychologie, insbesondere der Psychoanalyse; aber in den Vereinigten Staaten hat vor allem in den letzten Jahren die Soziologie der Medizin zahlreiche Zusammenhänge zwischen Krankheit und Gesellschaft – insbesondere auch Gesellschaft in der Form des Krankenhauses – enthüllt, die zur Revision vertrauter Urteile zwingen. Die Theologie, und zwar die aller Konfessionen, leidet heute geradezu an der Soziologie, die hier eine Flutwelle der Relativierung hervorgerufen hat, verglichen mit der die gesamte Hegelsche Linke von David Friedrich Strauß und Ludwig Feuerbach bis zu Bruno Bauer und dem jungen Marx nur eine sanfte Woge war. Und in der Jurisprudenz ist es allmählich doch sehr viel schwieriger geworden, an der Behauptung festzuhalten, daß Scheidungsquoten ein Resultat der Scheidungsgesetzgebung seien oder an der, daß die Todesstrafe eine abschreckende Wirkung habe.

Dennoch sind diese Wirkungen, blickt man auf die Gesamtgestalt dieser Fächer, bisher in bestimmtem Sinne noch peripher geblieben. Noch reden Architekten von der Nachbarschaft, Pädagogen von erblichen Begabungs-anlagen, Richter von der heilsamen Wirkung der Gefängnisstrafe, als gäbe es gar keine Soziologie. Vor allem fehlt es der Ausbildung in diesen Berei-chen zumeist noch an den ersten Ansätzen einer Einbeziehung soziologi-scher Ansätze. Gerade weil die Soziologie sich als Fach so rasch etabliert hat, weil sie – wie eingangs geschildert – ein unbequemer Partner ist, ist ihre Wirkung auf die anderen Fachbereiche geringer geblieben als es ihrem Anspruch entspräche.

Ich habe vom „möglichen" Nutzen der Soziologie gesprochen. Der rote Faden meiner Ausführungen sollte es sein, daß wir in Gefahr sind, erhebli-che Möglichkeiten zu verspielen. Schon beginnen Vertreter anderer Diszi-plinen sich sehr viel eindringlicher, auch wohl überzeugender der Proble-me anzunehmen, die Soziologen lösen können sollten. Ich denke da vor al-lem an die gesamtgesellschaftlichen Analysen, die nicht nur von Ethnolo-gen, sondern auch von der Schule einer „comparative history", einer ver-gleichenden Geschichtswissenschaft, und vor allem, in dezidiert theoreti-scher Absicht, von einer neuen Generation politischer Ökonomen ange-packt wird. Schon beginnen auch die intelligentesten Studenten sich wie-der von einem Fach abzuwenden, dessen modischer Reiz durch substanti-elle Qualität nur halbwegs gedeckt ist. Noch ist nicht sicher, daß die Sozio-logie den Nutzen, den sie haben könnte, auch tatsächlich entfalten wird. Wir tun daher gut daran, uns Gedanken zu machen, was zu geschehen hat, damit diese große Möglichkeit kritischer Erkenntnis zu ihrer Entfaltung kommt. Ich nenne nur einige institutionelle Voraussetzungen einer Ent-wicklung der Soziologie, wie nicht nur ich sie mir wünsche:

An die Stelle von Hauptfachstudiengängen der Soziologie müssen inte-grierte sozialwissenschaftliche Studiengänge treten. Diese sollten auf einem gemeinsamen Kern der Lehre soziologischer, ökonomischer, psy-chologischer und anderer sozialwissenschaftlicher Grundbegriffe und Techniken aufbauen, dann aber eine Spezialisierung in verschiedenen Richtungen erlauben: für Lehrer der Gemeinschaftskunde, für Tätigkeiten in Personalabteilungen, für Planungsaufgaben, für Markt- und Meinungs-forschung, für Sozialberufe und zahlreiche andere Spezialrichtungen.

In die Studiengänge anderer Disziplinen sollten obligatorische Elemen-te soziologischer Ausbildung eingebracht werden. Das gilt insbesondere für die übrigen Sozialwissenschaften einschließlich der Rechtswissenschaf-ten, aber auch für Architektur und Stadtplanung, für Medizin, für geistes-wissenschaftliche Fächer.

Die Soziologie sollte bei der Planung von Studiengängen den Erfordernissen des Ergänzungs- und Kontaktstudiums besondere Aufmerksamkeit widmen. Für Menschen mit abgeschlossenen Studiengängen in anderen Fächern, die in einem Zweitstudium in relativ kurzer Zeit in die Soziologie eingeführt werden wollen, sollte diese Möglichkeit ebenso geschaffen werden wie für solche, die bereits im Beruf stehen und die noch einmal an eine Ausbildungsstätte zurückkehren wollen.

Die mit solchen, in der Sache begründeten Entscheidungen bewirkte erhebliche Verringerung der Zahl derer, die Soziologie insgesamt als Hauptfach studieren, muß für die Entwicklung der Forschung fruchtbar gemacht werden. Das, auch das, bedeutet selbstverständlich die bewußte Differenzierung von Forschung und Lehre in unseren Hochschulen. „Reine" Forschungseinrichtungen, mit deren Tätigkeit sich keine Verpflichtung zur Lehre verbindet, dienen der Entwicklung der Disziplin sicher besser als die Fiktion der Verbindung von Forschung und Lehre. Besteht die Universität auf dieser Fiktion, so wird man sogar einem weiteren Auszug der Forschung aus den Hochschulen zustimmen müssen.

Die Liste der Voraussetzungen einer Soziologie, die ihren Nutzen zu bewähren vermag, ließe sich fortsetzen; aber vielleicht ist es hier wie bei manchen anderen Listen solcher Art wichtiger, daß sie umgesetzt, daß ihre Forderungen verwirklicht werden. Geschieht das, dann würde sich eine Nebenwirkung einstellen, die sich auch als Hauptvoraussetzung einer fruchtbaren Entwicklung unseres Faches herausstellen könnte. Ich habe es mit Bedacht vermieden, meinen Aufsatz so anzufangen, wie bezeichnenderweise noch immer die meisten Dissertationen, ja auch Diplomarbeiten und noch viele Klausuren beginnen, nämlich mit einer im „Jargon der Eigentlichkeit" gefaßten Definition des Faches. Ich beabsichtige nun nicht etwa, diesen, wie ich meine, richtigen Anfang durch ein falsches Ende wieder aufzuheben. Aber auch ohne förmliche Definitionen ist wahrscheinlich eine gewisse Zweideutigkeit in meinem Reden von der Soziologie unverkennbar. Da ist einmal die Soziologie als Orientierungs-, oder vielleicht als fruchtbare Desorientierungswissenschaft, also als kritische Information über die soziale Welt, in der wir leben, und ihre ärgerlichen Selbstverständlichkeiten. Da ist zum anderen die Soziologie als Wissenschaft mit spezifischen, theoretisch zu lösenden Problemen. Ich glaube nicht, daß die Weltbild-Soziologie und die Fachsoziologie zwei verschiedene Dinge, gar zwei verschiedene Disziplinen sind. Vielmehr liegen hier zwei tatsächlich verschiedene Wirkungen desselben Unternehmens der Erkenntnis, und zwar zwei Wirkungen, die jede für sich nützlich und notwendig sind. Man könnte aber meinen, daß die beiden Wirkungen, um nicht zu sagen Funktionen der Soziologie einander zu stören vermögen. Ganz sicher hat es die

Fachsoziologie schwer, wenn die Weltbildsoziologie sie aufzufressen beginnt, aber bedauerlich wäre auch eine Entwicklung, in der fachliche Abschließung die nützliche kritische Außenwirkung der Soziologie verhindert.

Beide Funktionen der Soziologie sind nötig; aber sie können einander stören. Was läge näher, als durch institutionelle Differenzierung die Funktionen ein wenig zu trennen? Ich habe durchweg mit einer gewissen Betonung von der europäischen Soziologie gesprochen. Sicher lassen sich analoge Probleme zum Teil auch in den Vereinigten Staaten aufweisen. Aber im ganzen scheint mir, daß nicht nur die technologische, sondern auch die soziologische Lücke zwischen Europa und den Vereinigten Staaten in diesen Jahren eher größer als kleiner wird, und daß dies mit der in unserer Hochschulstruktur fehlenden Möglichkeit der Differenzierung verschiedener Stufen zusammenhängt. David Riesman und C. Wright Mills waren akademische Lehrer, College-Professoren. Damit will ich nicht sagen, daß „The lonely crowd" oder „The power elite" unwissenschaftliche Bücher wären; wollte ich das, dann müßte ich meine eigene Produktion entsprechend qualifizieren. Das „College" bietet aber eine legitime Möglichkeit, vielen Studenten in einem noch nicht sehr stark fachlich geprägten Stadium ihrer Ausbildung Anteil zu geben an den kritischen Möglichkeiten der soziologischen Wissenschaft. Daneben gibt es die „Graduate school", die Stätte der Fachsoziologie. Hier steht die Entwicklung der Disziplin im Vordergrund, d.h. hier haben allgemeine Kurse keinen Platz mehr. Wenn in einem solchen System Studenten demonstrieren, dann tun sie es alle und nicht nur die Soziologen; zugleich wird die soziologische Wissenschaft hier in keiner Weise ihrer Entwicklungsmöglichkeiten beraubt.

Ich muß die Frage hier offen lassen, wie eine solche Differenzierung im einzelnen aussehen kann. Ich möchte aber nicht versäumen, zum Schluß noch einmal deutlich zu sagen, warum ich die Differenzierung will: die Soziologie ist eine unbequeme Wissenschaft, und sie soll es bleiben. Sie kann dies auf lange Sicht aber nur bleiben, wenn sie mehr liefert als eine Liturgie der Kritik, deren Gehalt an substantieller Information immer geringer wird. Zukunft und Wirkung der Soziologie werden daran hängen, daß sie die Lösung – ihrer Probleme und die Verbreitung ihrer Lösungen – zugleich trennt und verbindet. Auf diese Weise könnte es dann bei einiger Mühe sogar gelingen, die heute als Nachteile der Soziologie empfundenen Erscheinungen in Wege zu wenden, in denen der Nutzen für die Soziologie sich zwanglos mit dem Nutzen der Soziologie vereint.

Friedrich Tenbruck: Wissenschaft, Politik und Öffentlichkeit

Das Verhältnis von Wissenschaft und Politik ist heute in beiden Richtungen aktuell. Wir benötigen eine Wissenschaftspolitik, wollen also wissen, was politisch für die Wissenschaft zu geschehen hat. Es beschäftigt uns aber auch die Frage, was die Wissenschaft für das politische Geschäft leistet, leisten kann, leisten soll.

Die Fragen sind aufeinander bezogen. Um die Leistung der Wissenschaft für die Steuerung des Gemeinwesens optimieren zu können, muß man eine optimale Wissenschaftspolitik betreiben, und das kann man wiederum nur, wenn die Wissenschaftspolitik nicht ‚nur politisch‘ betrieben sondern angemessen und fundiert durch Wissenschaft beraten wird. Es ist deshalb zu bedauern, daß die Fragen gewöhnlich getrennt behandelt werden. Auf diese Weise bleiben wichtige Probleme ungelöst.

Die Zerreißung des Problemzusammenhanges spiegelt sich in praktischen Ungereimtheiten. Wir besitzen auf der einen Seite eine erhebliche Literatur zur wissenschaftlichen Beratung der Politik. Sie betrachtet den Politiker und den Experten gewissermaßen in der Klausur, wo das Entscheidungsfeld für anstehende Probleme geklärt werden soll, und erfaßt damit zweifellos einen Nerv heutiger Politik. Man versucht zu ermitteln, wie sich die jeweiligen Rollen in dieser Situation gestalten, nach welchen Grundsätzen jeder optimal verfahren sollte, und welche Techniken für die Aufgaben zur Verfügung stehen. Vorausgesetzt jedoch ist, daß Politiker und Experten sich gefunden haben, daß also Experten bereit stehen und benannt werden können, und daß diejenigen Wissenschaftler, mit denen Politiker konferieren, auch Experten sind, d. h. den für die anstehenden Fragen zuständigen Sachverstand repräsentieren.

Aber diese Voraussetzungen sind auf weite Strecken und in grundlegenden Fragen unrealistisch. Eines der größten Probleme der heutigen Politik besteht darin, Politiker und Experten zusammenzubringen. Wie findet der Politiker den Experten? Was garantiert, daß die herangezogenen Berater auch Experten sind? Sicher müssen, ja sollen nicht einmal alle Berater Wissenschaftler sein; für viele Fragen gibt es keine zuständige Disziplin, sie sind wissenschaftlicher Analyse nicht zugänglich. Und selbst wo Wissenschaft mitreden kann und somit auch soll, sollte sie ihre Grenzen kennen und der Stimme von Erfahrung und Praxis ihr Eigenrecht lassen. Zweifellos aber müssen bei Zuständigkeit Experten zugezogen werden.

Wie es jedoch in dieser Hinsicht praktisch steht, kann gerade die Wissenschaftspolitik lehren. Denn von wissenschaftlicher Expertise kann hier kaum die Rede sein, wenn man von Einzelentscheidungen absieht, für die Unterlagen und Gutachten gesammelt werden. Für die grundsätzlichen Probleme aber, wie sie etwa in der Einrichtung von Forschung und Lehre in den Hochschulen anstehen, kennt man keine eigentlichen Experten, und schon die Frage, welche Disziplinen hier dann fachlich zuständig wären, würde unter Wissenschaftspolitikern größte Verlegenheit hervorrufen.

So ist der Gegensatz zwischen den abstrakten Forderungen, die für die wissenschaftliche Beratung der Politik als selbstverständlich gelten, und der politischen Wirklichkeit hier doch erstaunlich und eigentlich bestürzend. Denn vor allem in der Wissenschaftspolitik hätte man doch erwarten sollen, daß alle Entscheidungen sich auf angemessene Vorstellungen darüber gründen, wie Wissenschaft tatsächlich funktioniert und auf welche Voraussetzungen sie dafür angewiesen ist. Mangels klarer Vorstellungen von fachlichen Zuständigkeiten konnte diese Frage jedoch kaum gestellt und jedenfalls nicht mit fachlicher Kompetenz beantwortet werden. Das führt unvermeidlich dazu, daß sich auf recht zufällige, aber praktisch durchaus wirksame Weise Kompetenzen für Fächer und Experten herausbilden, die in fachlichen Zuständigkeiten keine Basis haben. Hier steckt allerdings ein Grundproblem, das mit der Verwissenschaftlichung der Politik weiter an Gewicht gewinnen wird. In einer spezialistisch multiplizierten Wissenschaft ist für eine Entscheidung oft kein einzelnes Fach zuständig. Die Wirklichkeit muß von mehreren Fächern abgetastet und mosaikartig zusammengesetzt werden. Damit wird eine Voraussetzung für die wissenschaftliche Beratung der Politik unsicher, nämlich die Identifizierbarkeit zuständiger Fächer und Experten.

Hinzu kommt nun noch, daß Zuständigkeit und Qualifikation auseinanderklaffen. In unserer organisierten Gesellschaft tauchen immer häufiger komplexe Probleme recht plötzlich auf, für die einmal nur sehr diffuse Zuständigkeiten bestehen, auf deren Wahrnehmung die einschlägigen Disziplinen zum anderen aber praktisch auch nicht hinreichend vorbereitet sind. Das gilt seltener für die Naturwissenschaften, in denen die gesellschaftlich akuten Probleme überwiegend erst aufgrund der technischen Übersetzung naturwissenschaftlicher Erkenntnisse entstehen und deshalb auf den Erkenntnisstand bezogen sind. Für die Sozialwissenschaften hingegen entwickeln sich die tatsächlichen Probleme nicht erst durch die Umsetzung sozialwissenschaftlicher Erkenntnisse und somit auch nicht aufgrund des Erkenntnisstandes; vielmehr tauchen hier die akuten Probleme oft plötzlich auf und müssen dann erst aufgearbeitet werden. Aus diesen und anderen Gründen ist die wissenschaftliche Beratung der Politik im Bereich der Naturwissenschaften vergleichsweise einfach, weshalb die folgenden Betrachtungen sich auch primär an den übrigen Wissenschaften orientieren.

Klaffen bei verschwommener Zuständigkeitslage Zuständigkeit und Qualifikation auseinander, dann muß die Kompetenz von Fächern und Experten sich nach Zufälligkeiten herausbilden. Welche Disziplin sich zuerst zu Wort meldet und wer sich, eventuell schon wegen Mangel an Konkurrenz, praktisch zum Experten qualifiziert, das wird auf Umständen der Neigung, des Interesses und des Engagements einzelner Forscher beruhen. Das akute Bedürfnis nach wissenschaftlicher Durchleuchtung der Probleme führt dazu, daß gewissen Fächern und Personen praktisch eine Kompetenz zufällt, die fachlich so nicht gerechtfertigt und vor allem fachlich nicht eindeutig kontrolliert werden kann.

Ist einerseits bei verschwommenen Zuständigkeiten die Stellung von Experten eine unsichere Angelegenheit, so können andererseits auch unspezifische Theorien auf Entscheidungen Einfluß nehmen, ohne sich durch formelle Expertisen gesellschaftlich verantworten zu müssen. So haben in der Hochschulpolitik gesellschafts- und geschichtsphilosophische Theorien auf dem Umweg über die öffentliche Meinung größten Einfluß ausgeübt, ohne dafür die Verantwortung des Experten übernehmen zu müssen. Im Gegenteil steht zu vermuten, daß die Auswahl von Beratern oft erst aufgrund dieser unspezifischen Einflüsse erfolgt ist.

Angesichts dieser Lage, die in der Hochschulpolitik offenkundig ist, stellen sich unabweisbar die beiden Fragen, wie sich die Heranziehung wissenschaftlichen Sachverstandes regelt, und welchen unkontrollierten Einfluß unspezifische Theorien auf dem Umweg über die öffentliche Meinung auf die wissenschaftliche Beratung der Politik, oder jedenfalls auf die politische Entscheidung ausüben.

Eben diese beiden Probleme sind bisher zu kurz gekommen. Die lange und, trotz fortbestehender Meinungsverschiedenheiten, ergebnisreiche Diskussion um die wissenschaftliche Beratung der Politik ist von dem isolierten Dialog zwischen Politikern und Experten ausgegangen und hat dabei Wissenschaft vor allem als System von Erkenntnissen eingestellt. So richtig und wichtig diese Momente denn auch sind, kommen gewichtige Probleme bei diesem Ansatz nicht zu Sprache. Die Normen und Techniken für den arbeitsteiligen Dialog zwischen Politikern und Experten helfen nur insoweit, wie die Zuständigkeit und Identität der Experten gesichert ist, und die wissenschaftliche Beratung bleibt kraftlos, wenn Meinungseinflüsse sie unkontrolliert überspielen können. Der Politiker steht eben der Wissenschaft nicht als einem System von fertigen und eindeutigen Erkenntnissen gegenüber, sondern als einem Feld von Personen und Fächern. Sein Einblick in diesen Betrieb muß in der Regel höchst zufällig sein und durch öffentliche Meinung vermittelt werden. Ebenso aber läßt sich die Leistung des Experten nicht abschätzen, ohne das wissenschaftliche Feld einzubeziehen, in dem er sich bewegt. Die Zuverlässigkeit der Expertise kann nicht schon vom einzelnen Experten verbürgt werden. Der Schutz gegen falsche oder unzulängliche Expertise ist natürlich die Kritik durch Fachgenossen, ohne welche die Politiker dem Experten ausgeliefert wären.

So läßt sich die Frage der wissenschaftlichen Beratung der Politik nicht auf das unmittelbare Zusammenspiel von Politikern und Experten beschränken. Die Auswahl der Experten, ihre Kontrolle durch Fachgenossen, die Zuständigkeitsfragen und die Einwirkungen öffentlicher Meinung und unspezifischer Theorien üben bestimmenden Einfluß auf die Leistung der Wissenschaft für die Politik aus. Diese Fragen sollen im folgenden grundsätzlicher entwickelt werden. Das wird später zu wissenschaftssoziologischen Perspektiven führen, deren Ergebnisse auch als nötige Grundorientierungen einer Wissenschaftspolitik gelesen werden wollen.

I. Wer ist Experte?

Gewöhnlich wird vorausgesetzt, daß sich der zuständige Experte von selbst ergebe, und der jeweils hinzugezogene Wissenschaftler auch stets als Experte zu gelten habe. Es finden sich zwar in der Literatur auch deutliche Hinweise auf die Bedeutung und Problematik der Auswahl von Experten, doch wird die Lösung dieser Schwierigkeit letztlich der Umsicht der Politiker anvertraut.

Grundsätzlich sind die Politiker mit dieser Aufgabe überfordert. Das wirft natürlich die Frage auf, welche Mechanismen denn eine angemessene Auswahl der Experten garantieren könnten. Dieser Frage geht die Literatur nicht weiter nach. Doch ist selbst in den Naturwissenschaften, die am ehesten mit geschlossenen und eindeutigen Ergebnissen aufwarten können, die Auswahl der Experten politisch erheblich. Auch hier sind die Qualifikationen innerhalb der Fächer unterschiedlich verteilt, so daß von dem einen ein besseres Urteil zu erwarten ist als von einem anderen. Gewiß sind manche Fragen so objektiviert, daß für eine Variation individueller Meinung kaum Platz bleibt. Man darf dann von einer Routineberatung sprechen, die politisch keine auffälligen Fragen aufwirft. So kann man annehmen, daß bei der Regulierung eines Flußlaufes ein beliebiger Spezialist die voraussichtlichen Folgen für die Landwirtschaft oder die Wasserversorgung eindeutig berechnen kann. Selbst wenn die Entscheidungsträger daraus unterschiedliche Folgerungen ziehen, wird das wissenschaftliche Urteil als rein technisches und eindeutiges Wissen von allen Beteiligten respektiert, die sich auch von vornherein darüber im klaren sind, daß hier der Experte einer bestimmten Disziplin befragt werden muß. In vielen Fällen ist aber sogar im Bereich der Naturwissenschaften kein eindeutiges Urteil zu erhalten. Ob man beispielsweise auf die Karte des Natrium- oder des Wasserdampfbrüters setzen soll, das unterliegt diffizilen Einschätzungen und Annahmen, die auch unter Reaktorspezialisten strittig sein können.

Das damit auftauchende Problem – die Unsicherheit des wissenschaftlichen Urteils – ist sehr grundsätzlicher Natur und erfordert vorab einige Bemerkungen über Wissen und Handeln, deren Bedeutung über die durch das Thema gebotene Kürze hinausgeht.[1] Abgesehen von der Tatsache, daß die moderne Wissenschaftstheorie allen empirischen Aussagen prinzipiell einen Wahrscheinlichkeitscharakter zuspricht, wird die Unsicherheit wissenschaftlicher Urteile herkömmlich als Zeichen für einen unvollendeten Wissensstand gewertet. Dahinter steht die seit der Aufklärung wirksame Erwartung, daß mit dem Fortschritt der Erkenntnis die Sicherheit der Aussagen, und nachfolgend die Macht über die Verhältnisse, immer größer werden muß. Diese Erwartung geht jedoch an dem Verhältnis von Wissen und Praxis vorbei. Die Unsicherheit im wissenschaftlichen Urteil ist nur bedingt das Zeichen der noch imperfekten Wissenschaft, das mit ihrer Vervollkommnung immer seltener auftreten würde. Sie gründet auch nicht ausschließlich in dem statistischen Charakter wissenschaftlicher Aussagen, sondern bezieht sich auf das grundsätzliche Verhältnis zwischen Wissen und Handeln. Wenn der Fortschritt seit der Aufklärung von dem Traum lebt, daß wir eines Tages ein für unser Handeln ausreichendes Wissen besitzen würden, und der stetige Erkenntnisfortschritt uns diesem Ziel immer näher bringen werde, so muß man diese Hoffnung als die moderne Version der früher an Divination, Mana und Magie angehefteten Träume von einem höheren und vollendeten Wissen ansehen, das seinen Besitzer aus der Unsicherheit und Entscheidungsnot herauszuheben in der Lage sein sollte. Denn es wird dabei grundsätzlich verkannt, daß unser Handeln in vielfältiger Weise stets an die Grenzen unseres Wissens drängt.

Gewiß wird auch das abgelagerte, das eindeutige Wissen benötigt und gebraucht. Es geht teils sogar in die Allgemeinbildung und in den allge-

---

1 Zum Problem, wie Wissen und Handeln zu einander stehen, werde ich demnächst eine größere Arbeit vorlegen. Vorläufig ist Grundsätzliches aus meinem Artikel ‚Planung‘ im Staatslexikon (Freiburg 1970) zu entnehmen.

meinen Gebrauch über; und wo es Spezialisten vorbehalten bleibt, wird deren Tätigkeit oft: so institutionalisiert, geht ihre Zuständigkeit so in das allgemeine Bewußtsein und in die Praxis ein, daß dann auch die Nutzung dieses Wissens, d. h. die Heranziehung des Spezialisten sozial selbstverständlich und unproblematisch ist. Aus naheliegenden Gründen ist aber das theoretisch noch nicht so gesicherte und praktisch noch nicht so professionalisierte Wissen das für das Handeln interessantere. Für neue Entwicklungen ist eben neues Wissen entscheidend, während das etablierte Wissen für die Routine zuständig ist. Erfolge gegenüber dem Gewohnten, ein Vorsprung gegenüber Konkurrenten, Rat angesichts neuer Probleme lassen sich nur mit frischem Wissen erzielen, und das ist eben ein in vieler Hinsicht oft noch unsicheres Wissen, sei es nun, daß Erfolgsvorteile zur Nutzung des theoretisch noch nicht allseitig gesicherten Wissens drängen, sei es, daß neues Wissen nicht auch schon technisch erprobt und praktisch gesichert sein kann.

Das etablierte, in die soziale Routine übergegangene Wissen erkennt man an der Professionalisierung. Berufsmäßig ausgebildete, für die Anwendung des Wissens qualifizierte, in der Praxis angesiedelte Fachleute sorgen für die stetige fachmännische Umsetzung. Das noch nicht routinisierte, noch nicht eindeutig in die gesellschaftliche Praxis übergegangene Wissen wird hingegen typisch von Forschern getragen, und hier liegt denn auch die eigentliche Problematik der Beratung der Politik. Mangels einer Routinisierung und Institutionalisierung des praktischen Wissensgebrauches ist hier der Experte nicht ohne weiteres bezeichnet. Ob und wann bei politischen Entscheidungen ein Fachmann beizuziehen ist; welche Fächer oder Disziplinen zuständig sein mögen; und wer in diesem Bereich der bestens qualifizierte Fachmann ist; das unterliegt bei diesem Wissen der Unsicherheit. Sie beruht zuletzt auf der Unsicherheit der Sache (des Wissens selbst oder seiner Nutzung) im wissenschaftlichen Urteil. Wäre die Sache bereits ausgemittelt, so würde das Wissen auch schon routinemäßig benutzt, und damit wäre die Zuständigkeit für Experten im allgemeinen Bewußtsein bezeichnet. Wäre das Wissen bereits jenseits vernünftigen Zweifels bewiesen oder wäre sein praktischer Gebrauch schon geregelt, so könnten Politiker in der Wahl von Experten nicht erheblich irren, und ein geschlossener Protest der übrigen Experten wäre bei Fehlauswahl zu gewärtigen. Die Unsicherheit des Wissens aber wird durch den Fortschritt der Wissenschaft nie ausgeräumt werden können, weil sie nicht vom Ausmaß unseres Wissens, sondern von dem Anspruch der Handelnden an dieses

Wissen abhängt.[2] Weil das gesicherte Wissen unvermeidlich in die gesellschaftliche Praxis eingeht und als Routine zum Alltag wird, stellen sich die Probleme immer an der Grenze des sicheren Wissens. Weil wir unser Wissen ständig bis zur Sicherheitsgrenze ausnützen, läßt sich die Überforderung des Wissens durch dessen Mehrung nie aufheben. Die Unsicherheit des Wissens gehört unlösbar zur menschlichen Handlungssituation.

Wenn solche Probleme sich schon in dem Bereich stellen, in dem der Fachverstand von Naturwissenschaftlern benötigt wird, so kann man sich ausmalen, um wieviel dringlicher und umfangreicher sie dort sein müssen, wo Sozial- oder Geisteswissenschaften ins Spiel kommen. Denn worauf es nun auch beruhen mag, – daß hier nicht die Sicherheitsgrade der Naturwissenschaften erreicht werden; daß in viel erheblicherer Weise Schulmeinungen vorliegen; Auffassungen jedenfalls kontrovers sind; kann wohl nicht bezweifelt werden. Die Empfehlungen z.B. eines Wissenschaftsrates, einer Bildungskommission oder eines Gremiums für politische Bildung können völlig anders ausfallen, je nachdem welche Fächer oder Personen daran beteiligt sind. Nicht umsonst suchen alle Gruppen, ‚ihre‘ Experten in solche Gremien zu schieben, und nicht zufällig wird die Ernennung von Personen als Vorentscheidung über sachliche Ergebnisse ausgelegt.

Drastisch hat Schelsky das in einem Vortrag festgehalten: „Ich muß mir aus Zeitgründen versagen, Ihnen darzustellen, wie heute schon ein Großteil der Politik in den verschiedenen Formen von Gutachterkämpfen vor sich geht.“[3] Dabei stellen nun nicht nur die kontroversen Auffassungen innerhalb der je zuständigen Disziplin den Unsicherheitsfaktor dar, sondern die fachlichen Zuständigkeiten werfen oft kaum lösbare Fragen auf. Ist für

---

2 Ähnlich wie Jacques Ellul hat auch Helmut Schelsky auf der Suche nach Wirklichkeit, Der Mensch in der wissenschaftlichen Zivilisation, Düsseldorf-Köln 1961, einen anderen Standpunkt eingenommen und als Zukunftstrend vorausgesagt, daß die politische Entscheidung zunehmend durch den Sachzwang der Verhältnisse in ihrer Eigenlogik zurückgedrängt werden und endlich verschwinden würde. Ich muß mich in diesem Punkte den zahlreichen Kritikern anschließen, die die Unüberholbarkeit der politischen Entscheidung (technisch: das Fortbestehen von Alternativen) behaupten, und weise darauf hin, daß heute gerade die Multiplizierung der Optionen als Begründung für die Notwendigkeit der Planung gilt. Mir scheint, daß Schelsky in diesem Punkt auch deshalb nicht recht behalten kann, weil er eine zunehmende Einhelligkeit der Gutachter vorhersagt. Dem unterliegt der klassische Fehlschluß, daß mehr Wissen notwendig auch ein für das Handeln sichereres Wissen bedeuten müsse. Aber die Angemessenheit und Sicherheit des Wissens für das Handeln hängt auch von den sich entwickelnden Problemen und Ansprüchen ab, und deshalb wird es kein angemessenes und sicheres Wissen, und somit auch keine Homogeneität der Gutachtermeinungen geben.

3 H. Schelsky, a.a.O. S. 28.

naturwissenschaftlich-technische Probleme die Zuständigkeit meist einfach zu klären, so lassen sich die menschlichen, politischen und gesellschaftlichen Aufgaben kaum je fachlich befriedigend verorten. Mag ein Soziologe etwa auf seinem Gebiet für Fragen der Familie, oder der Jugend, Schule, Freizeit zuständig sein, so sind es Psychologen, Mediziner, Wirtschaftswissenschaftler, Historiker, Philologen, Zeitgeschichtler und Politologen vielleicht auch. Außerhalb der naturwissenschaftlichen Bereiche ist die Wirklichkeit eben komplex, so daß bereits Zuständigkeitsfragen kontrovers sind.

Der politische Entscheidungsspielraum gegenüber der Wissenschaft summiert sich demnach aus der Auswahl von kontroversen Expertenmeinungen in einem zuständigen Fach und der Auswahl der zuständigen Fächer. Trotz der wachsenden Neigung, für solche Aufgaben Teams von Experten aus verschiedenen Fächern heranzuziehen, bleibt es eine Tatsache, daß sich mit geistig-politischen Zeitströmungen verschiedene Fächer im öffentlichen Bewußtsein als die eigentlich zuständigen etablieren und auf diesem Wege auch die Auswahl der Experten, und somit auch die politisch zum Zuge kommenden Gesichtspunkte präjudizieren. So werden häufig neue Probleme Experten zugeschoben, deren nur partielle Zuständigkeit sich erst mit den unerwarteten Folgen herausstellt.

Hier also stellen sich mit der Verwissenschaftlichung der Politik lebenswichtige Probleme, die sich nicht schon durch den Wissensfortschritt erledigen. Im Gegenteil ist damit zu rechnen, daß die Gefahr von Fehlsteuerungen durch Wissenschaft und der Denaturierung der Wissenschaft in der politischen Verwendung noch wachsen wird. Denn mit fortschreitender Benutzung der Wissenschaft und zunehmender Vergrößerung des Wissens werden Fragen der Zuständigkeit und der Qualifikation von Experten und Disziplinen unübersichtlicher werden. Und das dürfte umso mehr zutreffen, als zunehmend die Human-, Sozial- und Geisteswissenschaften zur Abstützung der Politik herangezogen werden müssen.

Offenbar ist es sinnlos, den Politiker die Auswahl allein verantworten zu lassen. Denn er sieht sich ja einer Reihe widersprüchlicher Auffassungen gegenüber. Es wäre ganz unbillig, von ihm zu erwarten, worüber sich Wissenschaftler selbst nicht einigen können. Der häufige Ausweg, möglichst viele Wissenschaftler verschiedener Auffassung einzuladen, ist auch nicht generell empfehlenswert, denn er führt zu oft dazu, daß alle Gutachten unberücksichtigt bleiben, oder eine sachlich unverantwortbare Mixtur entsteht. Auf Wissenschaft zu verzichten, geht aber auch nicht an.

Wo also liegt die Lösung des Problems? Man kann der Sache wohl nur näher kommen, wenn man über die isolierte Beziehung zwischen dem Entscheidungsträger und dem (oder den) Experten, die herangezogen werden, hinausgeht, und sie im größeren Feld, nämlich wissenschaftssoziologisch betrachtet. Man darf nicht so sehr von der Wissenschaft als einem System von Ergebnissen ausgehen, als man vielmehr die Wissenschaft realistisch als einen bestimmten Betrieb unter Menschen sehen muß. Man kommt dem Problem also erst bei, wenn man den Experten nicht als den isolierten und prinzipiell durch jeden Fachgenossen ersetzbaren Wissenschaftler ansieht. Vielmehr gilt es, den Experten als Glied einer Gruppe von Fachgenossen, und die Wissenschaft als ein durch diese Gruppe repräsentiertes Problemfeld, einzustellen. Man hat dann ein Modell, das die tatsächliche Differenzierung der Qualifikationen und Auffassungen in einer Wissenschaft berücksichtigt und deshalb sogleich zu der Frage führt, unter welchen Bedingungen denn die Chancen optimal dafür sind, daß die fachlichen Zuständigkeiten und die sachlich besseren Auffassungen zum Zuge kommen.

II. Die Öffentlichkeitsstruktur der Wissenschaft

Ein weniger faßliches und wegen seiner Verzweigungen auch breiter zu behandelndes Problem, das in der Diskussion abgedrängt wurde, betrifft die Wirkung, welche die Wissenschaft auf die Politik auf dem Umweg über die öffentliche Meinung ausübt. Hierzu finden sich in der Literatur verschiedene Hinweise und Überlegungen. Unmißverständlich etwa schreibt A. Morkel: „Die Öffentlichkeit ist der eigentliche Adressat, der eigentliche Partner der wissenschaftlichen Beratung."[4] Gemeint ist, daß die Information des Experten nicht nur Politikern, sondern auch der Öffentlichkeit zugänglich sein müsse, wenn die politische Entscheidung demokratisch fundiert sein soll.

Die Wissenschaft erzielt politische Wirkungen aber keineswegs bloß dadurch, daß sie Öffentlichkeit und Politiker bei anstehenden Fragen berät. Sie kann beispielsweise Fragen, die im politischen Bewußtsein noch nicht kristallisiert sind, ihrerseits anhängig machen. Aber sie wirkt politisch auch dann, wenn sie sich gar nicht zu unmittelbar politisierbaren,d. h. in direkte politische Entscheidung umsetzbaren Fragen äußert. Heute strömen aus der Wissenschaft stetig Lehren und Begriffe in die Öffentlichkeit ein, die keinen spezifischen Bezug zu Entscheidungsfragen haben und doch politisch relevante Vorstellungen und Erwartungen aufbauen. Man muß sich sogar fragen, ob diese allgemeine politische Wirkung der Wissen-

---

4 A. Morkel, Politik und Wissenschaft, 1967, S. 108.

schaft nicht im ganzen mehr ins Gewicht fällt als ihre besonderen Expertisen. Im Falle der Hochschulpolitik liegt das wohl auf der Hand; denn hier haben gesellschaftsphilosophische Theorien, von Professoren angeboten, von Studenten aufgenommen, von den Massenkommunikationsmitteln verbreitet, die öffentliche Meinung erobert und so innerhalb kurzer Zeit die politischen Entscheidungen durch eine Vorstrukturierung des Meinungsfeldes beeinflußt, der sich die Entscheidungsträger nachgerade auch innerlich kaum noch entziehen können. Und wie hier so in vielen anderen Fällen. Politische Probleme kristallisieren sich großenteils ja erst in der öffentlichen Meinung, die weitgehend darüber entscheidet, was die Probleme sind. Die Entscheidung kann bereits dadurch präjudiziert sein, daß durch das unspezifische Einströmen von Wissenschaft in die Öffentlichkeit Auffassungs- und Erwartungsfelder geschaffen worden sind. Nachträglich finden unter Umständen zugezogene Experten, daß Vorentscheidungen schon gefallen, Fragen verstellt, Antworten nicht mehr akzeptabel sind. Wer also auf die Verwissenschaftlichung der Politik verweist, muß auch vermerken, daß sie mit einer wachsenden Beeinflussung der öffentlichen Meinung durch die unspezifische Umsetzung von Wissenschaft Hand in Hand geht, und wer die wissenschaftliche Beratung der Politik verbessern will, muß diese Beeinflussung einbeziehen. Die Optimierung der wissenschaftlichen Beratung erfordert somit auch eine Optimierung der Beziehungen zwischen Wissenschaft und Öffentlichkeit, die Überlegungen über die Öffentlichkeitsstruktur der Wissenschaft notwendig macht.

Nun hat die Frage nach dem Verhältnis von Wissenschaft und Öffentlichkeit insoweit eine Tradition, als seit der Aufklärung hierfür eine Richtschnur vorliegt. Es gilt als ausgemacht, daß Wissenschaft Licht verbreitet und mehr Wissenschaft mehr Licht. Die Vermehrung des Wissens soll die nötigen Instrumente liefern, mittels derer der Mensch zum Herrn seines Schicksals werden könnte; die Verbreitung des Wissens soll ihn zum rechten politischen Gebrauch dieses Wissens führen. Irgendwelche Erwägungen darüber, daß Wissen unter Umständen der rechten Entscheidung nicht förderlich sein können, finden sich im Strom der Tradition allenfalls bei Außenseitern. Auch die Debatte über die wissenschaftliche Beratung der Politik, soweit sie auf die Öffentlichkeit zu sprechen kommt, steht im Banne dieses Konzepts: die Expertise für den Politiker soll durch Unterrichtung der Öffentlichkeit unterstützt, überhaupt die Verbreitung der Wissenschaft mit allen Mitteln gefördert werden. Insoweit die gemeinverständliche Umsetzung von Erkenntnis Probleme aufwirft, verstärken diese nur die Auffassung, daß durch die Verbreitung wissenschaftlicher Bildung der Sachlichkeit der öffentlichen Meinung aufgeholfen werden könne.

Welchen letzten Wert es nun haben mag, das Wissen ständig zu vermehren und zu verbreiten, darf hier außer Anschlag bleiben. Aber mit dem aufklärerischen Schwur ist es noch nicht getan, weil die Verbreitung des Wissens ihre eigenen Gefahren produziert. Auch hier sind die Naturwissenschaften allerdings in einer besonderen Lage; denn ihre Erkenntnisse tragen die Regeln ihrer Anwendung sozusagen mit sich. An naturwissenschaftliche Befunde lassen sich nur begrenzt Folgerungen anschließen. Sie führen kaum zu dominanten Meinungsstrukturen von politischer Relevanz und begründen keine Theorien oder Ideologien von politischer und sozialer Bedeutung.[5] Anders jedoch liegen die Dinge bei den übrigen Fächern. Da diese sich mehr oder weniger als Problemfelder präsentieren und faktisch in der Form von Schulen oder Meinungen und Moden existieren, taucht hier sogleich die Gefahr auf, daß Schulmeinungen und Modeströmungen einseitig vermittelt und einseitige Zuständigkeiten modischer Fächer aufgebaut werden, so daß nicht Aufklärung sondern Voreingenommenheit der öffentlichen Meinung resultieren müßte.

Vor allem aber gründet diese Gefahr in der Eigenart dieser Fächer, deren Erkenntnisse keine Regeln für die Begrenzung ihrer Anwendung in sich tragen. Eine geistes- oder sozialwissenschaftliche Aussage läßt sich fast unbegrenzt in weitere, und noch dazu sehr unterschiedliche Geltungszusammenhänge einordnen, ja sinnt solche Nutzung geradezu an. Ihrem Gegenstand nach auf menschlich-gesellschaftliche Verhältnisse bezogen und ihrem Charakter nach ein kaum beschränkbares Bedeutungsfeld, drängt sie über sich selbst hinaus. Während unter Fachgenossen die einzelne Aussage in ihrem Bedeutungswert, also in ihrem Stellenwert für die Auslegung der Welt, eingegrenzt wird durch die übersieht über zugehörige Tatbestände und den Zwang zu theoretischer Kombination, fallen solche Eingrenzungen in der Vermittlung von Wissenschaft weitgehend fort. Richtige Einzelbefunde können sich so zu Verallgemeinerungen verselbständigen; theoretische Sätze verlieren ihre konkreten Bedingungszusammenhänge; perspektivische Hypothesen werden zu umfassenden Erklärungsprinzipien. So werden Erkenntnisse der Geistes- und Sozialwissenschaften leicht zu Bausteinen für umfassende Welt- und Lebensansichten, wenn sie in die öffentliche Meinung eingehen.

---

5 Überaus instruktiv sind hier die Ausführungen von Herbert Butterfield im 9. und 10. Kapitel seines Buches: The Origins of Modern Science, New York 1958, wo er zeigt, daß es keineswegs die Naturwissenschaftler selbst, sondern Intellektuelle und insbesondere Philosophen gewesen sind, die aus den naturwissenschaftlichen Erkenntnissen die Weltanschauung des menschlich-gesellschaftlichen Fortschritts gemacht haben.

Natürlich hat es diesen unspezifischen politischen Einfluß auch früher schon gegeben. Nur hat sich die politische Relevanz dieser Wissenschaften aufgrund bestimmter Entwicklungen verstärkt, die hier kurz notiert werden müssen:

1. Einmal hat sich die Öffentlichkeitsstruktur der Wissenschaft gewandelt, was sich vorzüglich in einer Ausweitung des Publikums und der Zwischenschaltung von Vermittlungsinstanzen ausdrückt. Der Wissenschaft war früher als Öffentlichkeit ein kleines, interessiertes und gebildetes Publikum zugeordnet, das zwar nicht in seinen Einzelnen, wohl aber als Gruppe relativ urteilsfähig war. Man konnte das Gebiet der Wissenschaften in etwa überschauen und pflegte sich über die Wissenschaft in den originalen Veröffentlichungen zu informieren, so daß Einsicht in die jeweils gegebenen Problemfelder bestand. Träger der Wissenschaft im Bewußtsein dieses Publikums war demgemäß ein sozial eindeutig designierter und überschaubarer Kreis von Personen und Veröffentlichungen.

Demgegenüber lebt die Wissenschaft in der Öffentlichkeit heute von der Vermittlung. Die Esoterik der modernen Wissenschaftssprache, das Tempo der Erkenntnis, die Zersplitterung in immer mehr Gebiete, die schiere Quantität des Angebots machen eine solche Vermittlung nötig. Parallel dazu haben aber Veränderungen in der Öffentlichkeitsstruktur für eine Ausdehnung des Publikums gesorgt. Die aus herkömmlichen Lebensweisen heraus –, und damit an öffentliche Meinung wie Bildung herangeführten neuen Bevölkerungsteile benötigen auch aus Motiven politischer, sozialer, beruflicher und geistiger Orientierung eine gewisse Verbindung mit Wissenschaft, die sich in der Multiplizierung von Vermittlungsinstitutionen ausdrückt: in den neben die Schulen tretenden Bildungseinrichtungen, Foren und Veranstaltungen, die von verschiedenen Gruppen getragen werden, und natürlich in den Massenkommunikationsmitteln. So dringen durch Diskussionsveranstaltungen, Tagungen, Lehrgänge, Rundfunk, Verlage, Illustrierte und Fernsehen ständig Teile, Brocken und Abfälle von Wissenschaft bis in die hintersten Dörfer und entlegensten Gruppen. Auf allen möglichen Stufen und Wegen geht diese Diffusion von Wissenschaft vor sich. überall schieben sich Vermittler, Instanzen und Medien zwischen Wissenschaft und Öffentlichkeit, dehnen das Öffentlichkeitsfeld der Wissenschaft aus.

Schon Theodor Geiger hat seinerzeit, sprachlich und sachlich nicht eben ganz glücklich, zwischen einer schöpferischen und einer vermittelnden Intelligenz unterschieden. Neu jedoch ist die mit den Massenmedien und Entscheidungsstrukturen eingetretene ungeheure Ausdehnung der letzteren, welche erhebliche Veränderungen mit sich bringt.

Die Vermittlung von Wissenschaft erfolgte früher vor allem in dafür vorgesehenen und entsprechend kontrollierten Bildungsinstitutionen, deren Angehörige für diesen Zweck ausgebildet waren, und sie lag auch sonst überwiegend bei Personen, die sich selbst als Außenposten der Wissenschaft verstanden und verstehen durften. Demgegenüber erfolgt die Diffusion von Wissenschaft heute in erheblichem Umfang in unspezifischer und entgrenzter Form. Sie ist deshalb viel weniger an das Aussagengefüge und die Normen der Wissenschaft gebunden. Sicher ist dieses Vermittlungsfeld in sich enorm gegliedert. Es darf jedoch nicht auf den großen und verantwortlichen Journalismus und die fachzuständige wissenschaftliche Berichterstattung beschränkt werden. Das Abgrenzungskriterium muß vielmehr sein, ob die Empfänger des Glaubens sind, daß ihnen Wissenschaft vermittelt wird, und ob ihnen (direkt oder indirekt) in der Vermittlung irgendwelche Inhalte als Wissenschaft dargestellt werden. So reicht das effektive Vermittlungsfeld bis zum Gelegenheitsmitarbeiter im Feuilleton, zum Testlieferanten für Illustrierte, zum Jungautor in quasi-wissenschaftlichen Reihen und zum Herausgeber und Politapostel in Schülerzeitschriften. Und als mittlere Resultante ergibt sich doch wohl, daß dieses Feld einerseits immer stärker mit Wissenschaft durchsetzt wird, sich andererseits aber von ihr entfernt. Schon die Vorbildung der in den Massenkommunikationsmitteln Tätigen ist außerhalb der Naturwissenschaften überwiegend unspezifisch gegenüber ihrer Aufgabe. Man versteht sich denn auch nicht als Fachverstand oder Außenposten der Wissenschaften sondern als Intellektuelle, die im Rahmen der Meinungsbildung für die Umsetzung von Wissenschaft unter Gesichtspunkten der politischen Relevanz zuständig sind, und die damit übernommene Mission tendiert zur Stilisierung des Merkmals, das Schumpeter der Intelligenz im ganzen hatte zuteilen wollen: gesellschaftlicher und politischer Störfaktor zu sein. Je stärker die Verantwortung und je höher das Können, welche die Verwissenschaftlichung an der einen Seite des Vermittlungsfeldes fordert, umso mehr driften auf der anderen Seite Wissenschaft und Vermittlung auseinander. Mit der größeren Arbeitsteiligkeit zwischen Wissenschaft und Vermittlung verselbständigt sich letztere im ganzen in einer eigenen Ideologie, die stärker zum Publikum und zur politischen Wirkung als an der Wissenschaft und ihren Normen orientiert ist. Aus der Verpflichtung, das Relevante auszuwählen und zu verbreiten, wird in erheblichen Teilen des Feldes die Dauergefahr kumulativer Einseitigkeit und Verzerrung, bei der die Paraphernalia der Wissenschaft um so schmucker getragen werden müssen. So geraten im Vermittlungsfeld die Normen der Wissenschaft und der Vermittlung in einen latenten Gegensatz.

Mit der Proliferation der Vermittlung facettiert und verschiebt sich nun für weite Teile des Publikums das Bild der Wissenschaft. Der Forscher muß hinter den Lehrer, und dieser hinter den Fernsehprofessor zurücktreten. Das anschwellende Feld von Autoren und Beiträgen wird eingeebnet, so daß originale Leistung und Aufbereitung, Sache und Staffage, Erkenntnis und Fertigkeit kaum zu unterscheiden sind. Und in diesem Feld, das durch unsichere Kriterien für die Wissenschaftlichkeit von Aussagen wie gleichzeitig durch den Zwang, sich auf Wissenschaft zu berufen und in ihren Formen darzustellen, gekennzeichnet ist, sind nun die Möglichkeiten enorm, an diese oder jene Gruppe Quasiwissenschaft heranzutragen und sich für sie zum Zensor oder auch zum Statthalter der Wissenschaft zu machen.

2. Hand in Hand mit diesem Wandel der Öffentlichkeitsstruktur gehen Veränderungen in der politischen Entscheidungsstruktur. Die Teilhabe an politischen Entscheidungen ist nicht nur im Sinne einer Egalisierung des Wahlrechts, sondern auch der tatsächlichen Befassung mit politischen Fragen ausgedehnt worden. Dieser Prozeß darf nicht nur ideologisch als die Einlösung demokratischer Normen gesehen werden. Vielmehr schlägt sich in ihm die Intensivierung der auf Entscheidungen gegründeten gesellschaftlichen Organisation nieder. In der modernen Gesellschaft gehen die Tatsachen der natürlichen und sozialen Umwelt überwiegend auf Einrichtung und Regelung zurück. Da die Verhältnisse auf Entscheidungen beruhen, können sie auch durch solche geändert werden. Der Bereich, der durch Willen und nach Vorstellung verändert werden kann, hat sich mit der technischen und bürokratischen Organisation ständig erweitert, und diese Organisation macht Entscheidungen möglich und nötig. Damit sind die Gegebenheiten in einem früher unbekannten Umfang zur politischen Disposition gestellt, mit der Folge, daß sich an diese Gegebenheiten fortlaufend Interessen und Ansprüche anheften. Die Ausweitung und Intensivierung der Demokratie beruht also auf dem verstärkten Bedürfnis, orientiert zu sein und teilzuhaben, und dieses wiederum ist Ausdruck der Disponibilität der Verhältnisse in einer hochgradig organisierten Gesellschaftsordnung.

3. Für diesen Strom von gegebenheitsverändernden Entscheidungen, die stetig in verschiedensten Daseinsgebieten, verschiedensten Stellen und auf verschiedensten Ebenen fallen, muß nun verstärkt Wissenschaft herangezogen werden. Das geschieht nicht nur in Form der routinemäßigen Eingliederung von Fachverstand in die Entscheidungsstellen und zusätzlicher Expertisen durch den freien Fachverstand von Forschern und Spezialisten. Es findet überhaupt eine Verwissenschaftlichung des Dialogs statt. Die Ausweitung und Verwissenschaftlichung der Bildungsgänge und die Ver-

vielfältigung der Formen und Instanzen für die Vermittlung von Wissenschaft tragen Ausschnitte aus der Wissenschaft in immer weitere Kreise. In einer dritten Aufklärung reichert sich die öffentliche Diskussion mit wissenschaftlichen Argumenten an, welche Tradition und Erfahrung als verhaltensleitende Momente verdrängen.

Wissenschaft stellt aber nicht nur spezifische Argumente, sie wird zum Horizont und Bezug von Aussagen. Die Verwissenschaftlichung der öffentlichen Diskussion ist tiefer eine Verwissenschaftlichung des Bewußtseins, die sich auch nicht auf die gesellschaftlichen und politischen Gegenstände beschränkt, sondern das Selbstverständnis erfaßt und den ganzen Apparat von Kategorien, in denen Welt und Selbst aufgenommen werden können, einbezieht, so daß konsequent auch außerwissenschaftliche Tätigkeiten (wie Kunst, Literatur usw.) zu Medien wissenschaftlicher Aussagen werden. Der Mensch versteht sich selbst von wissenschaftlichen Theorien her, und Erfahrungen, die sich nicht in solchen darstellen lassen, verschwinden aus dem Bewußtsein, aus den gesellschaftlichen Tätigkeiten, aus der öffentlichen Diskussion. Selbstverständnis und Kommunikation bewegen sich im Feld und im Stil wissenschaftlicher Auseinandersetzungen, und sie bedienen sich des Bezugs auf Wissenschaft und einer verwissenschaftlichten Sprache.

Diese Verwissenschaftlichung steht in einer Gesellschaft disponibler und mittels Wissenschaft organisierbarer Gegebenheiten naturgemäß unter dem Gesetz sozialer Relevanz. So stark sie in der Sprache ihrer Methoden und Begriffe von der Welt der Naturwissenschaften und Technik beeinflußt sein mag, so hat sie ihre inhaltliche Substanz an sozialwissenschaftlichen Themen. Die Abhängigkeit des Menschen von politischen Entscheidungen und Regelungen, die Möglichkeit umfassender Dispositionen über die Gegebenheiten, und die Zuständigkeit der Sozialwissenschaften für diese Entscheidungen geben letzteren einen zentralen Platz. Die Zurückdrängung der klassischen Geisteswissenschaften hängt genau damit zusammen, daß sie äußere Gegebenheiten als Tatsachen akzeptierten und die menschliche Auseinandersetzung mit ihnen überwiegend als Möglichkeit innerer Daseinsbewältigung behandelten. Demgegenüber beherrschen nun die Sozialwissenschaften das Bewußtsein nicht so sehr deshalb, weil sie die äußeren Daseinszusammenhänge erfassen, sondern vor allem deshalb, weil sie diese dadurch disponibel machen, oder jedenfalls zu machen scheinen. An der durch die Sozialwissenschaften ermittelten Wirklichkeit interessieren gerade die Möglichkeiten, die sich an sie anklammern lassen. Und in diesem Sinne können sich auch Humanwissenschaften (wie Psychologie, Anthropologie, Pädagogik u. a.) ihre Attraktion bewahren, weil sie erhoffte Bausteine für eine auf den Menschen zugeschnittene Gesellschaft sind. Die Verwissenschaftlichung des Bewußtseins orientiert sich also an den Sozialwissenschaften und speist sich aus Bedürfnissen ihrer Nutzung für die Einrichtung der Gesellschaft.

Diese Verwissenschaftlichung stellt die vielleicht folgenschwerste und tiefgreifendste Veränderung dar, mit der sich der Mensch jedenfalls von allen bisherigen Daseinsformen und seiner Geschichte trennt. Ob die Verwissenschaftlichung des Bewußtseins sich anthropologisch als tragfähig erweist, darf man bezweifeln. Mit großer Heilsicht hat Schelsky schon früher die Frage aufgeworfen, inwieweit die Problematisierung des Daseins in der ‚Dauerreflektion' möglich ist, und Gehlen hat in knapper Zusammenfassung den seelischen Kontext des Vorgangs beschrieben: „Die Überschwemmung mit fremdgesetzten Reizen und die Affektüberlastung werden durch eine Innenverarbeitung und ‚Psychisierung' bewältigt, die außenprovoziert ist, ohne es zu wissen. Die Affekte können ja auch gar nicht mehr an der Außenwelt festgemacht werden, weil diese viel zu versachlicht und symbolentleert ist, dazugerechnet den fehlenden Widerstand der rohen Natur, die Stillegung der körperlichen Anstrengung: was sollte anderes folgen als der ‚Erlebnisstrom', der in chronischer Wachheit und Reflexion bewältigt wird?...Überall schießen die ‚Ideen' hervor, mit denen sich nichts anderes anfangen läßt, als sie zu diskutieren, die Diskussion ist die zugeordnete, angemessene Form der Außenverarbeitung. Diese Intellektualisierung und Subjektivierung einer vom Handeln abgefilterten Kultur ist das welthistorisch Neue, das ist die Luft, in der wir atmen, wer das nicht sieht, muß es nicht sehen wollen."[6] Jedenfalls hat noch niemand gezeigt, daß ein auf wissenschaftliche Erkenntnisse gegründetes Selbstverständnis einen tauglichen Apparat für die unaufhebbaren Aufgaben der inneren Lebensführung und Daseinsbewältigung abgibt.

So weitgehende Fragen jedoch beiseite gesetzt, handelt es sich hier darum, die politischen Konsequenzen der Verwissenschaftlichung der öffentlichen Diskussion abzuschätzen. Und da ergibt sich, daß sich der Vorgang nicht in den Kategorien wissenschaftlicher Beratung, Expertise und Aufklärung einfangen läßt. Die Annahme, daß mehr Wissenschaft ohne weiteres mehr Licht verbreitet, greift zu kurz. Gewiß gelangen mit der Verwissenschaftlichung Erkenntnisse in Umlauf, die zu angemessenerer Urteilsbildung beitragen. Aber der Gesamteffekt läßt sich auf diese Weise nicht abschätzen.

Dies einzugestehen scheint überall dort über die inneren Kräfte zu gehen, wo man noch bruchlos mit Aufklärung und Liberalismus von der Ge-

---

6 A. Gehlen, Die Seele im technischen Zeitalter, Hamburg 1957, S. 58.

sellschaft träumt, in der die Verbreitung der Wissenschaft es allen ermöglicht, durch Überlegung zur Artikulation ihrer Interessen zu gelangen, ohne daß Tradition oder Druck sie daran hindern. Aus der Bildung sollte der frei sich bestimmende Mensch hervorgehen, der in Diskussion mit seinesgleichen seine wahren Ziele bestimmt, so daß die Gegebenheiten ihnen angepaßt werden können. Doch die Verwissenschaftlichung der Diskussion produziert ihre eigenen Ketten und Fährnisse. Fraglos ist das Wissensniveau stetig gestiegen. Doch ob eine Öffentlichkeit informiert ist, beweist sich eben nicht schon am Wissensniveau, sondern hängt von dessen Angemessenheit an die gegebenen Probleme ab, und diese sind eben auch mit der Komplexität der modernen Gesellschaft vielfältiger und schwieriger geworden. In der Tat läßt sich schon aus prinzipiellen Erwägungen nicht erwarten, daß das Wissens- und Informationsgefälle je aufgehoben werden könnten; die Kluft zwischen dem unvermeidlich elitären Wissen der Experten, welches das Problemniveau des gesellschaftlichen Handelns markiert, und dem verbreiteten Wissen ist unaufhebbar, und man muß sich eher fragen, ob diese Kluft sich bei der Spezialisierung der Wissenschaft nicht vertieft und verbreitert. Und wenn früher oder zeitweilig Zwang und Tradition Menschen unfähig zur Selbstbestimmung machten, so produziert die Verwissenschaftlichung eigene Entsprechungen: die quasi-wissenschaftliche Rhetorik, die sich überall durchsetzt, gliedert ganze Erfahrungsbereiche aus dem Selbstverständnis und der Mitteilung aus und verdrängt weite Bevölkerungsteile von der Mitsprache, macht sie mundtot, relegiert sie zu Neubürgern zweiter Klasse, weil sie ihnen nicht mehr erlaubt, sich zu artikulieren.

Die Verwissenschaftlichung des Bewußtseins und der öffentlichen Meinung sind also in vieler Hinsicht recht zweifelhafte Errungenschaften, und der immer unübersichtlichere Vermittlungsprozeß verbessert nicht nur den Informationsstand und die Urteilsfähigkeit, sondern er schafft auch Scheinkompetenzen, Beeinflussungsmöglichkeiten und Scheinwissen, die mit der Medienexplosion, der Bildungsausweitung und dem Diskussionszwang zunehmen. Schließlich verbindet sich aber mit der Verwissenschaftlichung auch noch ein Zug zum Programmatischen und Ideologischen. Die im Zuge der Verwissenschaftlichung verbreiteten Kenntnisse drängen über sich selbst hinaus und fordern ideologische Ergänzungen und Überhöhungen, so daß sich in diesem Trend die Verwissenschaftlichung gewissermaßen selbst aufhebt.

Die Gründe hierfür sind sicher vielfältig. Hier aufzuzeigen ist aber die Verschränkung von Verwissenschaftlichung und Ideologisierung, die mit der Disponibilität der gesellschaftlichen Zustände zusammenhängt. Die großen Umgestaltungen der Gesellschaft finden heute durch Planung und

Programm statt. Dadurch löst sich die Entscheidung von Tradition und Gewohnheit. Sie nimmt Primärerfahrung nur insoweit zur Kenntnis, wie diese auf dem zeitraubenden Umweg wissenschaftlicher Verarbeitung abgefiltert an die Entscheidungsstellen zurückströmt. Die gegebenen Alternativen sind erst einmal Pläne. Wie die geplante Wirklichkeit sich auf die Gesellschaft auswirken, wie sie von ihren Bürgern erlebt werden wird, das läßt sich anhand der gespeicherten Primärerfahrung nicht beantworten. Pläne müssen deshalb durch imaginative Vorwegnahme ihrer Folgen und Wirkungen beurteilt werden. Für diese Aufgabe wird Wissenschaft bemüht, welche gewissermaßen eine Pro-Konstruktion der geplanten Wirklichkeit liefern soll, indem sie die wahrscheinlichen Folgen und Auswirkungen des Plans von verschiedenen Disziplinen abschätzen läßt.

Diese wissenschaftliche Prokonstruktion der geplanten Wirklichkeit verlangt jedoch vom Bürger, daß er den Lebenswert von Verhältnissen abschätzt, ohne dafür auf Primärerfahrung zurückgreifen zu können. Je weiter die geplante Wirklichkeit sich von seiner Erfahrungswelt entfernt, je mehr er auf wissenschaftliche Prokonstruktion angewiesen ist, desto mehr muß solche Beurteilung sich nach anderen Kriterien umsehen. Da sich die Folgen nur fragmentarisch prokonstruieren lassen, da die Prokonstruktion sich gegen eine Bewertung mittels Primärerfahrung als spröde erweist, nehmen die erklärten Ziele (und nicht die Folgen) zunehmend die Rolle von Kriterien ein. Die Beurteilung des konkreten Planes wird verdrängt durch die Beurteilung der über diesen Einzelplan hinausgehenden Programmziele, zu denen der Plan sich bekennt. Die Kriterien werden damit auf höhere und allgemeinere Ebenen verlagert. Pläne stehen nicht für sich selbst, sie werden zu Erfüllungen allgemeinerer Programme. Dieser Trend ist auch insofern unvermeidlich, als bei einer Vielheit von Entscheidungen und Plänen der Mensch unmöglich jeden einzelnen Plan strikt nach seinen spezifischen Vor- und Nachteilen beurteilen kann. Nicht nur wäre der Zeitaufwand prohibitiv. Es ließe sich auf diese Weise auch kaum Konsistenz in die Entscheidungen hineinbringen; jede Entscheidung müßte ad hoc gefällt werden. Der Mensch benötigt also umfassendere Kriterien, die unvermeidlich ins Normative und Ideologische drängen.[7] Pläne gewinnen damit einen ideologischen Mehrwert. Schlagend kommt das darin zum Ausdruck, daß nach immer neuen Plänen verlangt wird, daß die Aufmerksamkeit sich häufig bereits mehr auf die Vorlage als auf die Verwirklichung

---

7 Hier verdient es Beachtung, daß unter Planungstheoretikern heute die sogenannte ‚normative' Planung Vorrang erhält. Vgl. dazu auch den hier in Anm. 1 erwähnten Artikel.

von Plänen richtet, daß das Bekenntnis zu einem Plan die Diskussion seiner konkreten Folgen verdrängt, daß kurzum Pläne Bedürfnisse absättigen
können, auch wenn sie nicht durchgeführt werden.

Dieser Zug zu programmatischen, normativen und zuletzt ideologischen Kriterien der Meinungs- und Willensbildung beeinträchtigt natürlich die Wissenschaft in ihrer Rolle als Beraterin der Politik. Der gewünschten Versachlichung der Entscheidung, die durch Wissenschaft befördert werden soll, tritt eine ideologische Programmatik der Entscheidung gegenüber, die ihrerseits der Verwissenschaftlichung entstammt.
Wiederum liefert die Hochschulpolitik treffliche Beispiele. Denn zweifellos haben programmatische und ideologische Schlüsselwörter wie ‚Mündigkeit‘, ‚Demokratisierung‘, ‚Selbstverwirklichung‘ u. ä. die getroffenen
Entscheidungen weit stärker beeinflußt als irgendwelche Sachüberlegun-
gen. Diese Schlüsselwörter aber verdanken ihre Stellung als normative Ent-
scheidungskriterien unspezifischen Theorien, mit denen Wissenschaft in
die Öffentlichkeit hinein gewirkt hat. Die Verwissenschaftlichung eröffnet
der Wissenschaft gleichzeitig neue Möglichkeiten, die Politik zu beraten,
aber auch, programmatische und ideologische Meinungsfelder aufzubau-
en, die häufig stärker sind als die sachlichen Informationen.

III. Grundsätze der Wissenschaftssoziologie

Die vorstehend entwickelten Probleme darf man als die kritischen Naht-
stellen in dem Feld ansehen, das durch Politik, Wissenschaft und Öffentlichkeit konstituiert wird. Sie werden mit der weiteren Verwissenschaftlichung von Politik und Öffentlichkeit wachsen und deshalb nach praktischen Lösungen rufen. Grundsätze hierfür ergeben sich aber anhand der
Frage nach der wissenschaftlichen Beratung der Politik so lange nicht, wie
diese von der Wissenschaft als einem eindeutig gegebenen System von Erkenntnissen ausgeht. Man muß sich deshalb der Perspektiven bedienen,
die in der von R. K. Merton initiierten, und inzwischen durch empirische
wie theoretische Arbeiten etablierten Soziologie der Wissenschaft zum Zuge kommen, die an ältere deutsche Ansätze anschließt aber zum allgemeinen Schaden in Deutschland noch nicht rezipiert worden ist. In dieser Betrachtung wird die Wissenschaft als ein empirisches Faktum genommen,
das sich als ein von Forschern getragener, nach näheren Zuständigkeiten,
Qualifikationen und Meinungen differenzierter Betrieb mit bestimmten
sozialen Beziehungen und Normen erweist, wobei abgezielt wird auf die
Bedingtheit der Leistungen dieses Betriebs durch innerwissenschaftliche

und außerwissenschaftliche Umstände und weiters auf die Leistungen dieses Betriebs für die Gesellschaft.

Für den Zweck dieser Untersuchung lassen sich die relevanten Gesichtspunkte um die Frage gruppieren, wie es kommt, daß gewisse Aussagen als wissenschaftlich richtig gelten. Die uns geläufige und selbstverständliche Antwort bezieht sich mit den Gründen und Beweisen auf den Gegenstand der Aussage und fingiert damit, daß die Geltung der Aussage aus der freien Zustimmung von jedermann hervorgeht, indem die Aussage an ihrem Gegenstand auf ihre Richtigkeit hin überprüft wird. Sie fingiert also allgemeine Urteilsfähigkeit und Sacheinsicht, und macht die Geltung der Aussage an der sachlichen Überzeugungskraft fest. In Wirklichkeit jedoch ist die Geltung einer wissenschaftlichen Aussage ein komplizierter sozialer Tatbestand, der institutionelle und normative Voraussetzungen fordert. Jedenfalls existiert Wissenschaft nicht schon deshalb, weil irgendwelche Menschen für ihre Behauptungen Richtigkeit in Anspruch nehmen. Sie existiert aber auch nicht dadurch, daß alle übrigen die mit solchem Anspruch auftretenden Aussagen nachprüfen. Ob eine Aussage, an ihrer Sache gemessen, nun richtig oder falsch sein mag, so beruht ihre (in beiden Fällen mögliche) faktische Geltung in einer Gesellschaft offenbar auf einem sozialen Akzept.

Die Wissenschaft als empirisches Datum betrachten, heißt eben, die Aussagen der Wissenschaft nicht auf ihre sachliche Geltung (Richtigkeit) prüfen, sondern sie als sozial geltende Sätze betrachten. Die Perspektive der Wissenschaftssoziologie läßt sich deshalb auch durch die Frage beschreiben: unter welchen Umständen kommen sachlich richtige Aussagen im Sinne der Wissenschaft zustande und unter welchen Umständen erlangen sie soziale Geltung. Denn ein sozialer Tatbestand wird Wissenschaft ja nur im Maße ihrer sozialen Geltung.

Wissenschaft existiert in einer Gesellschaft also noch nicht deshalb, weil es irgendwelche Individuen gibt, die im Sinne unseres Wissenschaftsbegriffes richtige Erkenntnisse haben. Sie existiert erst, wenn diese Erkenntnisse allgemein als richtig akzeptiert werden. Das kann in den Anfängen der Wissenschaft so geschehen, daß sich gewisse Aussagen einem wachsenden Kreis von Personen durch ihre Gründe und Folgen praktisch aufdrängen. Auf diese Weise hat die Wissenschaft anfangs ihren sozialen Kredit erworben. Aber jenseits der einfachen Anfänge und eines entsprechend näheren Publikums können die Aussagen der Wissenschaft nur im Wege des sozialen Akzeptes zur Geltung gelangen, und das setzt bereits voraus, daß es sozial anerkannte Positionen für Wissenschaftler gibt, in die mit bestimmten Verhaltensnormen auch soziales Vertrauen investiert ist. Auch hier ist es allerdings nicht so, daß nun der einzelne Wissenschaftler der Gesellschaft als seinem Publikum gegenübertritt, weil sonst oft zwischen verschiedenen und strittigen Behauptungen gewählt werden müßte. Vielmehr existiert Wissenschaft als eine gesellschaftliche Tatsache erst dann, wenn sich unter einer Gruppe von Menschen, die für die Gesellschaft gültig als Wissenschaftler sozial designiert sind, relative Einigkeit über die Richtigkeit (oder Unrichtigkeit) von gewissen Aussagen ergeben hat. Robert Mayers thermodynamisches Gesetz wurde für die Gesellschaft wie für die Wissenschaft ein wissenschaftliches Faktum, als die zuständigen Wissenschaftler es anerkannten, und nicht eher. Ebenso mag heute irgendein Wissenschaftler eine Theorie vertreten, die sich morgen als richtig herausstellt, ohne daß wir als Laien von ihr auch nur hören, oder bei Kenntnis derselben sie für Wissenschaft halten würden und dürften, solange sie nicht das Siegel fachlicher Zustimmung trägt.

So sehr Vorkommnisse dieser Art immer wieder Anlaß zu Vorwürfen gegenüber der Wissenschaft geben, muß doch grundsätzlich klar sein, daß sie zum institutionellen Gefüge der Wissenschaft gehören. Die sachliche Richtigkeit von Aussagen muß von Personen bestätigt werden, und bei der Arbeitsteilung, die zwischen der Gesellschaft und der Wissenschaft als einem spezialisierten Untersystem herrscht, kommen dafür nur die Wissenschaftler in Frage. Die soziale Beglaubigung für die Richtigkeit muß aber im Konsensus der Wissenschaftler liegen. Nicht einzelne Wissenschaftler, sondern deren Zusammenhang und gemeinsame Urteilsbildung konstituieren Wissenschaft. Gerade dieser Konsensus bildet ja auch den Schutz der Öffentlichkeit vor sonstwie angebotenen Erkenntnissen. Er ist die notwendige Sicherung gegen das Risiko, daß Außenseiter noch nicht hinreichend geprüfte Erkenntnisse in Umlauf bringen. Die Durchsetzung neuer Erkenntnisse erfordert also eine Latenzzeit, die nach Fach und Gegenstand sehr verschieden sein kann. Neue Theorien müssen erst unter Fachgenossen in Umlauf gebracht und von ihnen beguachtet werden; es muß sich alsdann in der Diskussion der Fachgenossen über die Theorie ein wesentlich gemeinsames Urteil ergeben; erst dann dürfen Ergebnisse der Öffentlichkeit vorgelegt werden. Man kann sich natürlich, wie später geschehen wird, überlegen, auf welche Weise man diese Latenzzeit möglichst gering halten kann. Ausschalten aber ließe sie sich nur um den Preis erhöhten Risikos und letztlich sogar der Zerstörung der Wissenschaft: eine Gesellschaft, die von der Wissenschaft noch nicht hinreichend geprüfte Theorien nach eigenem Urteil und in eigener Auswahl übernehmen wollte, wird die Normen innerwissenschaftlicher Urteilsbildung gesellschaftlich gegenstandslos machen, die arbeitsteilige Separierung von Wissenschaftlern und Laien aufheben, und das Urteil über Richtig und Falsch dem allgemeinen Meinungsmarkt, und damit die Auswahl sozial gültiger Wahrheiten ganz

Friedrich Tenbruck

anderen Kräften und Interessen anvertrauen. Dies also ist das Grundsche-
ma der Geltung von wissenschaftlichen Erkenntnissen.

Wissenschaftliche Aussagen sind also als gesellschaftliche Tatsachen
nicht Aussagen von Individuen, sondern Feststellungen einer wissenschaftsinternen Öffentlichkeit, die sich in einem Kommunikationsprozeß
zwischen Fachgenossen ergeben. Gemeinsame Urteilsbildung unter Fachgenossen ist die eine Voraussetzung für die soziale Gültigkeit wissenschaftlicher Aussagen. Sie ist jedoch nicht die einzige. Daß irgendwelche Personen sich für fachlich zuständig ausgeben oder auch sachlich wirklich zuständig sind, bewirkt noch nicht das soziale Akzept. Gruppen mit eigenen
Meinungen, die sich für dieses oder jenes zuständig halten und es der Öffentlichkeit als richtig aufzudrängen versuchen, gibt es unvermeidlich viele. Wissenschaft jedoch als soziale Tatsache kann es nur dann geben, wenn
der Kreis der Wissenschaftler sozial designiert ist, und bei entsprechender
Spezialisierung der Wissenschaften sogar die fachliche Zuständigkeit sozial
sichtbar markiert wird. Das bedeutet selbstverständlich nicht, daß nur
Fachgenossen berechtigt sein könnten, Aussagen mit dem Anspruch auf
wissenschaftliche Richtigkeit zu tun. Wohl aber bedeutet es, daß keine Gesellschaft Wissenschaft unterhalten könnte, wenn sie das Urteil über die
Richtigkeit von Aussagen nicht einem Kreis von sozial als zuständig desi-
gnierten Fachleuten überlassen würde. Und so weit in einer Gesellschaft
der Schnitt zwischen Fachleuten und Laien gestuft verläuft, qualifiziert
man sich für die Diskussion nach dem Maß wissenschaftlicher Kenntnisse
und Beherrschung ihrer Regeln, worüber endlich wieder designierte Fachleute im Konsensus befinden müssen.

So muß die Wissenschaftssoziologie die Wissenschaft als ein soziales System betrachten, das abgestimmt in einem umfassenderen System, der Gesellschaft, existiert, und sie kennt demnach auch zwei Öffentlichkeiten: die
wissenschaftsinterne der Forscher und die wissenschaftsexterne des zuge-
ordneten Publikums, wobei in wissenschaftlich fortgeschritteneren Gesellschaften dazwischen vielerlei Übergänge liegen.

Wissenschaft ist sonach mitnichten eine Selbstverständlichkeit, auf deren Fortbestand und Leistung man ohne weiteres bauen darf. Sie erweist
sich bei näherer Betrachtung als eine diffizile und verletzliche soziale Institution, die an vielfältige Voraussetzungen gebunden ist, welche arbeitsteilig von der Wissenschaft und der Gesellschaft prästiert werden müssen. So
kann die Wissenschaft, wie Merton und seine Schüler gezeigt haben, nur
in einer Gesellschaft gedeihen, die in ihren allgemeinen Normen Prämien
auf Rationalität, Empirismus, Individualismus, Skepsis und ähnliches auch
im Alltag setzt. Sodann beruht die Freistellung von Personen zu wissenschaftlicher Arbeit auf der Erwartung von Erkenntnisleistungen und deren

Nützlichkeit im weitesten Sinne des Wortes. Das Vertrauenskapital, das die Wissenschaft für die Gesellschaft zur Urteilsinstanz macht, gründet sich demnach auf erwiesene sachliche Erkenntnisse und deren wie immer verstandene Brauchbarkeit.

Als Quelle der für die Forschung nötigen Mittel besitzt die Gesellschaft faktische Kontrollmöglichkeiten über die wissenschaftliche Arbeit. Sie kann Schwerpunkte für die Forschung nach ihren Interessen schaffen und der Wissenschaft Aufgaben stellen. Aber sie darf bei Strafe verminderter oder versiegender Erkenntnisleistung die Wissenschaft weder auf gestellte Aufgaben beschränken, noch in ihr Sachurteil irgendwie eingreifen. Vielmehr regeln sich die Beziehungen zwischen Wissenschaft und Gesellschaft zufriedenstellend einzig nach dem Prinzip, daß diese für die Verwendung, jene aber für die Richtigkeit der Erkenntnisse zuständig ist. Daß Wissenschaft nicht existieren kann, wenn die Gesellschaft sich zur Instanz für die Urteile über die Richtigkeit von Erkenntnissen erklärt, ist bereits oben deutlich geworden. Die Unzuständigkeit der Wissenschaft für die Verwendung von Erkenntnissen beruht heute faktisch darauf, daß die Nutzung von Erkenntnissen fast immer technische, organisatorische und finanzielle Apparate erfordert, über die der Wissenschaftler nicht verfügt. Es können also schon faktisch nur die gesellschaftlichen Abnehmer (die je nach Gesellschaftsordnung verschiedener Art sein können) über die Nutzung der Erkenntnisse verfügen. Im Sinne der mit der Wissenschaft gegebenen gesellschaftlichen Arbeitsteilung wäre die Verwendung der Erkenntnisse (also ihre technische, soziale und politische Ausnützung) durch die Wissenschaftler auch verhängnisvoll, weil diese die hierzu erforderliche Kenntnis und Übersicht nicht besitzen können, und diese Tätigkeit sich auch mit den besonderen Normen und psychologischen Charakteristika des wissenschaftlichen Geschäfts nicht wohl vereinbaren läßt. Endlich beruht in einer demokratischen Gesellschaft das Nutzungsrecht, mit dem entscheidende Lebensbedingungen geschaffen und verändert werden, auf der politischen Willensbildung aller, die nicht durch hierarchisch-elitäre Befugnisse der Wissenschaftler außer Kraft gesetzt werden dürfen.

Dabei spielt es in der Abgrenzung der gegenseitigen Kompetenzen schließlich noch eine Rolle, daß Erkenntnis und Verwendung in dem Sinne inkommensurabel sind, daß sich jeder Erkenntnis viele Nutzungen zuordnen lassen, die sich zumeist auch erst im Laufe der Zeit ergeben. Eine wissenschaftliche Einsicht läßt sich zu vielerlei, wertmäßig oft ganz gegensätzlichen Zwecken verwenden, ohne daß man diese Zwecke vorher übersehen könnte. Die Gesellschaft interessiert es denn auch nicht, aus welchen Motiven und in welcher Absicht (mit welchem „Engagement" würde man wohl heute sagen) Wissenschaftler ihre Forschung betreiben, denn die Erkenntnisse sind gegen ihre Folgen indifferent, sie können zu vielerlei Zwecken, zu guten wie bösen, benutzt werden, und stehen dieser wie jener Partei zur Verfügung. Vielmehr beruht der soziale Pakt zwischen Wissenschaft und Gesellschaft auf der Erwartung, daß richtige Erkenntnisse geliefert werden, und das Interesse hieran ist allgemein, weil mit falschen Erkenntnissen niemand etwas anfangen kann, was immer seine Zwecke sein mögen.

Mit der Tatsache, daß Erkenntnisse viele und unvorhersehbare Anwendungen enthalten, hängt endlich die erklärbare Erfahrung zusammen, daß Staat und Gesellschaft die Wissenschaft nicht mehr auf bestimmte Aufgaben zu beschränken pflegen. Es ist eben die freie, heute oft als Grundlagenforschung bezeichnete Wissenschaft, welche mit ihren Erkenntnissen immer neue, unerahnte Handlungsmöglichkeiten liefert. Selbstverständlich können und müssen Staat und Gesellschaft der Wissenschaft Aufgaben und Schwerpunkte stellen dürfen. Aber die optimale Erkenntnisleistung für die Gesellschaft ergibt sich nur, wenn Wissenschaft darüber hinaus frei ist zu fragen und zu prüfen, was sie mag. An einem solchen Überschuß von vorerst unnützen Erkenntnissen, und damit einer möglichst breiten und freien Forschung, die gewissermaßen Erkenntnisse auf Lager hält, muß die moderne Gesellschaft ein vitales Interesse nicht nur deshalb haben, weil sie den Anspruch auf ständige Verbesserungen ihrer Lebensumstände erhebt, sondern weil mit dem sozialen Wandel auch unvermutete Gefahren erwachsen, für deren Bewältigung freie Überschußerkenntnisse nötig sind.

Das Vertrauen, welches die Gesellschaft in die Wissenschaft als Instanz für den Befund über richtig und falsch setzt, macht das soziale Akzept wissenschaftlicher Erkenntnisse und damit Wissenschaft als sozialen Tatbestand erst möglich. Es ist ein erworbenes Vertrauen, das sich auf die in der Vergangenheit erwiesene Richtigkeit und Nutzbarkeit der Aussagen gründet, es gehen in dieses Vertrauen aber weiters noch andere Voraussetzungen ein.

So kann Gesellschaft Wissenschaft nur in dem Maße honorieren, wie eine gemeinsame Urteilsbildung der Fachgenossen stattfindet. Das muß nicht heißen, daß über alle Probleme einhellige Urteile vorliegen. Forschung ist nun einmal ein Problemfeld, und doppelt gilt das für die Sozialwissenschaften und Geisteswissenschaften. Wohl aber muß der Dialog zwischen Fachgenossen zu einer gemeinsamen Bewertung des Status quaestionis, dessen was gesichert und was kontrovers ist, führen. Wissenschaft darf sich, um soziale Gültigkeit zu erwerben, nicht als Aggregat von bloßen Einzelmeinungen präsentieren.[8]

So setzt Wissenschaft allemal Kommunikationsstrukturen zwischen Wissenschaftlern voraus. Die Chance der Wahrheitsfindung verringert sich, wenn sich nicht alle Wissenschaftler äußern können. Sie verringert sich ebenfalls, wenn Wissenschaftler auf die Äußerungen anderer nicht eingehen. Sie verringert sich aber auch dann, wenn jeder Wissenschaftler sich zu allem äußert, oder Wissenschaftler außerhalb ihrer sachlichen Zuständigkeit mitreden wollen. Die Sicherheit und Schnelligkeit der wissenschaftlichen Urteilsbildung hängt also von Kommunikationsstrukturen ab. Diese sind teils durch äußere Umstände und Mittel bedingt. Sie erfüllen sich aber inhaltlich durch Verhaltensnormen, also angemessene Einverständnisse der Wissenschaftler darüber, wann man sich äußern soll und wann nicht. Ungehinderte Kommunikationsmöglichkeiten zwischen Fachgenossen einerseits, und disziplinierende Normen andererseits, welche eine Überlastung des Kommunikationsnetzes verhindern und die Übersichtlichkeit im Prozeß der gemeinsamen Urteilsbildung erhalten, optimieren die Chancen wissenschaftlicher Wahrheitsfindung. Wiederum hat hier R. K. Merton einige der Normen, über deren Einhaltung die Fachgenossen wachen müssen, näher beschrieben.

Zu diesem Grundriß gehört schließlich noch ein weiterer Punkt. Wie gesagt können nur Wissenschaftler über die Richtigkeit von Aussagen befinden (wobei sich diese Jurisdiktion nur auf solche Aussagen bezieht, die überhaupt begründbar entscheidbar sind). Auch das ist nicht selbstverständlich. Es gibt Gesellschaften, in denen nach Tradition oder auch durch religiöses oder politisches Dogma entschieden wird, was als richtig gelten soll. Wissenschaft kann aber erst dann existieren, wenn sie auch Instanz für das ist, was in der Gesellschaft als richtig gelten soll. Die Gesellschaft muß das Urteil, das sich die Wissenschaft in bezug auf die Richtigkeit von Aussagen bildet, akzeptieren. Stellt man sich in grober Vereinfachung vor, daß eine Gesellschaft aus Wissenschaftlern und Nicht-Wissenschaftlern besteht, so müßten diese den Befund jener auf Treu und Glauben hinnehmen. Wissenschaft existiert nur, insofern sie in ihrem Kompetenzbereich auch Instanz ist. Sie kann ihre Ergebnisse grundsätzlich vor einer nichtwissen-

---

8 Einige der folgenden Absätze dieses Abschnitts sind der Kürze halber einem Aufsatz: Die Funktionen der Wissenschaft, in: G. Schulz (Hrsg.), Was wird aus der Universität? 1968, entnommen, auf den ich ebenso verweisen darf wie auf F. H. Tenbruck, Regulative Funktionen der Wissenschaft, in: Die Rolle der Wissenschaft in der modernen Gesellschaft. 1969. Man vergleiche zu diesem Komplex im vorliegenden Band auch den Beitrag von Alois Hahn.

schaftlichen Öffentlichkeit auch nicht beweisen. Denn die Einsicht in die Richtigkeit ergibt sich in der Diskussion der Fachgenossen nach Richtigkeits- und Rationalitätsregeln, die in ihrer Anwendung überaus komplex ausfallen. Ein Verständnis für sie, und damit die eigene Einsicht in die Richtigkeit der wissenschaftlichen Ergebnisse, ist eben nur in dem Maße möglich, wie man selbst an der Wissenschaft teilhat und für sie qualifiziert ist.

Aus diesen Gründen bedarf die Wissenschaft eines gewissen Schutzes. Ohne gesellschaftliche Normen, welche ihre Autorität tragen, kann Wissenschaft nicht Instanz sein. Wissenschaftliche Urteilsbildung läßt sich niemals auf dem Markt zur Zufriedenheit aller verantworten, ohne daß der Wissenschaftler für gewisse Teile seiner Argumente ein besonderes Fachwissen in Anspruch nehmen darf. Über Richtigkeitsbefunde der Wissenschaft läßt sich nicht öffentlich abstimmen, und wo das geschieht, ist die Wissenschaft bereits abgeschafft. Die wirksame Geltung von Wissenschaft erfordert soziale Spielregeln, nach denen man sich etwa an der Urteilsbildung nur in dem Maß beteiligen darf, wie entsprechende Qualifikationen vorhanden sind, oder der Wissenschaftler die Autorität von Fachwissen beansprucht, damit auch in gewissen Grenzen entscheiden darf, ob Fragen und Argumente als qualifiziert gelten dürfen oder nicht.

Diese unerläßliche soziale Autorität der Wissenschaft schließt natürlich ihre illegitime Ausnützung nicht aus. Das gilt auch für jene Form des sozialen Schutzes, welche für die Öffentlichkeit am greifbarsten ist. Denn die akademischen Titel haben ja vor allem die Funktion, vermutbare Lagen wissenschaftlicher Kompetenz und Qualifikation öffentlich zu kennzeichnen. Natürlich läßt sich über Titel und Bescheinigungen von Rängen mancherlei sagen. Man darf aber nicht übersehen, daß in einer Gesellschaft, in der Wissenschaftler neben Nichtwissenschaftlern (um bei diesem groben Schema zu bleiben) leben, die soziale Kennzeichnung von Wissenschaftlern notwendig ist. Entfiele sie, so träten auf dem Meinungsmarkt alle Thesen mit gleichem Gewicht auf. Soweit sich dann überhaupt Meinungen sozial durchsetzen könnten, würden nicht Rationalitätsgesichtspunkte den Ausschlag geben. Wissenschaft kann nur gesellschaftliche Instanz sein, wenn erkennbare soziale Zeichen Wissenschaftler kennzeichnen. Und es kann auch kein Zweifel sein, daß bei einer größeren Zahl von Wissenschaftlern ohne irgendeine soziale Kennzeichnung unterschiedlicher Ränge von wissenschaftlicher Kompetenz nicht auszukommen ist.

Wenn die Wissenschaft selbst Instanz für den Befund über die Wahrheit oder Falschheit ihrer Aussagen ist, so kann sie sich auch nur selbst korrigieren. Insofern kann man mit einer gewissen Paradoxie auch sagen, daß zwar der einzelne Wissenschaftler irrt, aber nicht die Wissenschaft. Gewiß kommt die Wissenschaft zeitweise zu Thesen, die sich später als falsch herausstellen. Aber dieser Nachweis kann nur wissenschaftlich geführt und muß von der Wissenschaft besiegelt werden, um gültig zu sein. Kraft der Autorität der Wissenschaft kann also auch Falsches faktisch als richtig gelten. Es entsteht damit die Frage, wie man die Gefahr möglichst klein halten kann, daß die Wissenschaft auf unrichtigen Erkenntnissen sitzen bleibt. Das Mittel dagegen sind die ungehinderte Kommunikation unter Wissenschaftlern und die Internalisierung der im Bereich der Wissenschaft gültigen Normen. Ist der Trieb, Neues zu finden, stark, sind Skepsis und Tatsachenorientierung ausgeprägt, so werden ständig Kräfte frei, welche die bestehenden Meinungen zu verbessern und zu korrigieren trachten. Die Orientierung an der Forschung und die Prämien, die gewissermaßen auf neue Erkenntnisse gesetzt sind, bilden die beste Garantie gegen den Mißbrauch wissenschaftlicher Autorität. Andererseits dürfen die interne Diskussion und die Prüfverfahren für Aussagen nicht verwässert werden. Neues darf sich nicht mühelos und schon bloß deshalb, weil es neu ist, durchsetzen. Erst die oft so umständliche und langwierige Diskussion zwischen Fachgenossen vermindert ja das Risiko, daß ungenügend geprüfte Erkenntnisse sich durchsetzen und dann bei praktischer Nutzung zu gesellschaftlichen Schäden führen müssen.

In der Aufrechterhaltung der internen Normen der Wissenschaft liegt also für die Gesellschaft die beste Garantie für den gesellschaftlichen Wert der Wissenschaft. Solange diese Normen wirken, ist die Wissenschaft das optimale System, das sich selbst korrigieren kann.

IV. Wissenschaftliche Politik und Wissenschaftspolitik

Die Entwicklung der Wissenschaft hat das Verhältnis von Wissenschaft und Politik verändert. Es sind neue Möglichkeiten und Notwendigkeiten entstanden, die im Zusammenhang gesehen werden müssen. Es ist natürlich richtig, daß die wissenschaftliche Beratung der Politik erst durch die Fortschritte der Erkenntnis möglich geworden ist. Daran läßt sich aber nicht ohne weiteres die Hoffnung knüpfen, daß nun die Politik auf den Weg gekommen sei, auf dem sich die menschlichen und gesellschaftlichen Zwecke immer sicherer und problemloser verwirklichen lassen. Der durch den Wissenschaftsfortschritt eröffneten Möglichkeit, die Politik wissenschaftlich zu fundieren, steht nämlich andererseits die Notwendigkeit gegenüber, die Wissenschaft für die Lenkung einer Daseinsorganisation von wachsender Komplexität zu bemühen. Dem Zuwachs an wissenschaftlicher Methodik bei politischen Entscheidungen steht somit die sachliche und organisatorische Komplizierung der Entscheidungsprobleme gegenüber, die ihrerseits ein Produkt der Verwissenschaftlichung der Daseinsverhältnisse ist. Man darf deshalb keineswegs von der Annahme ausgehen, daß mit der zunehmenden Verwissenschaftlichung der Politik auch schon eine zunehmende Beherrschung der Probleme und eine im Ganzen zunehmende Verwirklichung der menschlichen Zwecke verbunden sein werden. Es besteht also kein Anlaß, an die wissenschaftliche Beratung der Politik übertriebene Hoffnungen zu knüpfen. Was damit am Ende und bleibend zu gewinnen ist, das ist eine schwierige und umfängliche Frage, die ganz besonderer Überlegungen und Ansätze bedarf und keineswegs schon mit dem Hinweis auf die Verwissenschaftlichung der Politik beantwortet werden kann.[9] Hier jedenfalls bilden nicht irgendwelche Hoffnungen dieser Art den Ausgangspunkt der Betrachtungen, der vielmehr von der pragmatischen Überlegung ausgeht, daß wir bei gegebener Komplexität der Probleme auf die wissenschaftliche Beratung der Politik angewiesen sind.

Für diese Beratung ist nun eine andere Notwendigkeit wichtig, welche durch den Wissensfortschritt geschaffen worden ist. Das Größenwachstum der Wissenschaft, die Macht ihrer Erkenntnisse und das Ausmaß ihrer Nutzung fordern eine wachsende Steuerung und Kontrolle der Wissenschaft. Eine solche Wissenschaftspolitik muß einerseits Forschung und Ausbildung nach gesellschaftlichen Bedürfnissen durch den gezielten Einsatz von Mitteln lenken, andererseits aber auch die Benutzung und Umsetzung wissenschaftlicher Erkenntnisse im Sinne gesellschaftlicher Ziele beaufsichtigen. Einerseits geht es also um die Optimierung der wissenschaftlichen Leistung in einer auf Wissenschaft angewiesenen Gesellschaft; andererseits geht es um die Kontrolle und Steuerung bei der Nutzung wissenschaftlicher Erkenntnisse. Die wissenschaftliche Beratung der Politik läßt sich nicht optimieren, wenn nicht gleichzeitig die Wissenschaftspolitik richtig geführt wird.

Insbesondere hängt die Leistung einer in der Wissenschaft fundierten Politik auch auf seiten der Wissenschaft keineswegs nur von ihrem objektiven Erkenntnisstand ab. Vielmehr entstehen mit dem Fortschritt und mit der Ausbreitung der Wissenschaft auch Schwierigkeiten für eine angemessene Nutzung der Wissenschaft durch die Politik. Wie eingangs dargestellt, sind die Auswahl der Experten und die Präjudizierung des politischen Mei-

---

9 Für grundsätzliche Betrachtungen dieser Art verweise ich neben dem in Anm. I genannten Artikel auf meinen auf dem letztjährigen Internationalen Soziologenkongreß gehaltenen Vortrag ‚Limits of Planning‘, der demnächst in den Verhandlungen des Kongresses erscheinen wird.

nungsfeldes zwei Brennpunkte dieser Gefahren, die mit dem wissenschaftlichen Fortschritt selbst entstehen und sich mit seinem Fortgang weiter verschärfen müssen. Desto dringlicher also wird die Aufgabe, Lösungen zu suchen, welche diese Gefahren zwar nicht abschaffen, aber doch wenigstens minimieren können. Jede Wissenschaftspolitik muß vor diesen Aufgaben bestehen können. Es genügt nicht, daß man Forschung und Ausbildung mit sinnvollen Schwerpunkten fördert und die Nutzung des Wissens unter Ansehung der gesellschaftlichen Folgen überwacht. Wenn das Expertenproblem und das Meinungsproblem nicht gelöst werden können, wird die Verwissenschaftlichung der Politik trotz des wissenschaftlichen Fortschrittes mehr Schaden als Nutzen stiften.

Bei der Suche nach Lösungen für die beiden genannten Probleme bieten sich nun die im vorstehenden Abschnitt skizzierten Grundzüge einer Wissenschaftssoziologie an. Selbstverständlich sind die Auswahl der Experten und die Beeinflussung der öffentlichen Meinung von sehr vielen Faktoren abhängig. Es läßt sich jedoch zeigen, daß aus dem Gesichtswinkel der Wissenschaftspolitik zwei Momente entscheidend sind, nämlich die Struktur der wissenschaftsinternen Öffentlichkeit und ihre Beziehung zur wissenschaftsexternen Öffentlichkeit. Es geht mit anderen Worten einmal darum, wie sich innerhalb der Wissenschaft die Urteilsbildung vollzieht, zum anderen aber darum, in welchem Verhältnis diese innerwissenschaftliche Urteilsbildung zur öffentlichen Meinungsbildung steht. Das soll nun, wiederum in knappster Form, für die genannten Probleme dargestellt werden. Was zuerst die Chance angeht, qualifizierte Experten zu finden, so ist diese natürlich nach Art und Schwierigkeitsgrad der jeweiligen Aufgabe verschieden. Für die Routineberatung sind Experten in den Stäben fast aller (und also nicht nur staatlicher) Stellen mit Entscheidungsbefugnis vorhanden. Die Organisation beschäftigt sie in fest dafür vorgesehenen Positionen und befaßt sie mit Aufgaben, die laufend anfallen, also zwar typisch vorhersehbar, aber doch nur mit Fachverstand zu lösen sind. Solcher Sachverstand, der normalerweise aus dem Kreis von Hochschulabsolventen ausgelesen wird, kann in den Organisationen auf verschiedenen Ebenen tätig sein, bei denen nach oben hin die Aufgaben weniger typisierbar werden, also größere Eigenleistung in der Verwendung der Wissenschaft erforderlich wird. Man möchte meinen, daß für die Leistung zumindest dieses Fachpersonals einzig das erlernte und beherrschte Wissen, also die zurückliegende Ausbildung bei individueller Qualifikation eine Rolle spielt. Es läßt sich jedoch nachweisen, daß auch die Leistung dieses aus dem engeren Kreis der Wissenschaft und ihrer Anstalten ausgeschiedenen Fachpersonals von der innerwissenschaftlichen Urteilsbildung, und damit auch von dem im jeweiligen Fach ausgeprägten wissenschaftlichen Ethos abhängt.

Bekanntlich lassen sich Wissenschaftler nicht wie anderes Personal in die Hierarchie von Organisationen einordnen. Diese, oft schon in äußeren Freizügigkeiten sichtbare Sonderstellung hängt, wie die Organisationssoziologie nachweist, damit zusammen, daß Experten in ihrem Sachurteil außerhalb der Betriebshierarchie stehen. Ihr Urteil ist begründbare Sachautorität, die von dem Urteil der Fachautorität unterstützt werden kann. Das wissenschaftliche Fachpersonal kann und soll sein Sachurteil unbeeinflußt und unbedingt der Organisation mitteilen, auch wenn es damit gegen die Erwartung der Organisation verstößt oder sonstwie in Konflikt mit anderenfalls zu erreichenden Vorteilen oder auch mit den eigenen weltanschaulichen und politischen Wünschen gerät. Es liegt auf der Hand, daß eine wissenschaftliche Zivilisation nur dann überleben kann, wenn das Fachpersonal seine eigene Tätigkeit mit der Elle solcher Genauigkeit und Unbedingtheit mißt. Diese unbedingte Sachgerechtigkeit, welche Fachleute beruflich ihrem Betrieb (und außerberuflich der Öffentlichkeit) prästieren, beruht am Ende darauf. daß diese Fachleute sich zur weiteren wissenschaftlichen Gemeinschaft der Fachgenossen rechnen und ihre Urteile so betrachten, als ob sie diese vor jener Gemeinschaft zu verantworten hätten. Ohne innerwissenschaftliche Urteilsbildung im Kreise der Forscher besäße also dieses Fachpersonal für sein eigenes Sachurteil keine gemeinsam verbindliche Instanz, und ohne die Identifizierung mit der Gemeinschaft der Fachgenossen würde man sich an diese Instanz nicht gebunden fühlen.

Wenn man bedenkt, wie ubiquitär wissenschaftlicher Fachverstand heute in Staat und Verwaltung, in Verband und Betrieb ist, so kann man ermessen, welcher Bedeutung der innerwissenschaftlichen Urteilsbildung bereits hier zukommt. Je unsicherer diese Urteilsbildung ausfällt, umso weniger kann durchschnittlich einwandfreier Sachverstand in die Entscheidungsprozesse einfließen, umso mehr müssen Experten zu Lieferanten willkürlicher Meinungen oder zum Legitimator von Hausmeinungen werden.

Was für dieses festangestellte Fachpersonal gilt, trifft selbstverständlich ebenso für die nur zeitweilig herangezogenen Experten zu. Auch hier wird die sachliche Qualität des Urteils auf der Identifizierung mit der Gemeinschaft der Fachgenossen und deren innerwissenschaftlicher Urteilsbildung beruhen. Gegen über dem Fachpersonal, dessen Qualifikation grundsätzlich durch Examina geregelt ist, tritt hier aber eine weitere Schwierigkeit auf, weil der zuständige und beste Experte nicht ohne weiteres bezeichnet ist und aus einer Zahl von Wissenschaftlern herausgefunden werden muß. Jedenfalls gilt das überall dort, wo es sich nicht um ausgesprochene Routinefragen handelt, die aufgrund gesicherten Wissens von jedem Fachgenossen in wesentlich gleicher Weise beantwortet werden können und würden.[10] Hier stellt sich eben die zusätzliche Frage, unter welchen Bedingungen eine halbwegs optimale Heranziehung von Experten möglich ist. Und auch für diese Schwierigkeit erweist sich nun das Funktionieren der innerwissenschaftlichen Urteilsbildung als entscheidend.

Man kann das sehr einfach beweisen, indem man einmal von der (falschen) Annahme ausgeht, jeder Fachmann arbeite völlig isoliert und lege seine Ergebnisse der Öffentlichkeit ohne allen Bezug auf die Arbeiten anderer vor. Der Politiker müßte sich dann ursprünglich ein Urteil über die relative Qualifikation der Fachleute bilden. Daran wird klar, daß der Politiker umgekehrt darauf angewiesen ist, daß Wissenschaftler ihre Arbeiten untereinander beurteilen und unter Abschätzung spezieller Zuständigkeiten und Fähigkeiten eine wechselseitige Einstufung in einer innerwissenschaftlichen Diskussion vornehmen. Bekanntlich gehen solche Beurteilungen auch in jedem Fall vor sich, was mit den Prädikaten der akademischen Grade und Stellungen beginnt, in Gutachten und Stellenbesetzungen sichtbaren Ausdruck findet und sich ansonsten formell beispielsweise in der Beurteilung von Veröffentlichungen (Rezensionen) wie informell in der internen Meinungsbildung äußert.

Die innerfachliche Urteilsbildung ist somit die Voraussetzung, unter der die Politik den geeigneten Fachverstand als Berater gewinnen und, allgemeiner, die Gesellschaft von der Wissenschaft verläßlich die nötige Orientierung erhalten kann. Dabei muß sich die innerwissenschaftliche Urteilsbildung nicht nur auf die Entwicklung einer gemeinsamen Meinung über spezifische Theorien, die von einzelnen Wissenschaftlern vorgelegt werden, beziehen, sondern ebenso zu einer fachinternen Meinungsbildung über die relative Zuständigkeit, den Rang und die Kompetenz von Personen führen. Denn gerade der Experte muß sich ja häufig zu Fragen äußern, zu denen er in der aktuellen Zuspitzung jedenfalls noch keine Theorien vorgelegt hat, die bereits von den Fachgenossen hätten geprüft werden können, so daß seine Legitimation auf seiner erschlossenen Kompetenz für einen Problembereich beruhen muß. In dem Maße, wie diese innerfachliche Urteilsbildung hinsichtlich von Theorien oder Kompetenzen versagt, wird die Gesellschaft durch die Wissenschaft nicht optimal orientiert, und wird insbesondere die Auswahl der Experten unsicher und zufällig. Es können nun weniger qualifizierte Wissenschaftler zum Zuge kommen, oder es bleiben wichtige Gesichtspunkte unberücksichtigt. In jedem Falle erhöht sich der Spielraum für die politische Manipulation der Wissen-

---

10 Es sei hier auf die eingangs schon getroffene Unterscheidung zwischen Routineberatung und Problemberatung verwiesen.

schaft, sei es nun, daß die Entscheidungsträger mangels innerwissenschaftlicher Urteilsbildung die Auswahl der Experten unter Interessengesichtspunkten vornehmen, oder sei es, daß Wissenschaftlern mangels innerwissenschaftlicher Urteilsbildung die Möglichkeit eröffnet wird, durch einseitige und ungeprüfte Urteile die Entscheidungen zu beeinflussen.

Es besteht also ein gesellschaftliches, ein politisches Interesse an der innerwissenschaftlichen Urteilsbildung. Dieses findet seinen deutlichen Ausdruck in der bekannten Klage über wissenschaftliche Schulbildungen, die ja sichtbar einen Mangel der Übereinstimmung und des Urteils anzeigen. Hier freilich gilt es die Dinge differenzierter zu sehen. Denn in gewissem Umfange sind ‚Schulen‘ für die innerfachliche Urteilsbildung unerläßlich. So wie eine sachliche Schwerpunktbildung und Spezialisierung der einzelnen Forscher der Gesamtleistung des Faches dienlich ist, so dient in einem gewissen Umfange auch die Schulbildung der objektiven Wahrheitsfindung. Da jede Wissenschaft auch ein Feld noch unentschiedener Probleme darstellt, sind konsequente Versuche, dem Objekt mit umfassenden, wenn auch noch nicht entscheidbaren Hypothesen beizukommen, durchaus nötig. Sachliche und psychologische Notwendigkeiten schließen die Möglichkeit aus, daß jeder Wissenschaftler jederzeit alle möglichen Hypothesen verfolgt. Wenn man so will, ist eine gewisse Einseitigkeit geradezu nötig, um die Tragfähigkeit bestimmter Lösungen konsequent und umfassend prüfen zu können. Die Bildung von wissenschaftlichen Schulen ist also auch ein Mittel, um einer einseitigen Meinungsbildung zu entgehen, und sie ist eine Sicherung gegen die vorschnelle Anerkennung von Theorien.

So lange die innerwissenschaftliche Urteilsbildung funktioniert, ist demnach die Existenz von ‚Schulen‘ eher ein Signal für noch offene Probleme und konkurrierende Gesichtspunkte, über die nicht faktisch gültig befunden werden kann, und die deshalb auch nicht einzeln zur Grundlage praktischer Politik gemacht werden dürfen. Insoweit sind Meinungsgruppierungen selbst ein Moment der innerfachlichen Urteilsbildung. Das setzt allerdings voraus, daß die wissenschaftliche Diskussion zwischen den Schulen und über diese im Fach nicht abreißt, so daß eine wirksame Einschätzung ihrer relativen Bedeutung zustande kommt. Die Ansätze und Argumente unterschiedlicher Standpunkte müssen fortlaufend zur Diskussion stehen, an deren Ergebnissen sich die Beteiligten wieder orientieren müssen. Von diesem im Charakter der Wissenschaft selbst begründeten Pluralismus der Theorien ist allerdings jener dogmatische Pluralismus zu unterscheiden, bei dem die Schulen sich der innerwissenschaftlichen Urteilsbildung auf die eine oder andere Weise entziehen. Der klassische Fall sind hier natürlich solche Gruppierungen, die sich zu oberst auf dogmatische Überzeugungen berufen, welche der wissenschaftlichen Diskussion enthoben sein sollen, also religiös, politisch oder weltanschaulich ‚begründete' Systeme.

Allerdings reicht die innerwissenschaftliche Urteilsbildung für die wissenschaftliche Beratung und die gesellschaftliche Orientierung noch nicht aus. Die gemeinsame fachliche Urteilsbildung muß nicht nur funktionieren, sie muß auch nach außen sichtbar und wirksam werden. Die einfachste Form solcher Sichtbarkeit ist natürlich die durch akademische Grade, Titel und Stellungen und die durch die Differenzierung wissenschaftlicher Anstalten geschaffene soziale Designierung, welche für die Öffentlichkeit Grade vermuteter Zuständigkeit und Qualifikation angibt. Die heutige Wissenschaftspolitik zielt auf die Verwischung der Unterschiede nicht nur in der hierarchischen Stufung sondern auch in der horizontalen Gliederung (Gesamthochschule). Mag solche Egalisierung in verschiedener Hinsicht erstrebenswert erscheinen, so muß man sich auch darüber klar sein, daß hierdurch die gesellschaftliche Sichtbarkeit der innerwissenschaftlichen Kompetenzen vermindert wird. Sowohl Politiker wie Institutionen der Meinungsvermittlung sind damit in der Auswahl ihrer wissenschaftlichen Berater und Mitarbeiter unsicher, und inwieweit sich das Publikum bei solcher Verwischung eine begründete Meinung von der relativen Kompetenz machen kann, ist durchaus fraglich.

Es gibt aber noch eine andere und weit größere Gefahr, die innerwissenschaftliche Urteilsbildung nicht wirksam werden zu lassen und sie sogar zu beeinflussen. Die Möglichkeit liegt in der früher geschilderten Öffentlichkeitsstruktur der heutigen Wissenschaft begründet. Der wissenschaftsinternen Öffentlichkeit der Fachgenossen ist immer die wissenschaftsexterne Öffentlichkeit eines Publikums beigeordnet. Hier aber besteht nun die Möglichkeit, in einer verwissenschaftlichten Zivilisation durch die Massenmedien die wissenschaftsexterne Öffentlichkeit unter Umgehung der innerwissenschaftlichen Urteilsbildung zu erreichen und auf diesem Umwege dann auch noch die innerwissenschaftliche Urteilsbildung zu beeinflussen. Hier sind naturgemäß die Sozialwissenschaften und die Geisteswissenschaften in einer exponierten Lage. Ihr Gegenstand ist von allgemeinem Interesse, ihre Sprache läßt sich auch einem breiten Publikum adaptieren, ihre Aussagen müssen nicht in handgreiflichen Verwirklichungen ihre Richtigkeit erweisen, und sie stoßen im Publikum auf ein Gemengsel von kognitiven Interessen und Orientierungsbedürfnissen emotionaler und weltanschaulicher Art. Aber auch umgekehrt sind diese Fächer in der Bildung ihrer Probleme und Meinungen naturgemäß stärker von der wissenschaftsexternen Öffentlichkeit abhängig als etwa die Naturwissenschaften. Im Umkreis dieser Fächer also bietet sich bei gegebener Öffentlichkeitsstruktur der Wissenschaft die Versuchung an, unter Umgehung der innerwissenschaftlichen Urteilsbildung öffentliche Meinung zu mobilisieren, die dann ihrerseits auf die innerfachliche Diskussion durchschlägt. Diese Gefahr muß sich im Zuge der Verwissenschaftlichung weiter erhöhen, so daß die Sorge für die Aufrechterhaltung der innerwissenschaftlichen Urteilsbildung und deren Darstellung und Wirksamkeit nach außen wesentliche Aufgaben der modernen Wissenschaftspolitik sein müssen.

Wenn man begreift, daß die Erhaltung der innerwissenschaftlichen Urteilsbildung und deren öffentlicher Wirksamkeit zu den grundlegenden Aufgaben der Wissenschaftspolitik in der verwissenschaftlichen Gesellschaft gehört, so wird man abschließend auch noch fragen müssen, wie sich denn die heutige Wissenschaftspolitik unter diesen Gesichtspunkten ausnimmt. Man braucht hier nicht blind zu sein gegenüber der schwierigen und dringlichen Aufgabe, Forschung, Lehre und Ausbildung modernen Erfordernissen anzupassen, insbesondere also auch für eine Verbreiterung der Ausbildung, für eine Durchlässigkeit der Studiengänge und für deren Berufsbezogenheit zu sorgen, um in dieser Hinsicht zu einem sehr pessimistischen Urteil zu gelangen. Denn so notwendig es auch gewesen sein mag, obsolete Hochschulstrukturen zu demokratisieren, so greifen doch die vorgenommenen und vorgesehenen Reformen durchwegs in die Substanz der Wissenschaft ein. Der vielleicht empfindlichste, jedenfalls sichtbarste Eingriff besteht natürlich in der Befugnis des nicht-wissenschaftlichen Personals und der Studenten, über wissenschaftliche Qualifikationen, insbesondere auch über Stellenbesetzungen und Forschungen mitentscheiden zu können. Wie bereits häufig dargestellt, bedeutet diese Regelung eine empfindliche Beeinträchtigung (und nicht nur eine Komplizierung) der innerwissenschaftlichen Urteilsbildung, wie denn auch sonst die sogenannten Reformen vielfältig die fachinterne Öffentlichkeit aufzulösen drohen. Man kann denn auch nur schließen, daß es weitgehend an hinlänglichen Vorstellungen von den notwendigen Voraussetzungen für eine sachgemäße innerwissenschaftliche Urteilsbildung fehlt, und daß es insbesondere schlecht bestellt ist um das Verständnis für die seismographische Empfindlichkeit der außernaturwissenschaftlichen Fächer, aber auch für die meinungsbildende Macht derselben.

Wie falsch und gefährlich der eingeschlagene Weg ist, zeigt sich in dem zweiten Schritt, der nun konsequent dem ersten folgen muß. Denn ministerielle Entscheidungen, und ebenso das Hochschulrahmengesetz des Bundes, berufen sich nun auf den Pluralismus als ein Prinzip der Stellenbesetzung und Hochschulgestaltung. Aus dem natürlichen Pluralismus wissenschaftlicher Theorien wird damit aber der dogmatische Pluralismus als das verbriefte Recht sozialer Gruppen, einen Anteil an Stellen für Vertreter ihrer Meinung zu erhalten. Wie sinnlos und gefährlich diese neue Formel des Pluralismus ist, zeigt sich an der Tatsache, daß es auch bisher schon eine nicht einmal so geringe Zahl von Marxisten unter den Hochschullehrern gegeben hat, die jedoch nicht wegen ihres Marxismus, sondern wegen ihrer wissenschaftlichen Leistungen berufen worden waren. Mit der staatlichen Verkündigung dieses Prinzips ist nun aber grundsätzlich allen sozialen Gruppen das Recht zugesprochen worden, an den Hochschulen repräsentiert zu sein, auch wenn dieses Recht faktisch einzig den Marxisten zufällt. Aus dem Pluralismus innerwissenschaftlicher Urteilsbildung ist damit ein öffentliches Prinzip des Gruppenpluralismus geworden, das eine angemessene Repräsentation unabhängig von der innerwissenschaftlichen Urteilsbildung verankert. Daß damit der Zwang zur innerwissenschaftlichen Diskussion zwischen den Gruppen aufgehoben worden ist; daß damit die Polarisierung innerhalb der Wissenschaft sich versteifen muß; daß damit am Ende die Politiker eines Tages gezwungen sein werden, auch Experten gruppenparitätisch zu berufen; und daß die Öffentlichkeit nun die Auseinandersetzung zwischen wissenschaftlichen Theorien als den Streit von Weltanschauungen erleben muß, der zuletzt nur durch politisches Votum oder durch Macht entschieden werden kann; das alles scheint in keiner Weise bedacht zu sein.

So bestätigt sich, daß die gewünschte Versachlichung und Verwissenschaftlichung von Politik und öffentlicher Meinung nicht schon durch Fortschritte der Wissenschaft oder auch durch eine möglichst breite Diffusion von Wissenschaft zugrunde kommen, solange nicht dafür gesorgt ist, daß die Entscheidung über wissenschaftliche Fragen sich in einer innerwissenschaftlichen Diskussion vollzieht,[11] und die innerwissenschaftliche Meinungsbildung auch gegenüber der Öffentlichkeit zum Tragen kommt. Es ist sicher, daß langfristig die Lebensfähigkeit einer verwissenschaftlichen Gesellschaft auch davon abhängt, ob sie diesen Erfordernissen gerecht wird. Man darf denn auch annehmen, daß die Beherrschung der wechselseitigen Einflüsse von wissenschaftsinterner und wissenschaftsexterner Öffentlichkeit in Zukunft zu den großen Aufgaben der Wissenschaftspolitik,

---

11 Hier soll noch dem Mißverständnis begegnet werden, daß mit der Erhaltung der innerwissenschaftlichen Urteilsbildung einer Lösung der Wissenschaft von der Gesellschaft und ihren Problemen das Wort geredet würde. Die Abkapselung der Wissenschaft von den gesellschaftlichen Fragen und Bedürfnissen bekommt weder ihr noch der Gesellschaft, obschon die Wissenschaft in ihnen auch nicht distanzlos aufgehen darf. Nicht um die Isolierung der Wissenschaft von den tatsächlichen Fragen, Bedürfnissen und Meinungen der Gesellschaft handelt es sich, wohl aber um die von außen unbeeinflußte und freie Urteilsbildung, also den Befund über wahr und falsch.

ja der Gesellschaftspolitik gehören wird. Soviel aber steht fest, daß man sich nicht gleichzeitig für wissenschaftliche Stützung der Politik und für eine Politisierung der Wissenschaft einsetzen kann, auch wenn diese sich als Demokratisierung mißversteht oder verkleidet.

Klaus-Georg Riegel: Öffentliche Legitimation der Wissenschaft

1. Einleitung

1.1. Wissenschaftliches Wissen

In der vorliegenden Arbeit wird der Prozeß und die Art der gesellschaftlichen Legitimation des Systems Wissenschaft in verschiedenen Gesellschaftstypen untersucht. Es wird davon ausgegangen, daß das im System Wissenschaft erworbene, benutzte, verteilte und produzierte wissenschaftliche Wissen zugleich auch immer ein öffentliches Wissen darstellt, das nicht nur intern in der wissenschaftlichen Öffentlichkeit zirkuliert, sondern prinzipiell auch Nichtwissenschaftlern erwerbbar und zugänglich ist.

Diese Feststellung erscheint auf den ersten Blick hin paradox, da das wissenschaftliche Wissen zuerst einmal ein Sonderwissen ist, das vorwiegend der Gruppe der Wissenschaftler zugänglich und durch sie intersubjektiv überprüfbar sein dürfte. Dieser scheinbare Widerspruch löst sich dann auf, wenn gezeigt werden kann, daß dieses wissenschaftliche Sonderwissen sich erst entfalten und etablieren konnte, als es sowohl intern in der Gruppe der Wissenschaftler frei zirkulierte, als auch extern durch die öffentliche Unterstützung eines wissenschaftlich interessierten Publikums, wie besonderer kommunikativer Vermittlungsrollen, legitimiert wurde.

Für das Verständnis des Untersuchungsganges dieser Arbeit ist zunächst eine theoretische Bestimmung des hier gebrauchten Begriffes des wissenschaftlichen Wissens nötig. Dabei soll dann gezeigt werden, daß die kommunikationstheoretisch verfahrende Wissenschaftssoziologie bisher überwiegend nur einen Aspekt dieses wissenschaftlichen Wissens – nämlich hauptsächlich den wissenschaftsintern erfolgenden Kommunikationsprozeß – berücksichtigt hat. Um den gegenwärtigen Stand der wissenschaftssoziologischen Diskussion und damit auch die Problemlage dieser Arbeit deutlich zu machen, werden besonders ausführlich die für diesen wissenschaftsintern erfolgenden Kommunikationsprozeß relevanten sozialen Mechanismen aufgezeigt. Daran anschließend werden die für diese Arbeit wesentlichsten theoretischen Gesichtspunkte dargelegt.

1.1.1. *Das wissenschaftliche Sonderwissen*

Das wissenschaftliche Wissen ist deshalb ein Sonderwissen, weil Erwerb, Benutzung, Verteilung und Produktion wissenschaftlichen Wissens durch besondere soziale Normen und Werte gesteuert werden, die lediglich für die soziale Gruppe der Wissenschaftler handlungsrelevant sind. Außerdem verfügen diese über eigene methodische Regeln bei der Überprüfung vorgebrachten wissenschaftlichen Wissens, um eine inter-subjektiv erfolgende Kontrolle durch andere Wissenschaftler zu gewährleisten. überdies wird das wissenschaftliche Wissen nicht durch bloße Teilnahme an sozialen Interaktionen erworben und als konkretes Handlungswissen für typisch ablaufende Handlungssituationen mit der Aussicht auf einen sich durchschnittlich einstellenden Handlungserfolg eingesetzt.[1] Vielmehr wird es in einem für den jeweiligen Wissensbestand einer Fachdisziplin gültigen wissenschaftlichen Bezugsrahmen erworben und stellt deshalb ein von konkret ablaufenden Handlungsvollzügen relativ unabhängiges Wissen dar, das zudem deshalb von allgemeiner und formaler Art ist, weil es sich dann nicht mehr unvermittelt wieder in konkrete Handlungsvollzüge einfügen läßt. Wissenschaftliches Wissen ist in diesem Sinne fungibles Wissen, das für inhaltlich verschiedene Handlungssituationen und Handlungssysteme einsetzbar bleibt, wenn die für den bloßen Gebrauch vorgegebenen Verwendungsregeln für wissenschaftliches Wissen beachtet werden. „Das bedeutet, daß der Sanktionsmodus wissenschaftlicher Wahrheit nicht mehr oder nur noch sehr begrenzt in andere Rollenzusammenhänge eingreift. Die Straßenbahn nimmt mich mit, auch wenn ich Elektrizität irrig für eine kribbelige Flüssigkeit halte. Eine Hausfrau kann der Christian Science angehören, nachweisbaren Wahrheiten trotzen und gleichwohl als Hausfrau, Wählerin, Rentenbezieherin usw. das ihre leisten; sie riskiert ihre Subjektivität, aber nicht ohne weiteres auch ihre Rollen oder gar die konkrete soziale Identität ihrer Person."[2] Diese Ablösung des wissenschaftli-

---

1 Zum Unterschied von wissenschaftlichem Wissen und konkretem Handlungswissen vgl. Alfred Schütz, Common-Sense and Scientific Interpretation of Human Action, in: ders., Collected Papers, Bd. 1, Den Haag 1962, S. 3–47; ders., Das Problem der Relevanz, Frankfurt/M. 1971, S. 87 ff., vgl. auch Harold Garfinkel, The Rational Properties of Scientific and Common Sense Activities, in: Behavioral Science 5, 1960, S. 72 bis 83; auch Hans Neisser, On the Sociology of Knowledge, New York 1965, bes. S. 24.
2 Niklas Luhmann, Selbststeuerung der Wissenschaft, in: ders. Soziologische Aufklärung, Köln und Opladen 1970, S. 232–252, S. 234.

chen Sonderwissens von der konkreten Handlungssituation, was später[3] als zeitliche, sachliche und soziale Indifferenz des wissenschaftlichen Sonderwissens näher beschrieben werden wird, wird dann auch zur Voraussetzung für die funktionale Autonomie des sozialen Teilsystems Wissenschaft in der modernen Gesellschaft. „Wissenschaftliche Forschung sanktioniert nicht mehr direkt gesellschaftliches Rollenverhalten – der gesamte Bereich pragmatischer Relevanzen verliert vor den strengen Kriterien positiver Wissenschaft seine Wahrheitsfähigkeit –, sondern sie ändert die Gesellschaft nur noch indirekt, und dadurch um so wirksamer, auf dem Umweg über technisch realisierte und soziale (z. B. rechtlich und wirtschaftlich) kontrollierte Anwendungen. Deshalb kann auch umgekehrt die Wissenschaft ihr Wahrheitskriterium aus den Strukturen der Gesellschaft herauslösen und verselbständigen. Ihre Blickweise befreit sich von der Rücksicht auf andere Rollen der Forscher in religiösen, politischen, wirtschaftlichen, traditionsbestimmten, statusmäßigen Interaktionszusammenhängen. Sie kann sich so der Gesellschaft gegenüberstellen, kann die Gesellschaft als Objekt sehen und sie in ihrer vollen Komplexität auf andere Möglichkeiten hin untersuchen."[4]

1.1.2. Öffentliches Wissen[5]

Gleichzeitig ist dieses wissenschaftliche Sonderwissen aber auch ein öffentliches Wissen, weil es von jedem erworben, benutzt und überprüft werden kann, der sich die dafür erforderlichen methodischen Regeln und handlungsrelevanten sozialen Normen und Wertvorstellungen der wissenschaftlichen Bezugsgruppe aneignet, oder auch nur als bloßer Wissensabnehmer sich an die erforderlichen Verwendungsregeln wissenschaftlichen Wissens hält. Sicher setzen zusätzlich die Zugehörigkeit zu bestimmten Gesellschaftsformen, sozialen Gruppen, Schichten, Klassen, Organisationen, Institutionen den prinzipiell freien Zugang zu Erwerb, Benutzung, Verteilung und Produktion wissenschaftlichen Wissens Grenzen. Trotz dieser Beschränkungen bleibt das wissenschaftliche Sonderwissen deshalb gleichzei-

---

3 vgl. Abschn. 4.222.
4 Niklas Luhmann, op. cit., S. 234.
5 vgl. J. M. Ziman, Public Knowledge. An Essay Concerning the Social Dimension of Science, Cambridge 1968, bes. S. 9. Der Titel der Arbeit von Ziman ist insofern irreführend, weil Ziman eben nicht wissenschaftliches Wissen als öffentliches behandelt, sondern darunter nur solches versteht, welches von den Wissenschaftlern als relevant angesehen wird.

tig auch ein öffentliches Wissen, weil es in Distanz zur konkreten Handlungssituation gewonnen, wie in einem wissenschaftlichen Bezugsrahmen systematisiert wurde, und es als fungibles Wissen gegenüber unterschiedlicher Verwendung von sozial und kulturell verschiedenen Individuen, Gruppen, Organisationen, Institutionen relativ neutral bleibt, also wegen dieser Merkmale mehr Wissensproduzenten und Wissensabnehmern als bei anderen Wissensformen zur Verfügung und Nutzung offensteht; denn diese anderen Wissensformen sind überwiegend auf die jeweils geltenden Handlungssituationen zugeschnitten und bezwecken einen bei bestehendem Handlungsdruck zu erzielenden Handlungserfolg, der unabhängig von der intersubjektiv überprüfbaren wissenschaftlich verbürgten „richtigen" Erklärung erreicht werden kann.

Das in Distanz zur konkreten Handlungssituation gewonnene und systematisierte wissenschaftliche Sonderwissen gilt uns allerdings hier erst dann als ein öffentliches Wissen, wenn Erwerb, Benutzung, Verteilung, Produktion – bei den vorher gemachten Einschränkungen – für alle Individuen, soziale Gruppen, Institutionen, Organisationen frei verfügbar und zugänglich ist. Zur Sicherung eines möglichst ungehinderten Zuganges zum wissenschaftlichen Wissen sind zudem Institutionen und Apparate nötig, in denen es gesammelt und tradiert wird, um Zugang, Suche, Überprüfung, Weitergabe, Benutzung wissenschaftlichen Wissens zeit- und kostensparend zu ermöglichen. Zusätzlich zu diesen Knotenpunkten im wissenschaftlichen Wissensbestand muß eine Gruppe von Wissenschaftlern vorhanden sein, die als Träger dieses prinzipiell öffentlichen wissenschaftlichen Wissens ansprechbar und auffindbar sind, um es zu tradieren (zeitliche Kontinuität) und weiter zu entwickeln (Systemziel: Produktion neuen wissenschaftlichen Wissens) und – soweit möglich – es an nichtwissenschaftliche Individuen, Gruppen, Institutionen, Organisationen weiterzugeben (öffentliche Legitimation). Existiert ein dem System der Wissenschaft zugeordnetes wissenschaftlich interessiertes Publikum oder haben sich bei zunehmender wissenschaftlicher Spezialisierung besondere kommunikative Vermittlungsrollen herausgebildet, so kann die zwecklos oder organisiert erfolgende Diffusion wissenschaftlichen Wissens verhindern, daß es esoterisches Wissen bleibt und exklusiv allein von Wissenschaftlern verwaltet wird. Damit kann auch verhindert werden, daß sich das wissenschaftliche Wissen konträr zum gesamtgesellschaftlich gültigen Wert- und Normensystem entwickelt, sich möglicherweise sogar in einer devianten Subkultur selbst isoliert. Die Öffentlichkeit wissenschaftlichen Wissens hat also einmal intern die innovative Funktion, die Produktion von neuem Wissen sicherzustellen und zum anderen die integrative Funktion, das wissenschaftliche Sonderwissen vor einer allzu starken gesamtgesellschaftlichen Isolation zu bewahren.

Die kommunikationstheoretisch verfahrende Wissenschaftssoziologie[6] hat zwar bei der Untersuchung der internen Funktionsweisen der wissenschaftlichen Öffentlichkeit dargelegt, daß nur unter der Voraussetzung eines für alle am Wissenschaftsprozeß beteiligten Wissenschaftler frei verfügbaren Wissens das Systemziel der Wissenschaft, nämlich die Produktion neuen wissenschaftlichen Wissens, erreicht werden kann. Sie hat es aber versäumt, dieser wissenschaftsintern entscheidenden Tatsache des frei verfügbaren wissenschaftlichen Wissens auch im Verhältnis von Wissenschaft und Gesellschaft nachzugehen.

---

6 Dazu gehören u. a. Warren O. Hagstrom, The Scientific Community, New York 1963; Herbert Menzel, Planned and Unplanned Scientific Communication, in: Bernard Barber and Walter Hirsch, eds., The Sociology of Science, New York 1962, S. 417–446; Norman W. Storer, The Social System of Science, New York 1966; Derek J. de Solla Price and Donald Beaver, Collaboration in an Invisible College, in: American Psychologist, 21, 1966, S. 1011–18; Kurt W. Back, The Behavior of Scientists: Communication and Creativity, in: Sociological Inquiry, 32, 1962, S. 82–87; Belver C. Griffith and William D. Garvey, The National Scientific Meeting in Psychology as a Changing Social System, in: Behavior of Scientist, in: Sociological Inquiry 32, 1962, 82–87; Nicholas C. Mullins, The Distribution of Social and Cultural Properties in Informal Communication Networks among Scientists, in: American Sociological Review, 33, 1968, S. 786–797; Stephen and Jonathan Cole, Scientific Output and Recognition. A Study in the Operation of the Reward System in Science, in: American Sociological Review, 32, 1967, S. 377–390; Diana Crane, Social Structure in a Group of Scientists: A Test of the "Invisible College" Hypothesis, in: American Sociological Review, 34, 1969, 335–352; Harriet Zuckermann, The Sociology of the Nobel Prizes, in: Scientific American, 217, 1967, S. 25–33; ders., Nobel Laureates in Science: Patterns of Productivity, Collaboration, and Authorship, in: American Sociological Review, 32, 1967, S. 391–403; ders., Patterns of Name Ordering among Authors of Scientific Papers: A Study of Social Symbolism and its Ambiguity, in: American Journal of Sociology, 74, 1968/69, S. 276–291; Diana Crane, The Academic Marketplace Revisited: A Study of Faculty Mobility Using the Carter Ratings, in: American Journal of Sociology, 75, 1969/70, 953–964; Stephen Cole, Professional Standing and the Reception of Scientific Discoveries, in: American Journal of Sociology, 76, 1970, S. 286–306; C. R. Myers, Journal Citations and Scientific Eminence in Contemporary Psychology, in: American Psychologist, 25, 1970, S. 1041–1048; Warren O. Hagstrom, Inputs, Outputs, and the Prestige of American Science Departments, in: Sociology of Education 44, 1971, S. 375–396, wichtig auch Harriet Zuckerman, Stratification in American Science, in: Sociological Inquiry 40, 1970, S. 235–257.

1.2. Wissenschaft als Kommunikationssystem

In diesem wissenschaftlichen Kommunikationssystem stellen Austausch und Bewertung wissenschaftlicher Informationen die entscheidenden sozialen Formen dar, in denen sich wissenschaftliche Aktivität vollzieht. Der Austausch wissenschaftlicher Informationen trägt zur Verbreitung und Weitergabe individueller Forschungsergebnisse bei und addiert sich zum gesamten Wissensbestand des jeweiligen wissenschaftlichen Wissenssystems. Die Bewertung der eingebrachten und vorgetragenen individuellen Forschungsergebnisse treibt den Prozeß des Wissenserwerbs weiter und verhindert die Erstarrung des einmal erreichten Wissensbestandes.

Beide Formen wissenschaftlicher Aktivität können nur als soziale Prozesse verstanden werden, die von handlungsleitenden Werten, Normen, Einstellungen und Gefühlen getragen und gesteuert werden. Es handelt sich also um typische, regelmäßige und vorhersehbare soziale Beziehungen in diesem wissenschaftlichen Kommunikationssystem, die nicht, oder nur bedingt, von den individuellen Einstellungen und Bestrebungen der einzelnen Wissenschaftler her veränderbar sind und in der Regel diese überdauern. Die individuellen Motive und Einstellungen, die der einzelne Wissenschaftler in diesen sozialen Prozeß des Austausches und der Bewertung wissenschaftlicher Informationen einbringt, sind dann selbst Ergebnis der im sozialen System Wissenschaft festgelegten sozialen Beziehungen.

Dieser Hinweis auf die soziale Dimension wissenschaftlicher Aktivität macht darauf aufmerksam, daß erst die Kenntnis der im wissenschaftlichen Kommunikationsprozeß verbindlichen sozialen Normen es uns ermöglicht, die bestimmenden Funktionsweisen dieses Austausches und dieser Bewertung wissenschaftlicher Informationen näher auszumachen. R. K. Merton versuchte als erster, ein System solcher handlungsbestimmender wissenschaftlicher Normen zu entwickeln. Sie sollten einmal das wissenschaftliche Handlungsfeld begrenzen, wie zur Erreichung des Systemzieles dienen. Begrenzend wirken diese wissenschaftlichen Normen, indem sie für die Wissenschaftler einen eigenen sozialen Raum der Identifikation schaffen und eine von anderen sozialen Teilbereichen verschieden geartete soziale Realität aufbauen. Wer die Grenze des wissenschaftlichen Systems verläßt, merkt das an den negativen Sanktionen der Fachgenossen und an dem Unverständnis der neuen Bezugsgruppe, wie der Fremde in der neuen sozialen Umwelt. Auf die Erreichung des wissenschaftlichen Systemzieles sind die wissenschaftlichen Normen deshalb ausgerichtet, weil sie die individuellen Anstrengungen einzelner Wissenschaftler so koordinieren, daß sich ihre einzelnen Wissensbeiträge zur Erweiterung des bestehenden Wissens summieren. Wissenschaftliche Normen dienen also der institutionellen Verfestigung der Wissenschaft, in dem diese sich gegenüber anderen Teilbereichen merklich absetzt, Grenzen zieht und den Wissenschaftlern eine eigene nicht beliebig austauschbare soziale Realität vermittelt. Gleichzeitig haben diese wissenschaftlichen Normen die Funktion, den Kommunikationsprozeß in der Wissenschaft voranzutreiben, ihn vor Erstarrung zu bewahren und der Erweiterung wissenschaftlich bedeutsamer Ergebnisse zu dienen. Damit kennt das System Wissenschaft die gleichen Probleme wie andere Organisationen, nämlich die Sozialisation ihrer Mitglieder auf bestimmte systemeigene Normen und Ziele hin und die Erreichung der gesetzten Systemziele. Bei der Sozialisation der Mitglieder müssen oft andere Ziele und Richtlinien verfolgt werden, als es eigentlich für die Erreichung des Systemzieles zuträglich sein könnte. Es sei gleich kurz angedeutet, daß die Teilung in formelle und informelle Kommunikation im Wissenschaftssystem diesem Problem Rechnung trägt und natürlich wieder ungelöste Folgeprobleme aufwirft.

Im einzelnen führt Merton „Universalism", „Communism" oder „Communality", „Disinterestedness" und „Organized Scepticism" als die bestimmenden Normen wissenschaftlichen Handelns vor.[7] Die erste Norm zielt auf die universelle Geltung wissenschaftlicher Ergebnisse, gleichgültig welcher sozialer Herkunft ihr Autor auch sein mag. Ebenso soll sie den ungehinderten Zugang zur Wissenschaft sichern, der nicht allein besonders privilegierten sozialen Gruppen vorbehalten sein darf. Die zweite Norm verpflichtet den Wissenschaftler, seine Erkenntnisse und Ergebnisse anderen zugänglich zu machen und sie dadurch am Prozeß des Austausches und der Bewertung wissenschaftlicher Ergebnisse teilnehmen zu lassen. Die dritte Norm soll den Wissenschaftler ganz auf die wissenschaftliche Bezugsgruppe ausrichten. Prestigedenken, das Streben nach finanziellen Vorteilen, nach Macht und Einfluß werden als Antriebe wissenschaftlichen Handelns mißbilligt. Die Orientierung des Wissenschaftlers soll ausschließlich der Erforschung und Prüfung wissenschaftlich relevanter Tatbestände gelten. Die vierte Norm wirkt als Kontrollinstanz im kommunikativen Austausch wissenschaftlicher Ergebnisse. Nur solche Ergebnisse und Informationen, die der „organisierten Skepsis" der Fachgenossen standgehalten haben, können als gesichert und richtig gelten und dem Wissensbestand der Disziplin hinzugefügt werden. Gerade der Anreiz, durch neue wissenschaftliche Erkenntnisse, die die Kontrolle und Skepsis der Fachgenossen erfolgreich passiert haben, im wissenschaftlichen System innovativ

---

7 Robert K. Merton, Science and Democratic Social Structure, in: ders., Social Theory and Social Structure, New York 1968, S. 604–615, S. 606 ff.

zu wirken, kann als die entscheidende Triebfeder wissenschaftlicher Aktivität angesehen werden. Nur wer Neues dem Wissensbestand der Disziplin zuführen kann, wird Anerkennung und Achtung der Fachgenossen erlangen. W. O. Hagstrom hat daher folgerichtig das wissenschaftliche Kommunikationssystem als einen dauernden dynamischen Austauschprozeß angesehen, in dem neue wissenschaftliche Ergebnisse und Informationen gegen Anerkennung von und Prestige unter den Fachgenossen wechselseitig ausgetauscht werden. „The organization of science consists of an exchange of social recognition for information. But, as in all gift-giving, the expectation of return (of recognition) cannot be publicly acknowledged as the motive for making the gift. A gift is supposed to be given, not in the expectation of a return, but as an expression of the sentiment of the donor toward the recipient."[8]

Die Ungewißheit, für eingebrachte Ergebnisse auch die erhoffte Anerkennung durch die Fachgenossen zu erhalten, kann zwar dadurch vermindert werden, daß der einzelne Wissenschaftler gerade die in seiner Disziplin als wichtig geltenden und dringend zu lösenden Probleme und Fragestellungen aufgreift und damit schon von vornherein einer gewissen Aufmerksamkeit für seine Forschung gewiß sein darf, doch kann der Erfolg dieser Handlungsstrategie nicht völlig garantiert werden. Der für den einzelnen Wissenschaftler ungewisse Ausgang dieses kommunikativen Austauschprozesses birgt für ihn ein hohes Maß an Risiken, Spannungen, Unsicherheiten in sich. Nur der schrittweise Aufbau von inneren sozialen Kontrollen, die den Wissenschaftler auf die wissenschaftlichen Normen und Wertvorstellungen ausrichten und verpflichten, können eine Grenzverletzung des wissenschaftlich definierten Handlungsfeldes verhindern, oder doch zumindest sie als solche bewußt machen. Diese innerlich verpflichtenden wissenschaftlichen Normen sollen nicht nur negativ den wissenschaftlichen Kommunikationsprozeß störungsfrei gestalten, sondern vielmehr erst die Voraussetzung für ihn schaffen und erhalten. Die Furcht vor den negativen Sanktionen oder gar ihrer Androhung durch die Fachgenossen, die die vorgewiesenen wissenschaftlichen Ergebnisse ignorieren, sie negativ bewerten, oder ihre Veröffentlichung verhindern, dürfte ja kaum auf die Dauer normgerechtes wissenschaftliches Handeln erzwingen. Ein solches setzt vielmehr schon ein inneres Engagement des Wissenschaftlers für diese Normen und Werte voraus und wird erst im Prozeß der sekundären beruflichen Sozialisation in der wissenschaftlichen Bezugsgruppe aufgebaut.

---

8 Warren O. Hagstrom, op. cit., S. 13.

Dieser durch das innere Engagement der Wissenschaftler getragene wissenschaftliche Kommunikationsprozeß verläuft nach Hagstrom horizontal. Alle Mitglieder der wissenschaftlichen Bezugsgruppe sind gleichermaßen an dieses Kommunikationsnetz angeschlossen. Das Wissensgefälle, das durch die fortschreitende Spezialisierung in der Wissenschaft entsteht, schafft keine voneinander abgeschlossenen Kommunikationsgruppen, sondern wird durch das dynamische Prinzip des Austausches von Informationen gegen Anerkennung teilweise ausgeglichen. Es wird unterstellt, daß in der Konkurrenz um das knappe Gut Anerkennung sich das Interesse der Wissenschaftler den jeweils für die Disziplin wichtigsten Problemfeldern zuwendet und über einen längeren Zeitraum hinweg sich die möglichen und tatsächlich eintretenden Verzerrungen und Einseitigkeiten der Forschung wechselseitig aufheben und korrigieren.[9]

Dieser wesentlich horizontal gegliederte Kommunikationsprozeß wird hauptsächlich von dem informellen und formellen kommunikativen Austausch wissenschaftlicher Ergebnisse und Informationen getragen. In persönlichen Kontakten der Wissenschaftler untereinander werden Ideen, Argumente, Informationen geprüft und gesichtet, während der formelle Austausch von wissenschaftlichen Ergebnissen gegen wissenschaftliche Anerkennung den Abschluß eines solchen zeitlich gestreckten Kommunikationsprozesses darstellt. Beide Kommunikationsprozesse bedingen sich wechselseitig. Dem formalen Kommunikationsprozeß bleibt der Filter des informellen Meinungsaustausches vorgeschaltet. Zusätzlich werden im informellen Geflecht wissenschaftlichen Austausches nicht nur die einzelnen Ideen, Argumente, Informationen geprüft und gesichtet, sondern es werden auch allgemeine Motivationslagen und stützende Verhaltensmuster aufgebaut, die erst den weiteren Fortgang des Kommunikationsprozesses ermöglichen. Diese informelle Sozialisation mit wissenschaftlichen Werten und Denkhaltungen ist natürlich für die Rekrutierung von wissenschaftlichem Nachwuchs von zentraler Bedeutung. Ebenso wichtig bleibt ihre Leistung im Vollzug wissenschaftlicher Tätigkeit, nämlich innerlich verpflichtende Normen der am Wissenschaftsprozeß Beteiligten stetig zu erneuern.

An diesem Versuch, Wissenschaft als Kommunikationssystem zu begreifen, fällt die implizit getroffene Annahme auf, daß die Bedürfnisse des wissenschaftlichen Personals immer auf das Systemziel ausgerichtet sind, zu-

---

9 Darauf hat schon zuerst Michael Polanyi, The Republic of Science: Its Political and Economic Theory, in: Edward Shils, ed., Criteria for Scientific Development: Public Policy and National Goals, Cambridge 1968, S. 1–20, bes. S. 3–5, hingewiesen.

dem von den dominierenden wissenschaftlichen Normen und Werten bleibend geformt werden und überdies der eingespielte Austauschmechanismus zur Erreichung des Systemziels führt. Zwar hat Merton[10] auf die Ambivalenz wissenschaftlicher Normen und Werte hingewiesen und damit die Annahme einer vollkommenen Deckung von wissenschaftlichen Werten und Normen mit individuellen Bedürfnissen und Zwecken abgeschwächt, Barber[11] auf nichtwissenschaftliche Motive bei der Nichtbeachtung wissenschaftlich wichtiger Entdeckungen aufmerksam gemacht, Hagstrom[12] die Anomie in der komplexen wissenschaftsinternen Öffentlichkeit und Luhmann[13] wissenschaftliche Reputation als notwendigen sekundären Steuerungsmechanismus analysiert, doch wurde von ihnen das Modell der Wissenschaft als Kommunikationssystem nicht aufgegeben. Das ist bei diesem Ansatz auch gar nicht notwendig, weil die soziologische Systemtheorie bei der Analyse von Mechanismen, die zur Aufrechterhaltung des Systemzustandes beitragen, gleichzeitig auch auf Mechanismen stößt, die das Nichtfunktionieren sozialer Kontrollmechanismen zeigen, oder auf Tendenzen aufmerksam macht, die sozialen Wandel initiieren können, der Teile des Systems oder das gesamte System zu verändern vermag.[14]

Für unsere Untersuchung viel gewichtiger ist, daß bei dieser Betrachtungsweise der für das wissenschaftliche Wissen besonders bedeutsame As-

---

10 Robert K. Merton, The Ambivalence of Scientists, in: Norman Kaplan, ed., Science and Society, Chicago 1965, S. 112–132.
11 Bernard Barber, Resistance by Scientists to Scientific Discovery, in: Bernard Barber and Walter Hirsch, eds., The Sociology of Science, New York 1962, S. 539–556.
12 Warren O. Hagstrom, Anomy in Scientific Communities, in: Social Problems 12, 1964, S. 186–195.
13 Niklas Luhmann, op. cit., vgl. dazu den Abschnitt 4.3253.
14 Talcott Parsons, The Social System, New York 1951, S. 480 ff.; ders., Some Considerations on the Theory of Social Change, in: A. Etzioni and E. Etzioni, eds., Social Change, New York 1964, S. 219–239; ders., Die jüngsten Entwicklungen in der strukturell-funktionalen Theorie, in: Kölner Zeitschrift für Soziologie und Sozialpsychologie 6, 1964, S. 30–49; ders., Systematische Theorie in der Soziologie, in: ders., Beiträge zur soziologischen Theorie, Neuwied 1964, S. 31–64; S. F. Nadel, The Theory of Social Structure, London 3. ed. 1965, S. 128 ff.; Francesca Cancian, Functional Analysis of Change, in: American Sociological Review, 25, 1960, S. 818–826; Wilbert E. Moore, A Reconsideration of Theories of Social Change, in: American Sociological Review 25, 1960 S. 810–818; ders., Strukturwandel der Gesellschaft, München 1967; Samuel N. Eisenstadt, Institutionalization and Change, in: American Sociological Review, 29, 1964, S. 235–247; Alvin Boskoff, Functional Analysis as a Source of a Theoretical Repertory and Research Tasks in the Study of Social Change, in: G. K. Zollschan and W. Hirsch, eds., Exploration in Social Change, Boston 1964, S. 13–243.

pekt nicht weiter berücksichtigt wurde, daß wissenschaftliches Wissen gleichzeitig auch immer ein öffentliches Wissen darstellt, das, latent oder manifest, jeweils in die öffentliche Weltauslegung bestimmter Gesellschaftsformen einfließt und sich diesen Einfluß erst durch seine öffentliche Legitimation gesichert hat.

1.3. Öffentliche Weltauslegung

Unter öffentlicher Weltauslegung wird hier die Deutung und Auslegung der Kultur einer Gesellschaft verstanden.[15] Durch den Akt der öffentlichen Weltauslegung wird die soziale Lebenswelt nicht bloß abgebildet, sondern imaginativ neu geschaffen und gedeutet. Die öffentliche Weltauslegung wird dann vornehmlich von besonderen kulturtragenden Gruppen[16] betrieben, wenn die Kultur einer Gesellschaft nicht mehr im informellen

---

15 Öffentliche Weltauslegung im Sinne von Karl Mannheim, Die Bedeutung der Konkurrenz im Gebiete des Geistigen, in: ders. Wissenssoziologie, eingel. und hrsg. von Kurt H. Wolff, Berlin 1964, S. 566–613, S. 57 ff.

16 Der Terminus „kulturtragende Intelligenz" im Anschluß an Jenö Kurucz, Struktur und Funktion der Intelligenz während der Weimarer Republik, Köln 1967; nach Kurucz gehören zu ihr „Philosophen, Künstler (Komponisten, Maler, Bildhauer, Architekten), Dichter, Schriftsteller, naturwissenschaftliche Forscher und Geisteswissenschaftler (soweit sie über das Spezialistentum hinausgelangen und über Wesen und Wert ihrer Erkenntnisobjekte etwas aussagen können" (S. 27); dagegen ist die technisch-organisatorische Intelligenz vor allem in die moderne Gesellschaft funktional eingegliedert, „da sie Güterproduktion, Kommunikation und Organisation sozialer Beziehungen trägt" (S. 28) und bestrebt ist, „Vorgänge vorauszuberechnen und praktisch zu beherrschen" (S. 28). Kurucz selbst stützt seine Klassifikation auf Max Scheler, Die Formen des Wissens und die Bildung, in: ders., Philosophische Weltanschauung, Bonn 1929; was Scheler „Heilswissen" nennt, entspricht hier ungefähr dem Ausdruck „normativen Deutungswissen"; das „Bildungswissen wird hier noch dem „normativen Deutungswissen" zugeschlagen, während das „Leistungswissen" von der technisch-organisatorischen Intelligenz verwaltet wird. Theodor Geiger, Aufgaben und Stellung der Intelligenz in der Gesellschaft. Stuttgart 1949, bes. S. 12, und ders., Artikel „Intelligenz", in: Handwörterbuch der Sozialwissenschaften, Bd. 5, 1956, S. 302–304, hat diese von Scheler konstruierte Typologie des Wissens als von der Intelligenz ausgeübte Funktionen verstanden: 1. Sublimierung des Daseins (Bildungswissen), 2. Schaffung der theoretischen Voraussetzungen für die Rationalisierung des Daseins (anwendbares Leistungswissen) und zusätzlich 3. Kritik der politischen und wirtschaftlichen Machtfaktoren. Florian Znaniecki, The Social Role of the Man of Knowledge, New York 2. ed. 1954 knüpft mit seinem Begriff des „sage" (bes. S. 72 ff.) an diese Scheler'sche Typologie der Wissensformen an, ebenso Alfred von

Miteinanderhandeln der Gesellschaftsmitglieder in Gänze erworben und als ein für alle verbindlicher und gültiger kultureller Daseinsentwurf übernommen werden kann. Bei zunehmender gesellschaftlicher Komplexität fällt der kulturtragenden Intelligenz dann eigens die Aufgabe zu, aufgetretene strukturelle Spannungen und damit verbundene kulturelle Unsicherheiten normativ auszudeuten und den bestehenden kulturellen Daseinsentwurf mit den neuen sozialen Gegebenheiten in Übereinstimmung zu bringen. Je nach dem Grad der gesellschaftlichen Komplexität kann diese öffentliche Weltauslegung sowohl die Sublimierung des Daseins (Bildungswissen), Schaffung der theoretischen Voraussetzungen für die Rationalisierung des Daseins (anwendbares Leistungswissen), und Kritik der politischen und wirtschaftlichen Macht (sozialwissenschaftliches Fachwissen, Destruktion von Ideologien) umfassen und von einer einzigen Schicht von Intellektuellen getragen werden.[17] Bei hoher gesellschaftlicher Komplexität werden diese verschiedenen Wissensformen der öffentlichen Weltauslegung von unterschiedlichen Gruppen der Intelligenz (kulturtragende und technisch-organisatorische) vertreten und bei der Verbreitung von der vermittelnden Intelligenz[18] unterstützt.

Der Anspruch der kulturtragenden Intelligenz, für alle sozialen Gruppen die Kultur einer Gesellschaft sinnhaft und gültig auszulegen und ein verbindliches kulturelles Orientierungsschema zu entwerfen, muß zumindest bei beginnender gesellschaftlicher Differenzierung für Teile der Gesellschaft Vorbildcharakter besitzen und darf nicht lediglich die private Daseinsstabilisierung dieser Intelligenz bezwecken. Durch die Produktion von gesellschaftlich verwertbarem technologischem Wissen (anwendbares Leistungswissen) und normativem Deutungswissen (Bildungswissen)

Martin, Abriß einer Soziologie der Intelligenzschicht, in: ders., Ordnung und Freiheit, Frankfurt/M. 1956, S. 249–263 und ders., Die Intellektuellen als sozialer Faktor, in: Studium Generale, 15. Jg,. 1962, S. 399 bis 420; ebenso Edward Shils, The Traditions of Intellectual Life: Their Conditions of Existence and Growth in Contemporary Societies, in: International Journal of Comparative Sociology, 1, 1960, S. 177–194; teilweise auch, besonders was den „Vorbildcharakter der Intelligenz" betrifft S. F. Nadel, The Concept of Social Elites, in: International Social Science Bulletin 8, 1956, S. 413–424, bes. S. 415; bei aller Verschiedenheit zu Scheler auch Karl Mannheim, The Problem of the Intelligentsia, in: ders., Essays on the Sociology of Culture, London 2. ed. 1962, S. 91–170, bes. S. 111–158; dazu auch Dietrich Rüschemeyer, Probleme der Wissenssoziologie, Diss. Köln 1958, bes. S. 92 ff.

17 Nach Theodor Geiger, Artikel „Intelligenz", op. cit., bes. S. 304.

18 Theodor Geiger, Aufgaben und Stellung der Intelligenz in der Gesellschaft, op. cit., bes. S. 15–19.

konnte die kulturtragende Intelligenz der Hochkultur ihre Freistellung vom primären Lebenserwerb und der sozialen Kontrolle traditional verhafteter Lokalgruppen diesen Vorbildcharakter ihres Tuns erreichen. Allerdings blieb der öffentlichen Verbreitung und Weiterentwicklung dieses Wissens durch ihre notwendige sakrale und herrschaftliche Legitimation Grenzen gesetzt. Erst als dieses hochkulturelle Wissen dieser Intelligenz öffentliches Wissen wurde, konnte es diese Beschränkungen überwinden und als wissenschaftliches Sonderwissen im System der Wissenschaft weiterentwickelt werden. Damit wiederum wurde das wissenschaftliche Sonderwissen vom normativen Deutungswissen (Bildungswissen) getrennt und als technologisches Wissen (anwendbares Leistungswissen) bestimmten Abnehmergruppen weitergegeben und als wissenschaftliches Sonderwissen von den Wissenschaftlern weiterentwickelt.

Es stellt sich nun die Frage, ob trotz dieser Abspaltung des wissenschaftlichen Sonderwissens von der öffentlichen Weltauslegung, das wissenschaftliche Sonderwissen nicht doch latente Funktionen für die normative Deutung der komplexen modernen Gesellschaft erfüllen kann. Darauf wird im Schlußabschnitt „Öffentliche Weltauslegung als öffentliche Dauerreflexion" eingegangen.

1.4. Öffentliche Legitimation der Wissenschaft

Das wissenschaftliche Sonderwissen ist – wie bereits erwähnt – immer auch öffentliches Wissen und fließt deshalb auch in die öffentliche Weltauslegung. Gleichzeitig hat sich damit das wissenschaftliche Sonderwissen als System der Wissenschaft legitimiert.

Von öffentlicher Legitimation des wissenschaftlichen Sonderwissens wird hier dann gesprochen, wenn wissenschaftliches Denken und Handeln von den jeweils über die für die Wissenschaft erforderlichen Subsistenzmittel verfügenden dominanten gesellschaftlichen Gruppen, Institutionen und Organisationen anerkannt, gebilligt und geschätzt wird. Voraussetzung dafür ist, daß die für die soziale Gruppe der Wissenschaftler typischen Werte und Verhaltensweisen sich in den weiteren Zusammenhang gesamtgesellschaftlich gültiger Werte und Ziele einfügen, die Wissenschaft also keine deviante Subkultur darstellt.

Die Übereinstimmung von gesamtgesellschaftlichen Werten und Zielen mit den wissenschaftlichen Normen darf jedoch nicht vollkommen sein, da die soziale Gruppe der Wissenschaftler ja fungibles Wissen und nicht handlungsleitendes normatives Deutungswissen (öffentliche Weltauslegung) produziert. Deshalb wird ihnen zugestanden, eigene Normen für den internen Wissenschaftsprozeß auszubilden, um neues, zunächst allen Wissenschaftlern freies und verfügbares Wissen zu produzieren, das dann über kommunikative Vermittlungsrollen den Nichtwissenschaftlern zur Nutzung offensteht. Legitim ist die Produktion von wissenschaftlichem Wissen also erst dann, wenn den Wissenschaftlern zugestanden wird, inhaltlich noch unbestimmtes wissenschaftliches Sonderwissen innerhalb des durch gesamtgesellschaftlich gültige Werte und Ziele abgesteckten Rahmens zu produzieren. Diese Bereitschaft, den Wissenschaftlern in dieser Hinsicht funktionale Autonomie zu gewähren, kann nur dann auf Dauer aufrechterhalten bleiben, wenn es auch öffentlich – zur Nutzung wie zur Kontrolle – bleibt. Die Öffentlichkeit wissenschaftlicher Ergebnisse legitimiert dann die Produktion und Diffusion wissenschaftlichen Sonderwissens.[19]

Die öffentliche Legitimation der Wissenschaft hängt aber nicht nur von den die Struktur und Kultur einer Gesellschaft tragenden und stützenden sozialen Gruppen, Institutionen und Organisationen ab. Sie wurde auch anfangs von der kulturtragenden Intelligenz der Hochkultur erstrebt und mit dem Anspruch auf die öffentliche Weltauslegung verbunden. Mit diesem Anspruch auf die öffentliche Weltauslegung sollte eine in den Hochkulturen sakrale und herrschaftliche und zu Beginn der industriellen Revolution eine auf rationalen, moralischen, intellektuellen Werten beruhende Legitimation erreicht werden. Erst mit der Etablierung einer naturwissenschaftlichen Öffentlichkeit wurde dieser Anspruch auf öffentliche Weltauslegung – zumindest teilweise – von einer im engeren Sinne wissenschaftlich verfahrenden Gruppe von Wissenschaftlern aufgegeben und die Trennung zwischen wissenschaftlichem Sonderwissen und handlungsleitendem normativem Deutungswissen (öffentliche Weltauslegung) auch institutionell vollzogen.

1.5. Zusammenfassung

Es wurde ausgeführt, daß wissenschaftliches Wissen zugleich ein Sonderwissen und ein öffentliches Wissen darstellt. Daraus folgt, daß zur Produktion von wissenschaftlichem Sonderwissen eigene methodische Verfahren

---

19 Ähnlich für die Legitimität positiv gesetzten Rechtes vgl. Niklas Luhmann, Legitimation durch Verfahren, Neuwied 1969, bes. S. 28, und ders., Positivität des Rechts als Voraussetzung einer modernen Gesellschaft, in: Rüdiger Lautmann, Werner Maihofer und Helmut Schelsky, eds., Die Funktion des Rechts in der modernen Gesellschaft, Bielefeld 1970, S. 175–202.

und handlungsleitende wissenschaftliche Normen und Verhaltensweisen notwendig sind. Das wissenschaftliche Kommunikationssystem verfügt über soziale Kontrollmechanismen, die gewährleisten sollen, daß dieses wissenschaftliche Sonderwissen stetig weiterentwickelt wird. Da das wissenschaftliche Sonderwissen gleichzeitig auch ein öffentliches Wissen ist, zirkuliert es nicht nur frei im wissenschaftlichen Kommunikationssystem, sondern gelangt auch über kommunikative Vermittlungsrollen an die weitere Gesellschaft. Es gelangt damit auch in die öffentliche Weltauslegung, die anfangs von der kulturtragenden Intelligenz geleistet wurde. Der Anspruch der kulturtragenden Intelligenz auf die öffentliche Weltauslegung hat dem wissenschaftlichen Sonderwissen die öffentliche Legitimation dominanter gesellschaftlicher Gruppen gesichert. Mit der Etablierung der naturwissenschaftlichen Öffentlichkeit im England des 17. Jahrhunderts wiederum treten wissenschaftliches Sonderwissen und öffentliche Weltauslegung auseinander und werden von verschiedenen Gruppen getragen. Dennoch erfüllt das wissenschaftliche Sonderwissen – wie noch zu zeigen sein wird – wichtige Funktionen für die öffentliche Weltauslegung in modernen Gesellschaften.

Claus Offe: Sozialwissenschaften zwischen Auftragsforschung und sozialer Bewegung[1]

Im Jahre 1968 stand am Neubau der Mensa der Universität Frankfurt, mit roter Farbe an die Wand gemalt, ein merkwürdiger Satz. Dieser Satz lautete: „Nehmt Euch die Freiheit der Wissenschaft – erkennt was Ihr wollt."

Die eigentümliche Wirkung dieses Satzes geht von seiner Undeutlichkeit aus. Sobald man anfängt, ihn mehr als oberflächlich zu lesen – etwa weil man an ihm täglich vorbeikommt, wie ich damals – beginnt er, dem Betrachter vor den Augen zu flimmern. Auf trickreiche Weise nämlich läßt die zweite Satzhälfte offen, was gemeint ist: „Erkennt was Ihr wollt" handelt es sich da um das Ansinnen, Erkenntnis dem Belieben anheim zu stellen (etwa in dem Sinne, wie man sagt: „Macht was Ihr wollt")? Oder handelt es sich ganz im Gegenteil um dem Aufruf, politisches Wollen selbst auf wissenschaftliche Erkenntnis zu gründen, im Sinne von: „Macht Euch klar, was Ihr wirklich wollt"?

Es kommt hinzu, daß auch die erste Hälfte des Satzes es durchaus in sich haben könnte. Enthält doch die Wendung „sich etwas nehmen" – hier: die Freiheit der Wissenschaft – die doppelte Bedeutung von „sich etwas zueigen machen" und „sich einer Sache begeben", indem man sich etwas „nimmt", zum Beispiel das Vergnügen an einer Sache oder gar das Leben. Je nachdem, wie man diesen Satz liest, könnte man aus ihm die Äußerung eines zynisch gewordenen Ordinarius der alten Universität oder ein revolutionäres Wissenschaftsprogramm herauslesen.

Nun läßt der räumliche und zeitgeschichtliche Kontext, in dem dieser Satz auftauchte, keinen Zweifel daran, daß letzteres gemeint war, wenn auch absichtsvoll in selbstironische Undeutlichkeit verpackt, der dann so mancher zum Opfer fiel. Mir scheint für unsere heutige Situation an den Universitäten charakteristisch zu sein, daß ein solcher Satz nirgends mehr steht oder auch nur stehen könnte. Überhaupt sind die Wände allenthalben sauber geschrubbt oder übergestrichen, und wenn sich etwas halten konnte, dann am ehesten großformatige Wandgemälde mit ästhetischem Anspruch, welche die Solidarität mit Kämpfen in Lateinamerika symboli-

---

1 Beitrag zur Podiumsdiskussion: „Wissenschaft und Staat – intellektuelle Arbeit und ihre staatliche Organisation in den 80er Jahren" anläßlich der Hochschultage der Freien Universität Berlin, Juni 1980.

sieren, von einer großherzigen Administration aber notfalls auch als „Kunst am Bau" hingenommen werden (so an der Universität Bielefeld und, besonders eindrucksvoll, der Universität Bremen). Anderenorts kam eine weniger großherzige Administration auf den pfiffigen Gedanken, die Wände gerade nicht reinigen zu lassen, an denen sich über die Jahre ein dichtes Gewirr übereinandergemalter Sprüche und Parolen ablagerte, so daß sie in ihrer Gesamtheit heute nichts anderes mehr kommunizieren als schmuddelige Wirrnis (vgl. das Universitätsviertel in Heidelberg). Wo überhaupt noch Neues an den Wänden auftaucht, da lautet es „Die Uni ist tot" (Universität Hamburg 1980) oder auch: „Diese Wand wird bald wieder sauber sein" (Amsterdam 1980).

Die These, die ich an diese Beobachtungen anschließen möchte, ist, daß wir es heute mit einem völligen Auseinanderfallen von politischem Wollen auf der einen Seite und wissenschaftlicher Erkenntnis auf der anderen Seite zu tun haben.

Diejenigen, die eine bestimmte Veränderung von Staat und Gesellschaft wollen, wenden sich zur Förderung und Selbstvergewisserung dieses Wollens nicht mehr an die Wissenschaft; und diejenigen, die sich an die Wissenschaft wenden, tun das nicht, weil sie sich hiervon die Klärung ihres politischen Wollens versprechen, sondern weil sie an den von der Wissenschaft bereitgestellten Mitteln und Strategien sowie dem für berufliche Karrieren benötigten Fachwissen interessiert sind. Selbst jene Verknüpfung von Willen und Erkenntnis, die einmal im Begriff des „wissenschaftlichen Sozialismus" konzipiert war, scheint auseinanderzufallen. Es gibt heute, merkwürdiger-, aber für jeden beobachtbarerweise an Universitäten und sonstwo einerseits außerordentlich gelehrte Marxisten, die sich in keinem landläufigen Sinne als Sozialisten zu erkennen geben, und natürlich viele Sozialisten, die ohne den Fundus marxistischer Theorien auszukommen meinen. Kurz: der Veränderungswille bildet sich heute untheoretisch, und die herrschenden Theorieformen bleiben politisch stumm.

Es fragt sich, ob mit dieser Lage nicht bloß ein „Normalzustand" wiederhergestellt ist, der die Entwicklung der Sozialwissenschaften seit ihren Anfängen kennzeichnet. Diese Entwicklung ist nämlich durch einen Dualismus von sozialer Bewegung und akademischer Theoriebildung charakterisiert. Auf der einen Seite gibt es solche sozialwissenschaftlichen Theorietraditionen, die durch die Sprecher und Protagonisten, die Vordenker, ja, durchaus: die utopischen „Horizonterweiterer" begründet sind. Ihrer Entstehung nach sind sie verwurzelt in den sozialen und politischen Kämpfen ihrer Zeit, gezeichnet von der Selbstauslegung von Handelnden, die unter dem Erlebnis von Krieg, Bürgerkrieg, Anarchie, Leiden und Klassenkampf standen. Diese Art von Sozialwissenschaft ist interessiert an der Aufdeckung der zerstörerischen Triebkräfte des gesellschaftlichen Lebens und an der Formulierung von Bedingungen und Handlungsprogrammen, welche Frieden und Befreiung herbeiführen könnten. Ihr sozialer Kontext liegt ausnahmslos außerhalb des Rahmens staatlich organisierter, das heißt „akademisierter" intellektueller Arbeit; er besteht in sozialen Bewegungen, revolutionären Zirkeln oder – wie das bei den Vordenkern der bürgerlichen Sozialphilosophie der Fall war – in den Nischen der absolutistischen und frühbürgerlichen Gesellschaft. Das gilt von *Hobbes* über *Marx* bis *Freud,* die sämtlich außerhalb der Institutionen der Wissenschaft gearbeitet haben und dort jedenfalls ihre entscheidenden Neuerungen formuliert haben.

Daneben entsteht im 19. Jahrhundert eine zweite Stätte der Wissenschaft, nämlich die akademische, das heißt die mit Lizenzen, sachlichen Betriebsmitteln, Karrieren und später Forschungsaufträgen staatlich ausgestattete Sozialwissenschaft mit entpolitisierter, das heißt zumindest der Absicht nach auf die Willensbildung keinerlei Einfluß nehmender, in Fragen der praktischen Vernunft eben stumm bleibender Forschung und Lehre, – also das, was man in der Studentenbewegung das organisierte Fachidiotentum genannt hat und was Herr *Glotz* in seinem Aufsatz im „Merkur" vom Mai 1980 beklagt hat.

Grob gesprochen gibt es zwischen diesen beiden Typen von sozialwissenschaftlicher Theoriebildung nun drei Beziehungen. Erstens die Beziehung der wechselseitigen Abschottung und wechselseitigen Diskreditierung. Zweitens aber auch die Beziehung eines heimlichen Transfers zwischen dem nichtakademischen und dem akademischen Wissenschaftssystem: die akademisierten Sozialwissenschaften sind nämlich eigentümlich unfähig gewesen und geblieben, ihre Themen, Theorien und Relevanzkriterien aus eigenem zu erzeugen. Vielmehr sind sie befaßt gewesen mit der Aneignung, Ausbeutung, Umformulierung, Überprüfung, „Szientifizierung" von Ideen und Theorien, die ihrerseits in sozialen Bewegungen verwurzelt sind. So hätten, salopp gesagt, ganze Generationen von Sozialwissenschaftlern nicht recht gewußt, womit sie sich hätten beschäftigen sollen, hätte es nicht den Marxismus gegeben, den es zu überprüfen und zu widerlegen galt. Generell dürfte heute in der Wissenschaftstheorie der Sozialwissenschaften der Gesichtspunkt anerkannt sein, daß die Sozialwissenschaften es immer mit Gegenständen zu tun haben, nämlich mit Handelnden, die bereits *vor* aller Wissenschaft Theorien über sich selbst und die Zwecke und Gesetzmäßigkeiten ihres Handelns haben. Die liberale Utopie des 18. Jahrhunderts, die Utopie der Marktvergesellschaftung, hat die Grundlage für die ökonomische Preistheorie geschaffen. Die marxistische Religions- und Ideologiekritik hat die Grundlage für die akademische Disziplin „Wissenssoziologie" gelegt. Die Vorstellung einer gesetzmäßigen Abfolge von Gesellschaftsformationen hat bei modernen sozialwissenschaftlichen Evolutionstheorien Pate gestanden; die Beispiele ließen sich fortsetzen. Alle wichtigen Themen, Fragen und Ansätze, die heute in den Sozialwissenschaften von Belang sind, haben ihre rückverfolgbare Herkunft in Denkprozessen, die sich in politischen Zusammenhängen abspielten. Dabei handelte es sich im frühen 20. Jahrhundert hauptsächlich um die Theoriearbeit sozialistischer Parteien, und noch in der Periode des Faschismus gingen die wichtigsten Impulse für die akademische Sozialwissenschaft aus lebensgeschichtlichen Kontexten hervor, die durch das politische Faktum der Emigration geprägt waren. Diesen nicht-akademischen Quellen von Wissen über die Gesellschaft gegenüber verhält sich die akademische Sozialwissenschaft – das ist die zweite der drei Beziehungen, die ich unterscheiden möchte – als „Gatekeeper", also als eine Instanz, die einerseits die Verwischung der Grenze nicht zulassen darf, andererseits auf Importe und Impulse völlig angewiesen ist.

Dann gibt es drittens, neben den Beziehungen der Abschottung und des Transfers, hin und wieder noch Versuche, eine Überwindung des Spannungsverhältnisses zu bewerkstelligen, etwa in Gestalt der institutionellen Verklammerung von sozialer Bewegung und akademischer Erkenntnis, von praktischer Vernunft und Wahrheitsansprüchen, von wissenschaftlicher Arbeit und gesellschaftlicher Verantwortung, kurz: von Willen und Bewußtsein. Für diesen Versuch ist auch die deutsche Studentenbewegung der 60er Jahre typisch. Auch heute gibt es, angesichts absehbarer und dramatischer sozialer Folgeschäden der Entwicklung von Wissenschaft und Technik und ihrer Anwendung, erneut Versuche der Moralisierung, der Stärkung moralischer Verantwortung der Wissenschaft. Es gibt aber bisher keinerlei (nicht nur gutgemeinte, sondern auch gute) Vorschläge, mit denen man in dieser Frage operieren kann.

Den beiden Formen sozialtheoretischen Wissens, die ich unterschieden habe, entsprechen nun zwei Vorstellungen von sozialem Wandel. Erstens die Vorstellung der „nicht-akademischen" Theorie, daß sozialer Wandel das absichtsvoll angestrebte Ergebnis eines kollektiven Handelns sei, welches sich durch Selbstaufklärung und Vergewisserung über die Umstände des Handelns instand setzt, genau jenes Ergebnis herbeizuführen. Polar entgegengesetzt ist dem eine in den akademischen Sozialwissenschaften verbreitete Vorstellung von sozialem Wandel, der sich wie ein unbegriffenes und überaus komplexes Naturereignis sozusagen subjektlos zuträgt und über dessen Ablauf man erst *post festum* Kenntnisse erlangen kann, die dann in Steuerungs- und Anpassungsleistungen strategischer Eliten eingehen. Aus der erstgenannten Sicht sind gesellschaftliche „Probleme" etwas, daß man generell „verstehen" und unter Einbeziehung auch der „ordinary people" und durch sinnvolles Handeln, als dessen Ergebnis die problemerzeugende Ausgangslage überwunden wird, *„loswerden"* kann. Aus der zweitgenannten Sichtweise sind „Probleme" dagegen etwas, daß sich überraschend und bedrohlich zusammenbraut, wobei es dann darauf ankommt, daß eine Gruppe von „zuständigen Experten", nämlich die Sozialwissenschaftler, Informationen über Stand und Verlauf des Geschehens so rechtzeitig zur Verfügung stellen, daß die andere Gruppe von „zuständigen Experten", nämlich politisch-administrative Eliten, rechtzeitig einschreiten kann, um sie zu *„lösen"*. Wenn man sich das an einem Beispiel verdeutlichen will, mag man an den trivialen (oder auch nicht so trivialen) Fall der Bekämpfung des Alkoholismus durch die Aktivitäten der Anonymen Alkoholiker einerseits, durch medikamentöse und anstaltliche Behandlungsformen andererseits denken.

Nach diesen beiden Unterscheidungen zwischen nicht-akademischer und akademischer Form des Wissens und den ihnen jeweils entsprechenden Begriff en von sozialen Problemen und sozialem Wandel jetzt die *These*, die ich im folgenden erläutern und begründen möchte: Die Sozialwissenschaften befinden sich heute, Anfang der 80er Jahre, in der Gefahr, zu Tode akademisiert zu werden. Diese Gefahr beruht zum einen auf der wachsenden und im absehbaren Ergebnis immer widersinniger werdenden strategischen Inanspruchnahme der Sozialwissenschaften durch politisch-administrative Eliten, die sich von sozialwissenschaftlicher Information und Beratung eine Steigerung ihres Handlungserfolges versprechen (oder das jedenfalls vorgeben). Diese Inanspruchnahme hat ihrerseits zwei Folgen für die Sozialwissenschaften, nämlich erstens die Zersetzung ihrer disziplinären Einheit, den Verlust ihres theoretischen Leistungs- und Anspruchsniveaus und die Austrocknung ihrer Theorietraditionen. Über die Sozialwissenschaften hat sich heute ein Netz von Aufträgen, Projektförderungen und Karrierechancen gelegt, das – ich gestehe dies, nicht ohne gleichzeitig zu gestehen, daß ich es vor den Ohren eines Wissenschaftssenators mit gemischten Gefühlen tue – ihrem Reflexionsniveau nicht gut bekommt. Dies erklärt sich, wie ich meine, daraus, daß ja die auftraggebende und fördernde staatliche Politik unter den Handlungsbedingungen und -beschränkungen, unter denen sie in dieser Gesellschaft selbst steht, nicht an den sozialen Problemen dieser Gesellschaft *in ihrer Gesamtheit und ihrem Zusammenhang* interessiert ist und sein kann, sondern lediglich an der mehr oder weniger winzigen Teilmenge *lösbarer*, das heißt angesichts gegebener Machtverhältnisse, Zeithorizonte, Finanzmittel usw. einigermaßen aussichtsreich bearbeitbarer Probleme. Im Ergebnis jedenfalls wird durch diesen Zusammenhang den Sozialwissenschaften nahegelegt, sich bei der Konzeptualisierung ihrer Problemstellungen (und bei der Planung ihrer

Ausbildungsgänge) an die Grenzen und Prioritäten zu halten, welche die Tagesordnung der staatlichen Politik strukturieren. Das hat zur Folge, daß sozusagen administrative Verdaulichkeit zum entwicklungsbestimmenden Kriterium der Sozialwissenschaften wird. Unter dem Sog strategisch interessierter Nachfrage gleichen sich innerwissenschaftliche Arbeitsteilung und Spezialisierung den amtlichen Bedarfskategorien und Problemdefinitionen an. Fortan studiert man nicht mehr Soziologie oder Ökonomie, sondern (und da weiß ich, wovon ich rede) Stadtentwicklungs-, Personal-, Infrastruktur- oder Finanzplanung.

Diese symbiotische Beziehung gedeiht zum Teil unter Ausbeutung eines heute gewiß vermeidbaren Selbstmißverständnisses der Sozialwissenschaftler, eines Mißverständnisses, das mit dem häufigen fetischisierten Begriff der „Praxisrelevanz" zu tun hat. Ursprünglich wurde unter „Praxisrelevanz" einmal die Fähigkeit der Sozialwissenschaften verstanden, ihre Adressaten in die Lage zu versetzen, ihre eigene Handlungssituation besser zu durchschauen und ihr eigenes Handeln demgemäß vernünftiger zu organisieren. Doch hat mittlerweile der Begriff der „Praxisrelevanz" sozusagen das politische Lager gewechselt, ohne daß dies alle mitbekommen hätten. So konnte es geschehen, daß heute gerade die auf Kosten der wissenschaftlichen und politischen Öffentlichkeit kurzgeschlossenen Kommunikationslinien zwischen Wissenschaft und Administration mit dem attraktiven Reizwort der „Praxisrelevanz" verziert werden, während sich diejenigen Marxisten, welche die „Krise des Marxismus" zu überstehen gedenken, folgerichtig und mit Blick auf den Entstehungsort des „Kapital" an die Maxime halten: „Back to the British Museum!"

Zur Korrektur selbstgefälliger Illusionen über die „Praxisrelevanz" der eigenen Arbeit leistet freilich die Administration selbst deutliche, wenn auch indirekte Hilfestellung. Wo die Umstände sie zu einer Praxis des als „Pragmatismus" beschönigten tagtäglichen Durchwurstelns nötigen, haben sozialwissenschaftliche Analysen bei der Administration naturgemäß nicht viel zu bestellen; gerade auch auf sozialdemokratischer Seite kommt man zunehmend, wie es scheint, auf den Topos zurück, daß dort „Theoretiker" mit ihren „Patentrezepten", gar dem vermeintlichen „Stein der Weisen" an der falschen Adresse seien.

Andererseits steht konsentiertes und zuverlässig anwendbares Gesetzeswissen, das ohne Umstände in die Praxis von Politik und Verwaltung eingehen könnte, in den Sozialwissenschaften schlechterdings nicht zur Verfügung. Wie man die Drogenkriminalität unter Kontrolle bringen könnte, oder ob die Gesamtschulversuche ein Erfolg waren oder nicht, – über solche die Verwaltung brennend interessierenden Fragen hat die Sozialforschung wenig Hilfreiches und Eindeutiges zu sagen, solange sie nicht auch die institutionellen und normativen Randbedingungen problematisiert, unter denen solche Fragen sich stellen. Es ist ein weithin offenes Geheimnis, daß keineswegs ihr strategischer Nutzen, ihre Fähigkeit, eindeutige und zweckmäßige Informationen zu liefern, die Konjunktur der Sozialwissenschaften im politisch-administrativen Bereich heute beflügelt, sondern ihre sehr viel trivialeren Nebeneffekte, wie etwa, daß man durch Forschungsaufträge Zeit gewinnen kann, daß man ihre Ergebnisse für die Legitimation ohnehin beschlossener Strategien heranziehen und im übrigen symbolisch den Eindruck verbreiten kann, die Politik habe sich rechtzeitig um alles gekümmert.

Die Gefahr, daß die Sozialwissenschaften in den 80er Jahren intellektuell und institutionell zu Tode akademisiert werden könnten, zeichnet sich freilich nicht nur aufgrund ihrer widersinnigen politischen Inanspruchnahme und Selbstüberschätzung ab. Sie zeichnet sich zum anderen deswegen ab, weil ihnen der Rückweg auf jenes Moment politischer Bewegung, aus dem sie hervorgegangen sind, auf eine „für alle" handlungspraktisch relevante „Horizonterweiterung" verlegt zu sein scheint. Die Sozialwissenschaften scheinen zwar in ihrer symbiotischen Beziehung mit Politik und Administration wenig gewonnen, dafür aber methodisch, begrifflich und auch sprachlich die Fähigkeit eingebüßt zu haben, „für lesende Arbeiter" (*Brecht*) zu schreiben, (eine Beobachtung, von der natürlich der milde Boom einer mit sozialwissenschaftlicher Autorität bloß dekorierten Ressentiment-Literatur auszunehmen ist, die sozusagen für „lesende Zahnärzte" geschrieben ist).

Demgemäß spielt sich heute politische Bewegung auch unter Ausschluß von Wissenschaft, nämlich im Medium eines durch theoretische Erkenntnis von Widersprüchen oder Entwicklungstendenzen nicht weiter angeleiteten „alternativen" Pragmatismus ab, der sein Wissen aus subkulturell präjudizierter „Erfahrung" und „Betroffensein" gewinnt. Jedenfalls scheinen in der Bundesrepublik – im Gegensatz etwa zu den romanischen und auch den angelsächsischen Ländern – die Verhältnisse so zu liegen, daß es für eine im ernsthaften Sinne populärwissenschaftliche sozialwissenschaftliche Zeitschrift keinen fruchtbaren Boden gibt. Ohnehin gilt gerade für Krisenzeiten ein verschärftes Utopie- und Kommunikationsverbot, verhängt unter anderem von Sozialwissenschaftlern, die unablässig daran arbeiten, ihre Disziplin vom Geruch der Ideologiekritik und moralischen Subversion reinzuwaschen. Die Zeiten, heißt es, seien so ernst geworden, und der soziale Wandel so rapide, daß ohnehin nicht mehr viel zu wollen sei, am wenigsten von den Intellektuellen. Wenn die Wellen hochgehen, solle man das Boot, in dem wir alle sitzen, nicht auch noch zum Schaukeln bringen.

Die keineswegs bloß papierenen Warnschilder und Verbotstafeln, die
auf der Linie dieser Diagnose stehen, sind jedenfalls im Ergebnis, wie mir
scheint, durchaus dazu angetan, den Sozialwissenschaftlern den Rest von
Mut und Phantasie zu nehmen, sich in aufklärerischer Absicht mit brisan-
ten Problemen zu befassen. Dieses Ergebnis sähe so aus, daß sich die Sozialwissenschaften nicht nur, wie zuvor dargelegt, mit Problemen der Administration befassen, zu deren Lösung sie in den ihr und damit ihnen gesetzten Grenzen ohnehin kaum etwas beitragen können, sondern daß sie damit zugleich jene Probleme *verpassen*, für die sie in kritischer Auseinandersetzung mit den nicht-akademischen Theorien sozialer Bewegungen durchaus zuständig sein könnten und in ihrer Vergangenheit auch gewesen sind.
    Das Argument, die Sozialwissenschaften müßten in Krisenzeiten ihre
Verbindungslinien zu den sozialen Bewegungen – und seien diese auch
noch so utopisch – kappen und darauf verzichten, die Lage noch komplizierter zu machen als sie ohnehin schon sei, – dieses Argument hätte nur
dann etwas für sich, wenn es wenigstens eine Theorie gäbe, welche den vo-
rübergehenden Charakter der Krise, die Regenerations- und Reprodukti-
onsfähigkeit der herrschenden Ordnung, die zu erwartende Rückkehr zu
normalen Verhältnissen glaubhaft machen könnte; wenn also tatsächlich
Gründe dafür vorlägen, jenen „Fachleuten mit Verstandeskultur" die Regelung unserer sozialen Probleme und öffentlichen Angelegenheiten vertrau-
ensvoll zu überlassen. Eine solche Theorie, welche die Selbstgewißheit der
Sachwalter der herrschenden Ordnung verbürgen und umgekehrt die
Selbstbeschränkung der Sozialwissenschaften auf ihren ausdifferenzierten
„Zuständigkeitsbereich" hinreichend motivieren könnte, gibt es heute
schlechterdings nicht. Kaum jemand kann sich recht vorstellen, daß die in
dieser Gesellschaft heute herrschenden Standards ökonomischer, politischer und technischer Rationalität in einem Land wie dem unseren oder
gar weltweit jemals wieder Lebensverhältnisse hervorbringen könnten, die
wir nach unseren heutigen Vorstellungen von einem guten oder auch nur
erträglichen Leben für akzeptabel halten könnten. Gerade die Ideologen
der herrschenden Ordnung haben ja ihr Selbstbewußtsein gründlich eingebüßt, und wenn jemand noch solches Selbstbewußtsein an den Tag legt,
wie zum Beispiel jüngst *Lepage* mit seiner erstaunlichen These, dem Kapitalismus gehöre die Zukunft, so erregt das allseitiges Aufsehen.
    In dieser Situation können die Sozialwissenschaften ihren Bestand und
ihre intellektuelle Substanz nur retten, wenn sie aufhören, sich als Pro-
blemlösungswissenschaften mißzuverstehen und sich, wie das ihre Klassiker taten, wieder als Krisenwissenschaften zu begreifen beginnen, die bewußt und mit der Absicht der Bewußtseinsbildung *mehr* Probleme aufwer-

fen und beim Namen nennen, als die herrschenden Eliten in Politik und Verwaltung zu verkraften, geschweige denn zu „lösen" imstande sind.

Eine Gesellschaft, der ein solcher „Überschuß" an öffentlichem Problembewußtsein fehlen würde, lebte in einem prekären Zustand, für den ich abschließend einen etwas problematischen, aber vielleicht doch instruktiven biologischen Vergleich anbieten möchte. An der kalifornischen Pazifikküste lebt eine Spezies von See-Elefanten, einer enorm großen Art von Robben. Mit diesen Tieren hat es folgende Bewandtnis: Da ihre Felle wertvoll und begehrt waren und da die Tiere außerdem zu schwerfällig waren, um sich ihren Jägern zu entziehen, wurden sie Anfang dieses Jahrhunderts nahezu ausgerottet. Gerade noch rechtzeitig erließ die Regierung ein Gesetz, das die Jagd auf diese Tiere absolut und unbefristet verbot. Das Gesetz wurde sogar eingehalten und fortan streng überwacht, so daß die nahezu ausgerottete Spezies sich ungestört regenerieren konnte und heute einen Bestand von 30 bis 40.000 Exemplaren aufweist. Nun haben biologische Forschungen an diesen Tieren ergeben, daß sie sämtlich von einem einzigen, seinerzeit offenbar allein noch übriggebliebenen Pärchen abstammen. Daher ist, im Gegensatz zum äußeren Erscheinungsbild einer blühenden Population, der Bestand dieser Spezies heute – und zwar auf irreversible Weise – aufs Äußerste bedroht. Ihr genetisches Repertoire, wenn Sie so wollen, ihr Vorrat an Bewußtsein von nichtaktuellen Problemen, die „Weite" ihres Horizonts, reicht nicht aus, um sich als Art auf Veränderungen ihrer Lebensbedingungen, etwa Wassertemperatur oder Zusammensetzung der Nahrung, überhaupt noch einstellen zu können.

Hans Peter Peters: Vergleich physikalischer und soziologischer Wissenschaftsberichterstattung und Darstellung einiger Veränderungen auf den Wissenschaftsseiten von Zeitungen seit 1959

Die öffentlichen Einstellungen und Erwartungen gegenüber der Wissenschaft unterscheiden sich für verschiedene Disziplinen. Auch im Laufe der Zeit ändert sich die Perspektive, unter der Vorgänge innerhalb der Wissenschaft von der Öffentlichkeit wahrgenommen werden. Wahrscheinlich machen sich unterschiedliche öffentliche Erwartungen auch in der publizistischen Darstellung der Wissenschaft bemerkbar. In einer Inhaltsanalyse der Wissenschaftsberichterstattung einiger Zeitungen wurde versucht, Unterschiede in der Behandlung verschiedener Wissenschaftsdisziplinen und zeitliche Änderungen in der Beachtung verschiedener Themen und Disziplinen zu erfassen.[1] Die Untersuchung beschränkt sich auf wenige Aspekte des oben angesprochenen Problembereichs. Es wurden zwei Erhebungen durchgeführt:

- Eine Querschnittuntersuchung aller Wissenschaftsveröffentlichungen aus Physik und Soziologie der zweiten Jahreshälfte 1979 in den Zeitungen Rheinische Post (RP), Frankfurter Allgemeine Zeitung (FAZ) und Die Zeit (ZEIT).
- Eine Zeitreihenuntersuchung der Veröffentlichungen auf Wissenschaftsseiten von FAZ und Die Welt (WELT) von 1959 bis 1979.

1. Vergleich der Darstellung physikalischer und soziologischer Themen

Für den Vergleich der Soziologie mit der Physik wurden insgesamt 307 Wissenschaftsveröffentlichungen herangezogen, die in den Zeitungen RP, ZEIT und FAZ zwischen dem 1. Juli und dem 31. Dezember 1979 erschienen waren. Als Wissenschaftsveröffentlichungen wurden dabei alle Artikel, Meldungen und Bilder angesehen, die schwerpunktmäßig Informationen beinhalteten, die entweder aus dem Wissenschaftssystem stammten (For-

---

1 Diese Untersuchung wurde als Staatsexamensarbeit am Seminar für Soziologie der Universität Köln bei Prof. Scheuch angefertigt.

schungsergebnisse) oder über das Wissenschaftssystem handelten (Wissenschaftler, Organisationen, finanzielle Förderung usw.). Die Veröffentlichungen wurden – getrennt für Soziologie und Physik – nach den Zeitungsressort und ihrem Inhalt (Forschung, Wissenschaftler, Organisation der Wissenschaft, Buchbesprechungen) klassifiziert. Daneben wurde der Umfang der Veröffentlichungen, d. h. die Zeilenzahl bei den Artikeln und die Fläche bei Bildern, gemessen. Bei den Veröffentlichungen aus der Soziologie traten zusätzlich die Kategorien „Statistiken" und „Meinungsforschung" auf, die beim Vergleich mit der Physik jedoch unberücksichtigt blieben. Die Abgrenzung der Soziologie von Nachbardisziplinen (Politikwissenschaft, Pädagogik, Völkerkunde usw.) war aufgrund fehlender Angaben in den erfaßten Artikeln nicht immer eindeutig möglich. Es wurde dabei mit einem weiten Soziologie-Begriff gearbeitet. Die Ergebnisse der Auswertung:

- Von den 307 Veröffentlichungen entfallen etwa je ein Drittel auf „Physik", „Soziologie" und „Statistiken/Meinungsforschung". Entgegen ursprünglichen Erwartungen ist der Umfang der Berichterstattung über Soziologie in allen Zeitungen größer als über Physik, da die Durchschnittslänge der Artikel aus der Soziologie rund einein halb mal größer·als die mittlere Länge der Artikel aus der Physik ist.
- Die Berichterstattung über physikalische Themen ist wesentlich stärker bebildert als die über soziologische Themen. Das überrascht nicht, da erstens die Forschungsgegenstände der Physik (wenigstens teilweise) optisch wahrnehmbar und zweitens die in der physikalischen Forschung verwendeten technischen Geräte oft attraktive Fotoobjekte sind. Daher unterscheiden sich auch die auf den Fotos dargestellten Motive. Während in der Physik Fotos aus der Forschung (Satellitenaufnahmen, Versuchsanordnungen usw.) dominieren, sind auf den Bildern aus dem Bereich der Soziologie vorwiegend Wissenschaftler abgebildet.
- Sehr unterschiedlich ist die Verteilung der Artikel auf die verschiedenen Zeitungsressorts (die Prozentwerte beziehen sich auf die Zeilenzahl): Der größte Teil der physikalischen Berichterstattung (68%) findet sich auf den Wissenschaftsseiten, ein geringerer auf der Seite „Vermischtes" (12%) und im Feuilleton (9%). Bei der soziologischen Berichterstattung dominiert dagegen nicht eindeutig ein Ressort. Soziologische Artikel erscheinen breit gestreut im Feuilleton (31%), auf den politischen Seiten (20%), auf den Hintergrundseiten (13%), z.B. Wochenendbeilage, auf den Buchbesprechungsseiten (10%) und unter „Vermischtes" (9%). Die unterschiedliche Verteilung auf die Ressorts er-

klärt auch den Unterschied in der mittleren Artikellänge, da Artikel im Feuilleton, auf den Hintergrund- und Buchseiten häufig sehr lang sind.

- Ein Vergleich der Verteilung der Artikel aus Physik und Soziologie auf die Inhaltskategorien zeigt, daß der größte Anteil jeweils auf Berichte über Forschungsvorhaben und Forschungsergebnisse entfällt – bei der Physik 59 % und bei der Soziologie 40 %. Mit 33 % ist der Anteil der Buchbesprechungen an der Soziologie bei weitem größer als der entsprechende Anteil an der Physik (12 %). Der Anteil der Artikel über Wissenschaftler ist bei Physik (17 %) und Soziologie (18 %) etwa gleich hoch. Die Organisation der Wissenschaft wird mit 9 % bei der Physik stärker berücksichtigt als bei der Soziologie mit 3 %.

- Der entscheidende Unterschied zwischen soziologischer und physikalischer Wissenschaftsberichterstattung besteht in der Auswahl der Themen. Aus der Physik waren neben Beiträgen über anwendungsbezogene Forschung auch Artikel allein ihres Bildungswertes wegen veröffentlicht (z.B. über Astronomie und Elementarteilchenphysik). Dagegen haben Berichte über empirische soziologische Untersuchungen fast immer einen tagespolitischen aktuellen Bezug. Darauf deutet schon der hohe Anteil im Ressort „Politik" hin. (Das gleiche gilt in noch verstärktem Maße für Statistiken und Artikel über Meinungsforschung.) Soziologische Forschung ist offenbar nur unter Problemlösungsaspekten interessant.

- Über die Anlässe zu soziologischen Artikeln scheint größere Übereinstimmung zwischen verschiedenen Zeitungen zu bestehen als im Bereich der Physik. Die verschiedenen soziologischen Themen tauchen meist parallel in beiden Tageszeitungen (RP und FAZ) auf.[2]

---

2 Ein solcher Schluß aufgrund des Vergleichs von nur zwei Zeitungen erscheint voreilig. Um die Hypothese zu prüfen, daß verschiedene Zeitungen im Umfang der Berichterstattung über sozialwissenschaftliche Themen wesentlich homogener erscheinen als bei der Berichterstattung über naturwissenschaftliche Themen, wurden eigene Daten der Untersuchung von Depenbrock (Gerd Depenbrock: Journalismus, Wissenschaft und Hochschule, Bochum 1976) sekundär analysiert (vgl. a.a.O., S. 110f.). Es wurde jeweils die Zahl der Artikel in den Bereichen „Naturwissenschaften", „Gesellschafts-, Rechts- und Wirtschaftswissenschaften" verglichen. Es zeigt sich, daß die Zahl der Veröffentlichungen aus dem Bereich der Gesellschafts-, Rechts- und Wirtschaftswissenschaft bei den von Depenbrock betrachten Zeitungen FAZ, WELT, Süddeutsche Zeitung, Frankfurter Rundschau, Westdeutsche Allgemeine und Schwäbische Zeitung von 47 bis 59, die entsprechende Zahl der naturwissenschaftlichen Artikel von 54 bis 123 variierte. (Die Boulevardzeitungen BILD und EXPRESS blieben unberücksichtigt).

Zur Interpretation dieser Ergebnisse wird die Unterscheidung von „normaler" und „erweiterter" Wissenschaftsberichterstattung vorgeschlagen. Normale Berichterstattung ist gekennzeichnet durch Tagesaktualität und einen außerwissenschaftlichen (z.B. politischen) Bezug. Die Stoffe der normalen Berichterstattung erreichen die Redaktion über routinemäßig bestehende Nachrichtenkanäle (z.B. Nachrichtenagenturen) und tauchen deshalb parallel in den verschiedenen Zeitungen auf. Erweiterte Berichterstattung dagegen ist weniger aktuell. Ihre Themen werden primär nach wissenschaftlicher Bedeutung ausgesucht, finden sich nur in einzelnen Zeitungen und verlangen die Initiative der Redaktion. Während die normale Berichterstattung in ähnlicher Form in allen Zeitungen auftritt und nicht unbedingt eine Fachredaktion voraussetzt, variiert der Umfang der erweiterten Berichterstattung mit dem personellen Aufwand für die Wissenschaftsredaktion.

Es wird die These vertreten, daß die Zeitungen, die überhaupt erweiterte Wissenschaftsberichterstattung betreiben, diese im wesentlichen auf Naturwissenschaften und Medizin beschränken. Das wird auch in der Existenz der Berufsrolle eines naturwissenschaftlich orientierten Wissenschaftsjournalisten und dem Fehlen eines entsprechenden sozialwissenschaftlichen Wissenschaftsjournalisten deutlich, während die Kompetenz für naturwissenschaftliche Berichterstattung in einer Fachredaktion (bzw. bei einem Fachredakteur) zentralisiert ist, betreut jeder Redakteur die in seinen Bereich fallenden soziologischen Untersuchungen mit. Auf diese Weise haben nur solche Untersuchungen eine Chance der Veröffentlichung, die für Nicht-Sozialwissenschaftler einigermaßen verständlich sind. (Vielleicht werden deshalb Meinungsforschungsartikel so gern gedruckt?) Daher rührt auch die breite Streuung soziologischer Veröffentlichungen auf die verschiedenen Ressorts.

Der Informationsfluß der Sozialwissenschaften zu den Medien ist (abgesehen von einigen Randbereichen wie Demoskopie) derart schlecht, daß häufig Ergebnisse soziologischer Forschung erst auf dem Umweg über das politische System in die Kommunikationsmedien geraten. Das gilt für einen großen Teil der empirischen Untersuchungen im Ressort „Politik", die z. B. erst nach ihrer Veröffentlichung durch Ministerien die Aufmerksamkeit der Presse fanden.

Über die heutigen Felder physikalischer Forschung gibt es kein wissenschaftliches Alltagswissen. Neue Erkenntnisse über Elementarteilchen erhält der Journalist nur durch Vermittlung der Physiker, die Elementarteilchen erforschen. Das ist bei soziologischen Forschungsgegenständen anders. Gegenstände der soziologischen Forschung sind gleichzeitig Themen direkter journalistischer Recherche. Berichterstattung über die Ursachen des Drogenmißbrauchs z. B. ist auf zwei Weisen möglich: Erstens kann der Journalist selber·recherchieren, mit der Polizei, Sozialarbeitern, Drogenabhängigen sprechen, das Material analysieren und seine Schlüsse daraus ziehen. Zweitens kann er über die Forschungsarbeiten von Soziologen zum gleichen Thema berichten. Beide Formen der Berichterstattung konkurrieren miteinander. Im Gegensatz zum Physiker hat der Soziologe kein Monopol der Erkenntnisgewinnung über seinen Forschungsgegenstand. Daher reagieren die Zeitungen auf die Unverständlichkeit der Naturwissenschaften für den Laien, indem sie naturwissenschaftlich ausgebildete Redakteure einstellen; auf die Unverständlichkeit der Soziologie dagegen, indem sie sozialwissenschaftliche Grundlagenforschung ignorieren und gegebenenfalls interessierende Problemfelder (z. B. in Form einer Reportage) selber aufgreifen.

2. Zeitliche Entwicklungen auf den Wissenschaftsseiten von FAZ und WELT

Zusätzlich zum Vergleich der Physik und Soziologie wurden in einer Längsschnittuntersuchung die Wissenschaftsseiten der FAZ und WELT von Januar 1959 bis Dezember 1979 analysiert. Dazu wurde eine Stichprobe von 15 Prozent aller auf Wissenschaftsseiten erschienenen Artikel ausgewählt. Insgesamt wurden 3601 Artikel erfaßt. Die Artikel wurden klassifiziert nach Wissenschaftsdisziplin, nach ihrem Inhalt (ähnlich wie beim Vergleich Soziologie – Physik) und nach ihrer Anwendungsbezogenheit. Zusätzlich wurde die Zugehörigkeit zu einem von 24 ausgewählten Themenkomplexen festgestellt. Die wichtigsten Ergebnisse sind:

- Die Artikel auf den Wissenschaftsseiten stammen hauptsächlich aus Naturwissenschaft, Medizin und Technik. Die übrigen Disziplinen spielen kaum eine Rolle.
- Der Anteil der Technik an den Wissenschaftsseiten der FAZ ist seit 1959 stark gesunken, der der Medizin entsprechend gestiegen.
- Interessant (und bislang unerklärt) ist eine auffällige Ähnlichkeit zwischen der zeitlichen Änderung des Prestiges einiger Berufe[3] und der zeitlichen Änderung des Anteils entsprechender Disziplinen an den Wissenschaftsseiten der FAZ. Der Anteil der Naturwissenschaften wurde mit dem Berufsprestige des „Atomphysikers", der der Technik mit

---

3 Die Daten über das Berufsprestige des Arztes, Atomphysikers und Ingenieurs stammen vom Institut für Demoskopie Allensbach. Vgl. Allensbacher Berichte, 1978, Nr. 32; Allensbacher Berichte, 1977, Nr. 32; Allensbach Pressedienst, 1965, Nr. 14.

dem Berufsprestige des „Ingenieurs" und der der Medizin mit dem Berufsprestige des „Arztes" verglichen. Beim „Atomphysiker" und „Ingenieur" zeigen die Kurven auffallende Übereinstimmungen. Der Abfall
des Anteils an der Berichterstattung korrespondiert jeweils mit einem
Absinken des Berufsprestiges, das zwei Jahre später einsetzt. Da zwischen dem Berufsprestige des Arztes und dem Anteil der medizinischen
Berichterstattung kein erkennbarer Zusammenhang besteht, beruht der
Zusammenhang in den beiden anderen Fällen möglicherweise nur auf
einem Zufall.

- Bei der FAZ ist die Zusammensetzung der Kategorie „Naturwissenschaft" etwa konstant geblieben; bei der WELT hat die Biologie auf
Kosten aller anderen Disziplinen (außer Geowissenschaft) an Bedeutung gewonnen. Der Anteil der Energietechnik an der Kategorie „Technik" ist bei FAZ und WELT gestiegen, ebenso der Anteil der Psychiatrie
an der Medizin.

- Der Anteil der Artikel über Forschungsarbeiten ist bei der FAZ leicht
gesunken. Dafür ist der Anteil der Artikel über die Verflechtung des
Wissenschaftssystems mit anderen Teilsystemen der Gesellschaft deutlich gestiegen. Das gilt auch innerhalb der einzelnen Wissenschaftsdisziplinen. Darin drückt sich möglicherweise die Verwissenschaftlichung
der Politik (wissenschaftlichen Politikberatung), aber auch die Politisierung der Wissenschaft aus. Die Erklärung kann aber auch darin bestehen, daß die Artikel, die sich mit solchen Fragen befassen, verstärkt auf
der Wissenschaftsseite und nicht mehr in anderen Ressorts veröffentlicht werden.

- Der Anteil der Grundlagenforschung an den Forschungsartikeln ist bei
der FAZ etwa konstant geblieben; der Anteil angewandter Forschung
zu Lasten der Berichterstattung über neue Produkte leicht gestiegen
(hauptsächlich auf Ingenieurwissenschaften zurückzuführen).

- Artikel über Krebs, Umweltverschmutzung, „alternative" Energien,
Aussterben von Tier- und Pflanzenarten haben relativ zugenommen;
Artikel über bemannte Raumfahrt haben an Bedeutung verloren.

Da zeitliche Entwicklungen auf den Wissenschaftsseiten durch Änderungen der Redaktionspolitik, der Wissenschaftssysteme selbst sowie durch
Veränderungen des Verhältnisses von Wissenschaft und Öffentlichkeit beeinflußt werden, ist eine eindeutige Interpretation nur schwer möglich.
Die Bedeutung, die bestimmten Themen (Krebs, Umweltverschmutzung
usw.) in der öffentlichen Diskussion zukommt, schlägt sich auch auf den
Wissenschaftsseiten nieder – allerdings wesentlich schwächer als erwartet.

Christoph Lau: Soziologie im öffentlichen Diskurs. Voraussetzungen und Grenzen sozialwissenschaftlicher Rationalisierung[1]

Soll, kann, darf Soziologie anwendungsfähiges Wissen liefern, so lautet die Kernfrage der Auseinandersetzung, die gegenwärtig innerhalb der deutschen Soziologie geführt und als „Verwendungsdiskussion" bezeichnet wird. Sie ist – wenn auch in kleinerem Maßstab – die legitime Nachfolgerin des Werturteilsstreits[2] der Jahrhundertwende, des Streits um die Wissenssoziologie in den 20er Jahren[3] und des Positivismusstreits[4] der Nachkriegszeit. Keine der erwähnten Diskussionen war peripher für das Fach Soziologie. Vielmehr warfen sie alle unter jeweils veränderten gesellschaftlichen Bedingungen die Frage nach der Identität der Disziplin auf, begründeten die fachintegrierende Perspektive für die nächste Soziologengeneration, berührten Grundfragen der Berechtigung und Möglichkeit soziologischer Forschung. Letztlich ging es dabei immer um die Legitimation oder Zurückweisung eines Anspruchs auf *gesellschaftliche Rationalisierung* durch die Soziologie.

Die aktuelle Verwendungsdiskussion unterscheidet sich von den vergangenen Debatten durch eine paradoxe *Umkehrung der Problemstellung:* Anders als zu Zeiten, als die Praxis angewandter Sozialforschung eher Versprechen als Wirklichkeit war, wird nunmehr sozialwissenschaftliches Wissen auf breiter Ebene in verschiedenen gesellschaftlichen Bereichen angewandt. Staatliche Administration und Planung sind heute ohne sozialwissenschaftliche Information nicht mehr denkbar. Trotz dieser *„Versozialwissenschaftlichung"* von Gesellschaft, über deren wirkliches Ausmaß man sich deshalb nur schwer klar wird, weil sozialwissenschaftliche Begründungsmuster so selbstverständlich und alltäglich geworden sind, wird das Bild von der Soziologie in der Öffentlichkeit eher von der defizitären Verwend-

---

1 Dieser Beitrag entstand im Kontext eines Projekts, das im Rahmen des DFG-Forschungsschwerpunkts *„Verwendungszusammenhang sozialwissenschaftlicher Ergebnisse"* gefördert wurde.
2 Albert, H., Topitsch, E. (Hrsg.): *Werturteilsstreit,* Darmstadt 1971.
3 Meja, V., Stehr, N. (Hrsg.): *Der Streit um die Wissenssoziologie,* Bd. I und II, Frankfurt 1982.
4 Adorno, Th. W., u. a.: *Der Positivismusstreit in der deutschen Soziologie,* Berlin 1969.

barkeit sozialwissenschaftlicher Ergebnisse, von deren Trivialität und gesellschaftlicher Irrelevanz bestimmt.[5]

Es steht zu vermuten, daß sich hinter dem widersprüchlichen Sachverhalt der Institutionalisierung der Sozialwissenschaften einerseits und ihrer gesellschaftlichen Abwertung andererseits die Folgen eines – allerdings verkürzten und vordergründigen – *Anwendungserfolgs* verbergen. Es ist nicht unplausibel zu behaupten, *daß die Trivialisierung wissenschaftlicher Ergebnisse eine notwendige Voraussetzung und Folge des Praktischwerdens einer wissenschaftlichen Disziplin ist.* Für die Sozialwissenschaften heißt das: In dem Maße, in dem Forschungsergebnisse den Bedingungen und Einschränkungen des Alltagshandelns unterworfen werden und damit der Hiatus zwischen wissenschaftlicher und praktischer Vernunft tendenziell überwunden wird, werden Erwartungen hinsichtlich der Aufklärungs- und Enttrivialisierungswirkung der Soziologie enttäuscht, die zu früheren Zeitpunkten, als Wissenschaft noch das Jenseits war, von dem aus die Gesellschaft durchleuchtet, erklärt, kritisiert und als veränderbar begriffen werden konnte, entstanden sind.[6]

Andererseits ist ja die Soziologie nach wie vor, insbesondere was ihre universitären „Dependancen" angeht, die Wissenschaft, von der allenfalls eine potentielle Aufklärungswirkung auf die Gesellschaft ausgehen kann. Zu den Grundselbstverständlichkeiten des Faches seit *Marx* und *Weber* gehört zumindest die Hoffnung, daß Soziologie sich nicht in instrumentellem Wissen über kausale Zusammenhänge erschöpfe, sondern gleichzeitig die gesellschaftlichen Grundlagen und Grenzen der instrumentellen Vernunft ausloten solle. Dieser historische Anspruch der Soziologie ist zweifellos in letzter Zeit etwas in Vergessenheit geraten, er bestimmt aber nach wie vor das Selbstverständnis eines Teils der Soziologen und ist zweifellos der Hintergrund, vor dem die Klage über den Relevanzverlust soziologischer Ergebnisse verständlich wird.

---

5 Die Klagen über die praktische Irrelevanz der Sozialwissenschaften sind inzwischen kaum mehr zu zählen. Vgl. als ein relativ frühes Beispiel Nowotny, H.: „Zur gesellschaftlichen Irrelevanz der Sozialwissenschaften" in: N. Stehr, R. König (Hrsg.): Wissenschaftssoziologie (Sonderheft 18 der KZfSS), Opladen 1975, S. 445–456; als Bestandsaufnahme der „Relevanz-Problematik", in der sich allerdings auch Hinweise auf bereichsspezifische Anwendungserfolge finden lassen: Beck, U. (Hrsg.): *Soziologie und Praxis. Erfahrungen, Konflikte, Perspektiven,* Göttingen 1982.

6 Zur These einer *Trivialisierung* soziologischen Wissens als Konsequenz ihres Anwendungserfolgs siehe Beck, U., Bonß, W.: *„Soziologie und Modernisierung. Zur Ortsbestimmung der Verwendungsforschung"* (in diesem Heft S. 381 ff.); siehe auch Tenbruck, F. H.: *„Der Fortschritt der Wissenschaft als Trivialisierungsprozeß",* in: N. Stehr, R. König (Hrsg.), a. a. O. S. 19-47.

Konsequenterweise scheint die Verwendungsdiskussion gegenwärtig in ein *Dilemma* einzumünden: Einerseits wird empfohlen, praktische Bedürfnisse und Problemstellungen mehr in den Forschungsprozeß einzubeziehen, sich also den höchst unterschiedlichen Rationalitätskriterien der Praktiker zu unterwerfen, um sich den Zugang zum Anwendungsfeld nicht zu verstellen, andererseits wird davor gewarnt, die Autonomie der Forschungsfragestellung aufzugeben und damit eine unabhängige Kritik der Praxis unmöglich zu machen. Hinaus aus dem Elfenbeinturm und zurück in den Elfenbeinturm, so lauten die Kommandos. Das Ergebnis ist eine wahre Echternachsche Springprozession, die nicht dazu beiträgt, die Umrisse des Problems deutlich zu machen.

Der ungeklärteste Begriff der Verwendungsdiskussion scheint nun der *Verwendungsbegriff* selbst zu sein. Bei einigen Autoren ist er mit der Anwendung technischer Regeln identisch, bei anderen wird er mit der Information über gesellschaftliche Sachverhalte oder gar mit Wissensdiffusion gleichgesetzt. Im folgenden wird ein Definitionsvorschlag gemacht, der für die weiteren Ausführungen grundlegend ist (1). Anschließend werden zwei analytische Modelle verwissenschaftlichter Begründungsprozesse (2) dargestellt, bevor die sozialen (3) und die kognitiven (4) Grenzen sozialwissenschaftlicher Rationalisierung erörtert werden.

Als empirische Evidenzgrundlage beziehe ich mich dabei durchweg auf den Bereich der *Bildungs- und Arbeitsmarktforschung,*[7] der nicht nur durch einen starken Praxisbezug, sondern auch durch einen hohen Grad der Verwissenschaftlichung des Anwendersystems gekennzeichnet ist.

1. *Verwendung als Begründung*

Von der *Verwendung* eines Gutes, einer Ware, eines Werkzeugs scheint man sinnvollerweise nur in zweckrationalen, instrumentellen Zusammenhängen sprechen zu können, bei denen es darum geht, einen Zielzustand durch den Einsatz eines Mittels zu erreichen. Sobald der Verwendungsbegriff auf *Wissen* angewandt wird, ist damit über einen Typus *instrumenteller Wissensverwendung* begrifflich bereits vorentschieden, der den Phänomenen, mit denen wir es zu tun haben, nur unzureichend gerecht wird. An-

---

7 Ich stütze mich dabei weitgehend auf die Ergebnisse eines DFG-Forschungsprojekts „*Verwendungsprobleme sozialwissenschaftlicher Forschungsergebnisse im Bereich von Bildungs- und Beschäftigungspolitik*", das in den Jahren 1982/83 an der Universität Bamberg durchgeführt wurde.

gemessener erscheint es, die Verwendung wissenschaftlicher Ergebnisse prinzipiell als *Begründung von Entscheidungen* zu verstehen. Verwissenschaftlicht wird also nicht das praktische Handeln im engeren Sinne, sondern *verwissenschaftlicht werden die entscheidungsbezogenen Begründungsstrukturen.* Damit wird nicht nur die bereits erwähnte instrumentalistische Verkürzung des Verwendungsbegriffs vermieden, sondern es kommen auch alle die charakteristischen Phänomene ins Blickfeld, die sich aus der Eigenlogik von Begründungsprozessen ergeben. Eingeschlossen in diesem Verwendungsbegriff ist sowohl der strategische Umgang *mit Wissen als Legitimationsressource* als auch der *Umgang mit Wissen zur Reduktion kognitiver Kontingenz,* also zur Orientierung von Handlungen nach Maßgabe bestimmter Rationalitätsansprüche. Der Begründungsbegriff läßt offen, ob es sich um *Prozesse individueller Handlungsvergewisserung* handelt – man kann Entscheidungen quasi in einem inneren Dialog sich selbst gegenüber begründen, ohne äußerem Rechtfertigungsdruck ausgesetzt zu sein – oder um *Prozesse kollektiver Argumentation.* Die Verwissenschaftlichung entscheidungsorientierter Begründungsprozesse stellt sich in dieser Perspektive als ein Teilprozeß jenes säkularen *Entzauberungs- und Rationalisierungsprozesses* dar, der Begründungsmuster nach Maßgabe jeweils spezifischer Rationalitätskriterien systematisierter, logisch konsistenter, differenzierter und intersubjektiv überprüfbar werden läßt. *Verwissenschaftlichung* von Entscheidungsbegründung bedeutet in diesem *Weberschen* Sinne also eine *Steigerung der formalen Rationalität* potentieller oder faktischer Argumentationsmuster.

Offen bleibt in dieser wissenssoziologischen Definition der Verwendung das *Verhältnis von vorgebrachten Gründen zu den faktischen Absichten und Interessen einerseits und den tatsächlichen Entscheidungen andererseits.* Zwar haben sozialwissenschaftliche Argumente häufig Alibicharakter oder die Funktion der Ex-post-Rationalisierung. Dennoch sind sie, wenn einmal vorgebracht und akzeptiert, prinzipiell einklagbar und kritisierbar. Schon die bloße Tatsache rationaler Handlungsbegründung bindet den Handelnden implizit an die jeweils beanspruchte Rationalitätsnorm und engt seinen Handlungsraum langfristig ein. Mit diesem Verständnis von Verwendung sind also alle die Modelle ausgeschlossen, die das komplexe Verhältnis von sozialwissenschaftlichem Wissen und Handeln bzw. Entscheiden von vornherein allein auf die technische Umsetzung sozialwissenschaftlicher Rezepte oder auf die manipulativ- ideologische Legitimation dezisionistisch zustandegekommener Entscheidungen reduzieren, obwohl diese Typen der Wissensverwendung in der Realität durchaus anzutreffen sind.

Um nicht den mißverständlichen Anschein einer rationalistisch-idealistischen Rekonstruktion politischer Prozesse aufkommen zu lassen: Natürlich sind Argumentationsprozesse immer auch als interessengeleitete strategische Interaktionen zu interpretieren, bei denen Argumente und Gründe als *Einflußressourcen* dienen. Dennoch wäre es verkürzend, wollte man den Gebrauch von Argumenten und das Vorbringen von Gründen in Diskursen *allein* auf die Interessen und strategischen Absichten der beteiligten Akteure und Parteien reduzieren. Wenn rationale Argumente der Einsatz in strategischen Spielen[8] sind, bekommen jene unter bestimmten Bedingungen ein *Eigengewicht*, das einschränkend auf die strategischen Möglichkeiten der Spieler zurückwirkt und im Idealfall den strategischen und den sachrationalen Charakter von Diskursen in eins fallen läßt.

Für diesen *Doppelcharakter* von *Argumentationsprozessen* sprechen eine Reihe von Gründen: In politischen Diskursen besteht beispielsweise häufig ein Zwang zur argumentativen Äußerung. Keine der beteiligten Interessenparteien kann es sich leisten, zu einem aufgeworfenen Problem keine Stellung zu beziehen, gerade weil in der Anfangsphase der Problemthematisierung die entscheidenden Weichen gestellt werden. Dieser *Zwang zur Argumentation*, der zudem in vielen Politikbereichen durch föderalistische und korporatistische Gremien institutionalisiert ist, macht Argumentation zum Spieleinsatz unter Risiko, da bei komplexen Problemlagen einerseits die eigenen Interessen anfänglich noch nicht eindeutig bestimmbar sind, sondern erst im Verlauf der Problemarrondierung schärfer heraustreten, und man sich andererseits auf bestimmte inhaltliche Aussagen festlegt, die zu einem späteren Zeitpunkt und in anderen Zusammenhängen gegen die eigenen Interessen sprechen mögen. Da argumentative Konsensbildungsprozesse vom Allgemeinen zum Besonderen, von der Problemdefinition bis zur Abwägung konkreter Lösungsvorschläge verlaufen, schränkt jede Zustimmung oder Ablehnung den Spielraum weiterer Argumente ein. Der argumentative Status quo, der sich als nichtgewolltes kollektives Resultat vieler argumentierender Einzelakteure ergibt, kann so restriktiv auf die Möglichkeiten der Interessenverfolgung zurückwirken. Die strategischen Möglichkeiten in politischen Diskursen sind zudem durch rechtliche Normen des Zulässigen begrenzt, die u.U. auch bestimmte Rationalitätsstandards verbindlich vorschreiben. Durch die Verwissenschaftlichung von Diskursen kann diese prinzipielle Strukturiertheit der Begründungssituation verstärkt werden, z.B. dadurch, daß bestimmte Kausalaussagen –

---

8 Zur Anwendung des spieltheoretischen Modells zur Analyse strategischer Interaktion in der Soziologie vgl. Goffman, E.: *Strategische Interaktion*, München 1981; Crozier, M., Friedberg, E.: *Macht und Organisation*, Königstein 1979.

etwa rassistische Begründungen von Bildungsunterschieden – nicht mehr vorgebracht werden können, weil sie wissenschaftlich unhaltbar sind.[9]

In vielen Kontexten der politischen Auseinandersetzung scheint so etwas wie eine *doppelte argumentative Moral* institutionalisiert zu sein. Es wird allgemein akzeptiert, daß jedermann an *partikularen* Interessen orientiert ist, solange er nicht bestimmte argumentative Rationalitätsstandards verletzt. Der strategische Charakter der Argumentation des Gegenspielers gilt solange als legitim und wird als solcher nicht thematisiert, solange sich der Kommunikationspartner an bestimmte *Regeln* hält, wie etwa die Anerkennung guter Gründe, die logische Konsistenz von Argumenten oder die Akzeptierung einmal beschlossener Prioritäten. Solange derartige Regeln nicht verletzt werden, wird dann so getan, *als ob* strategische Gründe keine Rolle spielten und die Argumente lediglich an verallgemeinerungsfähigen Interessen orientiert seien. Solche durch informelle Regeln strukturierte und objektivierte Situationen strategischer Interaktion sind insbesondere typisch für die unterschiedlichen Fachöffentlichkeiten im intermediären Feld von Politik, Administration und Öffentlichkeit. Sie sind an eine Reihe von Voraussetzungen – wie etwa an ein Minimum an gemeinsamen Interessen und einen stabilen Hintergrundkonsens über die Problemdefinition – geknüpft, auf die ich unten noch eingehen werde. Entscheidend ist hier, daß durch ein solches *gruppenspezifisches argumentatives Paradigma* selbstreflexive Argumente – also Hinweise auf die strategische Komponente inhaltlicher Begründungen – aus dem Arsenal zugelassener strategischer Ressourcen weitgehend *ausgeschlossen* sind und die Sphäre partikularer Interessen und Ziele von der argumentativen Ebene kognitiv *abgekoppelt* wird. Die *Nicht-Thematisierung strategischer Kalküle* kann dann zu einer tatsächlichen *Versachlichung* der Argumentation führen, ohne daß Aufrichtigkeit unterstellt werden muß. Dadurch daß nur noch problembezogene Argumente als Spieleinsatz zugelassen sind, bekommt ihre inhaltliche Qualität (man könnte auch sagen: ihr Gebrauchswert) entscheidendes Gewicht und es kann sich das entfalten, was *Habermas* den „zwanglosen Zwang" der Argumentationslogik genannt hat. Daß dies natürlich noch lange nicht inhaltliche Diskursrationalität bedeuten muß, ist nur zu offensichtlich.

Auf allgemeiner Ebene läßt sich feststellen, daß es natürlich eine Reihe von Strategien gibt, die die nicht-intendierten Rationalisierungseffekte kol-

---

9 Auf der anderen Seite wirkt die *wissenschaftsinterne Kritik* an sozialwissenschaftlichen Begründungsmustern erst mit einem gewissen Verzögerungseffekt, wenn sich diese in der Praxis als erfolgreich erweisen. Siehe zu dieser Problematik: Beck, U., Lau, Ch.: „*Die ,Verwendungstauglichkeit' sozialwissenschaftlicher Theorien: Das Beispiel der Bildungs- und Arbeitsmarktforschung*", in: Beck, U. (Hrsg.), a. a. O., S. 369–396.

lektiver Argumentation außer Kraft setzen oder zumindest abschwächen können. Dazu gehört – um in unserem spieltheoretischen Bild zu bleiben – die Möglichkeit, uneindeutige, paradoxe Aussagen zu machen, die den Spieler nicht festlegen und den späteren Verweis auf ein angebliches Mißverständnis ermöglichen,[10] ebenso wie die Möglichkeit, gezielte Fehlinformationen in den Diskurs einzuschleusen. Beides könnte man als *Fälschung der Spielressourcen*, des Spieleinsatzes bezeichnen. Schließlich können die Akteure versuchen, den Schiedsrichter – in unserem Fall die Sozialwissenschaften als „Verwalter von Wahrheits- und Gültigkeitskriterien" – zu bestimmen, sonstigen Einfluß auf ihn zu nehmen oder ihn überhaupt in Frage zu stellen. Als Beispiele für derartige Versuche, die Spielregeln zu ändern, lassen sich die von der Administration dominierte Auftragsforschung und eine generalisierte Wissenschaftskritik im Sinne der Anti-Science-Bewegung anführen.

Ein wichtiger Aspekt der Verwissenschaftlichungsproblematik ist darin begründet, *daß die Sozialwissenschaften sowohl Schiedsrichter als auch Ressourcenlieferant sind.* Beide Funktionen begründen unterschiedliche und z. T. widersprüchliche Interessen gegenüber der Praxis und in beiden Funktionen können die Sozialwissenschaften sowohl zur Versachlichung als auch zur Verzerrung der Argumentation beitragen. Welche der beiden Möglichkeiten überwiegt, hängt z. T. davon ab, wie hoch der Grad wissenschaftsinterner Rationalisierung bereits fortgeschritten ist, z. T. aber auch davon, in welchen institutionellen Kontexten die Einbeziehung wissenschaftlicher Ergebnisse in Begründungsstrukturen erfolgt.[11] Ich werde mich mit typischen Formen der Verwendung und ihren Voraussetzungen im folgenden beschäftigen.

2. *Typen der Verwissenschaftlichung von Begründungsprozessen*

Innerhalb des so umrissenen Verwendungsbegriffs lassen sich *zwei Typen der Wissensverwendung* unterscheiden. Beim *geschlossenen Modell des Begründungshandelns* ist von einer direkten Interaktion zwischen Praktiker und Wissenschaftler auszugehen. Im wesentlichen werden dabei sozialwissenschaftliche Ergebnisse nicht im Dienste der Rechtfertigung nach außen,

---

10 Watzlawick, P., Beavin, J. H., Jackson, D. D.: *Menschliche Kommunikation. Formen, Störungen, Paradoxien.* 6. Aufl. Bern 1982. S. 171 ff.

11 Auf der Interaktionsebene ergeben sich durch diese doppelte Funktion anwendungsbezogener Wissenschaft widersprüchliche Anforderungen an den wissenschaftlichen Experten.

sondern als Selbstbegründung von Entscheidungen verstanden. Prinzipiell unterliegen in diesem Modell nur Mittel- und Maßnahmealternativen der wissenschaftlichen Rationalisierung, nicht aber Ziele, Werte und Problemschematisierungen. Geht der selektive Einfluß auf die Wissensverwendung eher von den beteiligten Wissenschaftlern aus, so handelt es sich um die *technokratische Variante* des geschlossenen Modells. Wird er dagegen im wesentlichen von den Praktikern ausgeübt, so handelt es sich um die *dezisionistische Variante*. Welcher Typus jeweils vorliegt, hängt nicht nur von den institutionellen Vorgaben ab, sondern ist nicht zuletzt Resultat eines Aushandlungsprozesses zwischen den beiden Parteien bzw. Interaktionspartnern. Entscheidend für das geschlossene Modell der Wissensverwendung ist die *Begrenzung des Kreises der Diskursteilnehmer* und damit die vorgegebene Selektivität des in Betracht gezogenen Wissens. Die Beziehung zwischen Wissenschaft und Praxis kann in geschlossenen Verwendungszusammenhängen als *Austausch- und Bargainingverhältnis* charakterisiert werden, innerhalb dessen beide Interaktionspartner daran interessiert sind, die Wissensselektion und die Definition der Anwendungsbedingungen zu ihren Gunsten zu beeinflussen oder diese gar zu monopolisieren.[12] Dabei können Konkurrenzkonflikte zwischen unterschiedlichen anwendungsorientierten Wissenschaftsdisziplinen auftreten. Diese Konflikte zwischen professionalisierten Expertengruppen – also etwa zwischen Soziologen und Ökonomen – können von den Praktikern wiederum strategisch dazu benutzt werden, die Interaktionsbeziehung zwischen Wissenschaft und Praxis zu ihren Gunsten zu verändern, d. h. eine technokratische Entscheidungssituation in eine dezisionistische umzuwandeln.

Auftragsforschung und *persönliche Beratung* durch Experten sind Formen der Wissensvermittlung im geschlossenen Modell. Da die Beziehung zwischen Praktikern und Wissenschaftlern im geschlossenen Modell einer Bargainingbeziehung gleicht, ist ihre Stabilität und Ausgewogenheit immer prekär. Mißverständnisse und Dauerkonflikte sind quasi vorprogrammiert. Auf beiden Seiten kann dieses Verhältnis strategischer Interaktion in Erwartungsüberforderung und Erwartungsenttäuschung resultieren, wenn es nicht auf Dauer gelingt, daß beide Partner die Handlungsperspektive der jeweils anderen Seite übernehmen. Das *Rationalisierungspotential* des geschlossenen Modells der Wissensverwendung ist schon allein deshalb *rela-*

---

12 Eine kritische Diskussion der Konzeptualisierung der Wissenschafts-Praxis-Beziehung als *Aushandlungsprozeß* findet sich bei H. Hartmann: „*Gesellschaftliche Bedingungen der angewandten Organisationssoziologie*", in: Beck, U. (Hrsg.), a. a. O., S. 477–510.

tiv gering, weil die Wert- und Zieldimension ausgeklammert sind und weil die Steuerung von Wissensproduktion und Wissensnutzung vor allem interessenbezogen erfolgt.

Im Bereich der Ministerialverwaltung ist die Kontrolle und Steuerung der Auftragsforschung durch die kontinuierliche „Begleitung" des Forschungsprozesses in der Regel relativ groß und erstreckt sich von der Einflußnahme auf das Forschungsdesign bis zur gemeinsamen Formulierung praktischer Schlußfolgerungen und Handlungsempfehlungen.[13] Etwas geringer scheint die administrative Einflußnahme bei den Auftragsforschungsprojekten zu sein, die nicht unmittelbar problemlösungsorientiert sind, sondern mit der Auslotung neuartiger und daher noch unscharf umrissener Problemfelder befaßt sind. Zweifellos sind gerade bei der Ressortforschung die strategischen Interessen der jeweils beteiligten administrativen Organisationseinheiten entscheidend. Die Legitimation bereits getroffener oder sich anbahnender Entscheidungen, die Durchsetzung ressort- oder abteilungsspezifischer Positionen, Alibi-Forschung als Tätigkeitsnachweis, als Mittel um Zeitaufschub zu gewinnen oder zur Erweiterung der eigenen Kompetenzen sind strategische Gesichtspunkte der Auftragsvergabe, wie sie aus der Insider-Perspektive aufgelistet werden können.[14]

Dabei werden allerdings recht schnell die *Grenzen reiner Gefälligkeitsforschung* deutlich. Bereits auf Referatsebene zeigt sich, daß Forschungsergebnisse, die offensichtlich parteilich sind bzw. aus Forschungsinstituten kommen, die in einer informellen oder formellen Abhängigkeitsbeziehung zum Auftraggeber stehen, aufgrund mangelnder Glaubwürdigkeit wenig verwendungstauglich sind. Daraus ergibt sich für die administrativen Praktiker ein Dilemma: Entweder man beauftragt Institute, die bereit und in der Lage sind, Wissen zu liefern das auf den jeweiligen Begründungskontext zugeschnitten ist, und läuft dann Gefahr, dieses Wissen bereits im Vorfeld politischer Diskussionen als parteilich diskreditiert zu sehen, oder man legt Wert darauf, von unabhängigen und kaum steuerbaren Instituten Wissen zur Verfügung gestellt zu bekommen, das zwar den Anschein der

---

13 Aus der Sicht der administrativen Praktiker ist diese Kontrolle des Forschungsprozesses die Konsequenz aus enttäuschenden Erfahrungen mit nicht umsetzbaren Projektergebnissen. Sie erscheint daher nicht als illegitimer Eingriff in die Autonomie der Wissenschaft, sondern als notwendige Voraussetzung effizienter Ressortforschung.

14 Eine überzeugende Typologie der strategischen Gesichtspunkte der Vergabe von Forschungsaufträgen findet sich bei Bartholomäi, R.: „Ressortforschung. Aspekte der Vergabe und Forschungsbegleitung", in: Wissenschaftszentrum Berlin (Hrsg.): Interaktion von Wissenschaft und Politik, Frankfurt 1977, S. 290 ff.

Objektivität hat, aber den konkreten Begründungsnotwendigkeiten nicht gerecht wird oder überhaupt die Ebene der praktischen Problemstellung verfehlt. Aus diesem Dilemma ergibt sich der Bargaining-Spielraum der Ressortforschung.

Bei informellen Hearings und Beratungen zwischen Praktikern und Wissenschaftlern sind die Möglichkeiten größer als bei der Auftragsforschung, sich dem Diktat der Praxis zu entziehen. Hier kann es sich um die informelle Abwägung konkreter Programmalternativen handeln oder auch um die experimentelle Antizipation zu erwartender Kritikpunkte und Entlastungsargumente. Von der Reputation, dem Wissen und dem argumentativen Verhalten der beteiligten Wissenschaftler hängt es ab, ob diese Beratungssituationen eher dem dezisionistischen oder dem technokratischen Untertypus des geschlossenen Modells gleichen. Ihr informeller, nicht-öffentlicher Charakter, der ja auch immer Wissensselektion, sowohl von der Praktiker- wie auch von der Wissenschaftlerseite, bedeutet und die Gefahr eines Gruppenbias[15] mit sich bringt, läßt allerdings die Hoffnungen überhöht erscheinen, die noch *Lazarsfeld*[16] mit dieser Art punktuellen und direkten Wissenstransfers verknüpfte.

Nun existiert dieser geschlossene Typus der Verwissenschaftlichung natürlich selten in reiner Form. Immer besteht die Chance (oder Gefahr), daß Schließungsprozesse mißlingen, daß diskursive öffentliche Argumentationsprozesse die Wissensmonopole sprengen und öffentlicher Rechtfertigungsdruck aufkommt, der die Berücksichtigung weitergehenden Wissens ermöglicht. Beim *offenen Modell der Verwendung* handelt es sich nicht mehr um Aushandlungsprozesse zwischen individuellen Akteuren, sondern um Argumentationsprozesse, in denen sich wissenschaftliche Ergebnisse tendenziell von den strategischen Absichten der Akteure „lösen" und eine *argumentative Eigendynamik* entfalten können, die auf die Handlungschancen der Akteure zurückwirkt.[17] Der Typus des erforderlichen Wissens ist nicht mehr das politische Handlungsprogramm oder der problembezo-

---

15 Janis, J. L.: *Victims of Groupthink,* Boston 1972, S. 197 ff.

16 Vgl. Lazarsfeld, P. F., Reitz, J. G. unter Mitarbeit von Pasanella, A.: *An Introduction to Applied Sociology,* New York 1975.

17 Das *offene Modell der Verwendung* gleicht in gewissen Zügen dem pragmatischen Modell des Verhältnisses von Fachwissen und Politik bei *Habermas*, das ein kritisches Wechselverhältnis zwischen wissenschaftlichen Sachverständigen und Politikern ebenso vorsieht, wie die Vermittlungsrolle der öffentlichen Meinung. Allerdings berücksichtigt Habermas nicht den eigentümlichen Charakter öffentlicher Diskurse, der die Identität von Wissenschaftler und Praktiker, von sozialwissenschaftlicher Expertise und alltagstheoretischem Kalkül tendenziell aufhebt. Dementsprechend sieht er die Hauptschwierigkeit der Umsetzung des pragmatischen

gene survey, sondern das *wissenschaftlich fundierte Einzelargument,* dem man seinen wissenschaftlichen Ursprung häufig kaum mehr anmerkt. Intentionale strategische Wissensselektion und -monopolisierung ist in dem Maße nicht mehr möglich, in dem sich unterschiedliche Teilöffentlichkeiten des Themas annehmen und die vielfältigen multiparadigmatischen und perspektivischen Wissensvorräte der Sozialwissenschaften zur Verfügung stehen.

Selektiv wirken in diesem Modell nunmehr die *kollektiven Argumentationsstrukturen* mitsamt ihren logischen und pragmatischen Zwängen, die sich als kollektive Folge vieler Einzelargumentationen ergeben. Das *Rationalisierungspotential* verwissenschaftlichter kollektiver Argumentationsprozesse ist zumindest dann größer als im geschlossenen Modell, wenn die Problem- und Zieldefinitionsphase mit in den Prozeß einbezogen ist. Es ist deshalb aus prinzipiellen Gründen größer, weil die Selektivität der Verwendung nicht mehr *unmittelbar* interessengesteuert ist und das Angebot alternativen Wissens spätestens dann sich komplexitätserweiternd auswirkt, wenn sozialwissenschaftliche Gegenexpertisen öffentlichkeitswirksam werden.

Methodisch hat dies zur Konsequenz, daß man zwar nicht gänzlich von der sozialen Infrastruktur des Argumentationsprozesses absehen kann, von dem komplexen Netz von Zuständigkeiten, Kompetenzen, Interessen und Betroffenheiten, daß sich aber mit der Analyse der kollektiven Argumentationsstrukturen eine *eigene Untersuchungsebene* eröffnet, für die die Soziologie methodisch allerdings nur unzureichend gerüstet ist.[18]

Beispiele für derartige *verwissenschaftlichte öffentliche Diskurse* sind die großen *bildungspolitischen Debatten* der 60er und 70er Jahre, wie etwa die von *Picht* eingeleitete Auseinandersetzung um die „Bildungskatastrophe"[19] oder die Diskussion um die Abschaffung des Numerus clausus angesichts der geburtenstarken Schüler- und Studentenjahrgänge Mitte der 70er Jah-

---

Modells in den Übersetzungsproblemen zwischen praktischen Fragen und wissenschaftlichen Problemstellungen. Vgl. Habermas, J.: *„Verwissenschaftlichte Politik und öffentliche Meinung",* in: ders.: *Technik und Wissenschaft als „Ideologie",* Frankfurt 1968, S. 120–145.

18 Eine ausgefeilte Methodik zu Analyse von zweckrationalen Begründungsstrukturen ist für die politikwissenschaftliche Entscheidungsforschung im Rahmen des „cognitive mapping approach" entwickelt worden. Siehe dazu vor allem: Axelrod, R. (Hrsg.): *Structure of Decision. The Cognitive Maps of Political Elites,* Princeton, N. J. 1976.

19 Picht, G.: *Die deutsche Bildungskatastrophe,* Olten 1964.

re.[20] Gerade anhand des letzten Beispiels läßt sich gut zeigen, wie sich, ausgehend von einer zunächst rein technischen Modellprognose des Instituts für Arbeitsmarkt- und Berufsforschung, unter dem Einfluß quasi abrufbaren wissenschaftlichen Sachverstandes die kognitive Problemstruktur zunehmend differenzierte, eine Vielzahl von Folgen und Systeminterdependenzen abgewogen wurde und insgesamt das Wertberücksichtigungspotential des argumentativen Begründungsprozesses durch den öffentlichen Charakter der Auseinandersetzung stieg.[21] Obwohl natürlich die Repräsentanten der betroffenen Interessengruppen und ihre wissenschaftlichen „Vertreter" ihre Argumentation an strategischen Gesichtspunkten auszurichten versuchten, war der *Versachlichungseffekt* des sozialwissenschaftlichen (und ökonomischen) Problemwissens groß genug, um eine einschränkende Wirkung auf die strategisch-manipulativen Argumentationsmöglichkeiten einzelner Akteure auszuüben und schließlich einen Konsens über zu wählende Problemlösungsoptionen herbeizuführen. Obwohl sich natürlich auch hier begriffliche Mehrdeutigkeiten und die rhetorische Vulgarisierung sozialwissenschaftlicher Termini nachweisen lassen, beeindruckt die resultierende kognitive Problemstruktur doch durch ihre Komplexität und logische Konsistenz, die zweifellos geringer gewesen wären, wenn sich der Prozeß der Entscheidungsbegründung lediglich zwischen einigen wenigen wissenschaftlichen Beratern und den politischen Entscheidungsträgern abgespielt hätte.

Eine *Verwendungsforschung*, die sich an der Leithypothese der Verwissenschaftlichung gesellschaftlichen Handelns orientiert, muß besonders daran interessiert sein zu ermitteln, *wo das geschlossene Modell ins offene Modell der Verwissenschaftlichung umschlägt*, welche Bedingungen und Faktoren dazu führen, daß eine technokratisch-dezisionistische Instrumentalisierung der Forschung qua Eigenlogik zur Verwissenschaftlichung von Öffentlichkeit und zum Öffentlichwerden von Forschung führt. Einige dieser Bedingungen sollen hier für den Bereich der *Bildungspolitik* genannt werden. Es handelt sich um den *institutionalisierten Konsenszwang* im Rahmen des kooperativen Kulturföderalismus, um den *interessenpolitischen Hintergrundkonsens*, die *öffentliche Problempriorität* und die Art und den Umfang des *abrufbaren sozialwissenschaftlichen Wissens*.

---

20 Wichtige Beiträge zu dieser Diskussion sind zusammengefaßt in: Stifterverband für die Deutsche Wissenschaft (Hrsg.): *Schülerberg und Ausbildung, Analysen und Maßnahmen*, Stuttgart 1976.
21 Ebd., S. 94 ff.

Die *Bildungspolitik in der Bundesrepublik* ist durch einen *hohen Grad horizontaler institutioneller Politikverflechtung*[22] gekennzeichnet. Die föderalistische Struktur der Kultusbürokratie bewirkt eine ausgeprägte Dezentralisierung der Entscheidungskompetenzen bei gleichzeitig großem Abstimmungs- und Kooperationsbedarf hinsichtlich übergreifender Probleme wie der Bildungsplanung.

Der Konsensdruck und die Notwendigkeit, bei zentralen gemeinsamen Problemstellungen zu kooperieren, wirkt sich in den entsprechenden Gremien wie der Bund-Länder-Kommission für Bildungsplanung und der Kultusministerkonferenz dahingehend aus, daß Prozesse inhaltlicher Argumentation, insbesondere unter Einsatz sozialwissenschaftlicher Ergebnisse, besondere Bedeutung für die Entscheidungskoordination der dezentralen Einheiten bekommen. Das relativ kompetenzarme Bundesbildungsministerium ist dabei in der Lage, eine Sonderrolle zu spielen, da es über größere Informationverarbeitungskapazitäten hinsichtlich übergreifender Probleme verfügt als die meisten Länderministerien. Der Modus horizontaler Politikverflechtung in der Bildungspolitik hat zweifellos eine institutionalisierte Tendenz zur Öffnung von Begründungsprozessen in unterschiedlichen Kooperationgremien zur Folge, in denen zentralistisch-dezisionistische Durchsetzungsstrategien nicht greifen können. Die Konsensbildung erfolgt in der Regel argumentativ, wenn die betreffende Problemdefinition einmal akzeptiert ist.

Schon die bloße Zahl der beteiligten Instanzen und die Tatsache daß diese Zugang zu unterschiedlichsten administrativen und sozialwissenschaftlichen Informationsquellen haben bewirkt die Entstehung von *Quasi-Öffentlichkeiten* in den entsprechenden Gremien. Allerdings ist gerade wegen des Konsenszwangs, unter dem Entscheidungen in diesem System horizontaler Politikverflechtung stehen, immer dann die Gefahr einer Selbstblockierung, einer Ausklammerung von Problemen (non decisions) und der Orientierung am Minimalkonsens (negative Koordination) gegeben, wenn die Interessengegensätze unüberbrückbar scheinen.[23]

Damit ist schon eine weitere Bedingung verwissenschaftlichter öffentlicher Diskurse angesprochen, nämlich die Existenz eines *interessenpolitischen Hintergrundkonsens* über die grundlegende Problemdefinition und die zentralen Lösungsalternativen. Ist dieser Hintergrundkonsens nicht gegeben, so ist es eher unwahrscheinlich, daß sozialwissenschaftliche Experti-

---

22 Scharpf, F. W., Reissert, B., Schnabel, F.: *Politikverflechtung. Theorie und Empirie des kooperativen Föderalismus in der Bundesrepublik,* Kronberg (Ts.) 1976.
23 Ebd., S. 59 ff.

se und argumentative Klärung zur Deckung des hohen Konsensbedarfs führen. Es ist vielmehr anzunehmen, daß sich die Auseinandersetzungen dann auf die Konflikt- und Bargainingebene beschränkt, daß also nicht-diskursive Kompromißbildung zwischen antagonistischen Interessen stattfindet – oder daß das Problem, was wahrscheinlicher ist, durch Ausklammerung oder Segmentierung „entthematisiert" wird. Der angesprochene Hintergrundkonsens war zweifellos noch gegen Ende der 60er Jahre hinsichtlich der „großen" Themen der Bildungspolitik „Bildungsexpansion", „Chancengleichheit" und „Bildungsreform" vorhanden. Er zerbrach dann relativ rasch zu Beginn der 70er Jahre an konkreten Kontroversen um die Gesamtschulproblematik, die Berufsbildungsreform[24] und die Rahmenrichtlinien in Hessen.

Das *Ende des Bildungsrates* im Jahre 1975 markierte gleichsam das Zerbrechen des Basiskonsens in der Bildungspolitik und bedeutete zugleich geringere Chancen für die argumentative Einbeziehung sozialwissenschaftlicher Ergebnisse in die kollektiven Entscheidungsprozesse. Etwas länger dauerte die Übereinstimmung im Bereich der Bildungsplanung und insbesondere der Hochschulplanung an. Hier hielt sich relativ lange das Grundmodell einer Abstimmung des Bildungssystems auf den Bedarf des Beschäftigungssystems. Der Konsens über die Definition des Problems der geburtenstarken Jahrgänge war immerhin groß genug, um einer öffentlichen Diskussion Raum zu geben, die nicht nur das inzwischen verfügbare Know how der Bildungsforschung verwertete und der sozialwissenschaftlichen Kritik an der bedarfsorientierten Bildungsplanung zum Durchbruch verhalf,[25] sondern auch in relativ rascher Zeit zu Entscheidungen führte.

Dieses erfolgreiche Beispiel eines verwissenschaftlichten öffentlichen Diskurses ist sicherlich auch auf die *öffentliche Priorität* zurückzuführen, die das Problem der starken Schüler- und Studentenjahrgänge und das Problem des Numerus clausus 1974/75 hatten. Häufig muß sich das öffentliche Problembewußtsein erst dergestalt verdichten, daß die Konsensbereitschaft der institutionell Beteiligten wächst und sie gezwungen sind, sich den öffentlichen Begründungsanforderungen zu stellen. Nur wenn eine *kritische Schwelle des Problemdrucks* überschritten wird, entspinnt sich eine breite Diskussion, die ausreichend viele Medien, Diskursforen, Teilöffentlichkeiten umfaßt und komplexen Begründungsmustern Raum gibt. Darüber hi-

---

24 Offe, C.: *Berufsbildungsreform. Eine Fallstudie über Reformpolitik,* Frankfurt 1975.
25 Vgl. Arbeitsgruppen des Instituts für Arbeitsmarkt- und Berufsforschung und des Max-Planck-Instituts für Bildungsforschung: *Bedarfsprognostische Forschung in der Diskussion. Probleme, Alternativen und Forschungsnotwendigkeiten aus der Sicht der Arbeitsmarkt-, Berufs- und Bildungsforschung,* Frankfurt 1976.

naus muß die Aufmerksamkeit der Öffentlichkeit *lange genug* auf das betreffende Problem gerichtet sein, wenn nicht ein vorzeitiger, u. U. strategischer Abbruch der Diskussion zu Rationalitätseinbußen führen soll. Wie sich am Beispiel der geburtenstarken Jahrgänge oder der Ausrufung der Bildungskatastrophe in den 60er Jahren zeigen läßt, kann sozialwissenschaftliches Wissen eine bedeutsame Rolle bei der Gestaltung der „politischen Tagesordnung" spielen. Auch wenn die Themenkonjunkturen der Öffentlichkeit schwer beeinflußbar scheinen, so ist doch die öffentliche Meinung für die Sozialwissenschaften ein wichtiger Adressat ihrer Ergebnisse, nicht zuletzt, weil sie den Druck erzeugen kann, der in der Lage ist, eine Schließung von Verwendungsprozessen zu verhindern.

Schließlich ist auch die *Qualität und die Differenziertheit des zur Verfügung stehenden wissenschaftlichen Wissens* entscheidend dafür, ob eine diskursive Verwendung sozialwissenschaftlicher Ergebnisse stattfinden kann. Nur dann, wenn das vorliegende Informations- und Deutungsangebot ausreichend komplex ist, kann es zu einer kognitiv differenzierten Auseinandersetzung über Problemursachen und -folgen kommen. Gerade bei neuartigen Problemlagen hinkt die sozialwissenschaftliche Forschung aber in der Regel hinter der Nachfrage nach begründungstauglichem Wissen hinterher. Um so wichtiger ist gerade für eine Verwissenschaftlichung öffentlicher Diskurse die Institutionalisierung eines Bereichs anwendungsbezogener Forschung, die die kontinuierliche Abrufbarkeit sozialwissenschaftlichen Problemwissens sicherstellt. Ich werde auf die Probleme, die mit der Entstehung und Funktion derartiger Vermittlungssysteme verbunden sind, zurückkommen.

Es ist anzunehmen, daß mehr oder weniger alle der hier nur kurz umrissenen Bedingungen vorliegen müssen, um öffentliche Diskurse dem idealtypischen Modell anzunähern, bei dem die Verwissenschaftlichung von Begründungsprozessen in *Rationalitätsgewinnen* resultiert.

Tendenziell läßt sich behaupten, daß der Einfluß von wissenschaftlichen Ergebnissen im offenen Modell der Verwendung größer ist als im geschlossenen Modell, ja daß hier erst Prozesse der Verwissenschaftlichung wirklich greifen. Dies schon allein deshalb, weil öffentliche Diskurse den Bedingungen wissenschaftlicher Ergebnisproduktion und -kontrolle strukturell ähnlicher sind als die instrumentellen Zusammenhänge technischer Verwendung. Gleichzeitig wurde in diesem Zusammenhang zu Recht eine zwangsläufige und notwendige Trivialisierung wissenschaftlicher Ergebnisse konstatiert, die es häufig schwer macht, noch von Verwissenschaftlichung zu reden. Erfolgreiche Verwissenschaftlichung von öffentlichen Diskursen bedeutet gleichzeitig eine Veralltäglichung des wissenschaftlichen Ergebnisangebots ebenso wie eine Öffnung des sozialwissenschaftlichen

Deutungsmonopols gegenüber dem kundigen Common sense des Laien. In dieser ambivalenten Entwicklung und nicht so sehr in den leidigen Mißverständnissen und Kommunikationsschwierigkeiten zwischen Wissenschaftlern und politischen Entscheidungsträgern zeigen sich meines Erachtens erst die materialen Grenzen der Rationalisierung gesellschaftlicher Entscheidungen.

[…]

Ralf Dahrendorf: Die bunten Vögel wandern weiter. Warum es heute nicht mehr aufregend ist, ein Soziologe zu sein: Andere Disziplinen geben den Ton an

„Was ist los mit der Soziologie?" fragt Warnfried Dettling in der ZEIT vom 5. Januar und verrät schon in der Frage seinen Irrtum. Die Soziologie, das ist eine bürokratische und daher irrelevante Kategorie. Es gibt (glücklicherweise) Leute, die sich Soziologen nennen oder die von Fakultäten und Ministerien so genannt werden. Was sie betreiben, nennt man ein Fach, also eine Einrichtung, die (wie Dirk Käsler – siehe die ZEIT vom 19. Januar – zu Recht bemerkt) „professionellen Status, intellektuelle Identität und kollegiale Unterstützungsnetzwerke" bietet. So etwas braucht man, vor allem, wenn man für das, was man tut, ein Gehalt und gar eine Pension beziehen will. Aber höhere Weihen sollte man „Fächern" und „Disziplinen" nicht geben.

Das ist allerdings nur der Beginn des Arguments. Richtig ist, daß es eine Zeit gab, in der diejenigen, die sich Soziologen nannten, die öffentliche und die wissenschaftliche Diskussion besonders befruchtet haben. Es war aufregend, sich Soziologe zu nennen. In der Tat war es anti-bürokratisch, denn viele bezweifelten, daß es so etwas wie Soziologie gibt, so daß exzentrische Geister sich angezogen fühlten. Das galt (in Deutschland) in den zwanziger Jahren und wieder nach dem Krieg. In Köln, Hamburg und Frankfurt, und auch jenseits der großen Universitäten bei Forschungsprojekten, fanden sich junge Wissenschaftler zusammen, die allesamt nicht Soziologie studiert hatten und nur schwer in der Lage gewesen wären, ein Lehrbuch der Soziologie zu schreiben. So schrieben sie denn über das Gesellschaftsbild des Arbeiters, die Mitbestimmung, den Strukturwandel der Öffentlichkeit, über arbeitslose Jugendliche und manchmal (obwohl das schon der Anfang der Langeweile war) auch über Studenten und die Universität. Mit der Sehnsucht nach Empirie verband sich die Analyse. Als die Enthusiasten Professoren geworden waren, setzten sie Forschungsprogramme ihrer Schüler in Gang, über Eliten und Bildungschancen, Familien und Städtebau. Das war zumindest die deutsche Lage, wenngleich das Bild im übrigen Europa nicht wesentlich anders aussah. Nur in Amerika war „die Soziologie" schon zur Profession geworden.

Noch etwas war für die Nachkriegszeit kennzeichnend – und nicht nur für die Soziologen. Wer noch zum „o. ö.", nämlich zum „ordentlichen öffentlichen" Professor, ernannt wurde, hatte oft einen Sinn dafür, daß die Lehre nicht an den Grenzen der Hochschule haltmacht. Es gibt eine öffentliche Verpflichtung des Wissenschaftlers. Erst später sank diese dahin und gab einer Wissenschaft Raum, die sich im wesentlichen an Fachkollegen wendet und dies schon durch ihren hermetischen Jargon deutlich macht.

Auch Soziologen waren davon betroffen. Ein paar durften sich am Rande der bürokratisierten Disziplin als bunte Vögel entfalten. Sie wurden gelegentlich zu Festvorträgen auf Soziologentagen eingeladen. Auch lieferten sie Material für das berüchtigte „erste Kapitel" von Dissertationen, „die Theorie". Aber im großen und ganzen gingen Soziologen den Weg in die Professionalisierung, nicht besser und nicht schlechter als andere auch.

Die wichtige Frage heißt daher nicht: Was ist los mit der Soziologie?, sondern: Woher kommt heute eine öffentliche Wissenschaft, die uns hilft, die Umstände der Zeit, in der wir leben, besser zu verstehen? Es gibt (Dirk Käsler hat darauf hingewiesen) nach wie vor Soziologen, die man mit solchen Absichten beschreiben kann. Wenn ich im Blick auf die internationale Sozialwissenschaft die Frage beantworten sollte, würde ich allerdings vor allem auf zwei, viel leicht drei Kategorien von Wissenschaftlern verweisen, unter denen man heute aufregende Beiträge findet: Wirtschaftshistoriker, politische Ökonomen und Sozialanthropologen.

Über Sozialanthropologen kann man sich streiten (über die anderen sicherlich auch). Immerhin sind viele von ihnen, seit sie ihre Stämme in vormodernen Ländern verloren haben, zu Analytikern der modernen Gesellschaft geworden, die ganz unbekümmert die verschiedensten Methoden verwenden. Ernest Gellner war ein großes Beispiel; im Umkreis von Claude Lévi-Strauss in Frankreich gibt es mehrere. Wirtschaftshistoriker sind die einzigen, die moderne ökonomische Theorie, Ökometrie und historisches Verständnis miteinander verbinden. Der Nobelpreis für Douglass North und Robert Fogel war wohl begründet. Und dann gibt es in zu nehmendem Maße so etwas wie eine zweite Wirtschaftswissenschaft, eben die wiedergeborene politische Ökonomie. Die erste Wirtschaftswissenschaft, sei sie theoretisch, sei sie ökonometrisch, wird mit Recht für ihre Erkenntnis gelobt; nur ist sie eben auch bürokratisiert worden. Die besten Vertreter der Disziplin – Kenneth Arrow und seine Schüler, dann Albert Hirschmann und unter den jüngeren Amartya Sen und Partha Dasgupta – beherrschen das Instrumentarium, wenden sich aber haarigeren Themen zu als die „Fachvertreter". Sie entdecken den anderen Adam Smith wieder. In der internationalen Diskussion über die Zukunft des Wohlfahrtsstaates (zum Beispiel) sind sie unentbehrlich.

Soziologen sind da seltener zu finden. Warum? Außer den genannten Gründen, also der Bürokratisierung, gibt es einen weiteren. Soziologen haben eine Zeitlang ihren besonderen Beitrag dadurch geleistet, daß sie soziale Kräfte identifiziert haben, die Institutionen tragen oder in Zweifel stellen. Als die „Disziplin" Konturen annahm, wurde sie auf diese Weise zur Wissenschaft von den subinstitutionellen Realitäten der Gesellschaft. Soziologen verloren die Institutionen aus dem Blickfeld. (Ich habe dazu mit meinem „Homo Sociologicus" unbeabsichtigt einen Beitrag geleistet.) 1968 erreichte der nichtinstitutionelle Ansatz seinen Höhepunkt: er wurde zum antiinstitutionellen Ressentiment. Generell aber erwies sich das Unverständnis von Institutionen zunehmend als ein Hindernis bei der Analyse der Gegenwart. Das ist ein weites Feld.

Näher an der von Warnfried Dettling ausgelösten und von Dirk Käsler fortgeführten Diskussion liegt ein anderes Thema. „Die Soziologie", sagt Käsler, „soll sich den Fragen nach der guten Gesellschaft stellen." Er, der Max-Weber-Adept, fordert ausdrücklich eine wertende Soziologie. Lassen wir einmal die Frage beiseite. ob hier die Soziologie angesprochen ist, so bleibt die Thematik der öffentlichen Wissenschaft von Interesse. Wer betreibt heute öffentliche Wissenschaft? Wo wird sie betrieben?

Nicht – so behaupte ich einmal – an den Universitäten. Nicht also dort. wo Fächer und Disziplinen nebst ihren „Unterstützungsnetzwerken" das Feld beherrschen. Universitäten sind aus allerlei Gründen zu Orten geworden, an denen große Mengen von Studenten zu qualifizierenden Examen gebracht werden und an denen Wissenschaftler tätig sind, die vornehmlich zu anderen Wissenschaftlern sprechen. In der Tat müssen sie das tun, denn ihre Karriere hängt davon ab, daß ihre peers, ihre Mitbürokraten, sie gutheißen. Das ist in England extremer und sichtbarer der Fall als in Deutschland, aber es gilt überall in der Welt. Es heißt aber, daß selbst dann, wenn sich intelligente Menschen an Universitäten mit der guten Gesellschaft beschäftigen, niemand es merkt. Universitätswissenschaft ist nicht mehr öffentliche Wissenschaft.

Das kann man bedauern; man kann es zu ändern versuchen; einstweilen beschreibt es die Realität. Wohin ist die öffentliche Wissenschaft ausgewandert? Vor allem an die politikzugewandten Institute und Zentren, vom Sachverständigenrat bis zum Wissenschaftszentrum, von parteigebundenen think tanks bis zu Instituten für höhere Studien. Es gibt bürokratische Wissenschaft, und es gibt diejenigen, die rittlings auf der Grenze zwischen Wissenschaft und Anwendung, Erkennen und Werten sitzen, und die beiden Gruppen finden sich nicht mehr am selben Ort. Das gilt, mit wenigen Ausnahmen, auch für Soziologen.

Es liegt also eine seltsame Hypostasierung an sich schon fragwürdiger Thesen über die Soziologie darin, wenn Dettling seine Analyse auf die Analyse der gegenwärtigen Gesellschaft zu übertragen versucht. Dettling hat in vielem, was er über den Zerfall der Klassengesellschaft und sogar der Bürgergesellschaft sagt, wahrscheinlich recht. Das hat aber wenig mit dem Nutzen und Nachteil der Soziologie zu tun. Vor allem politische Ökonomen werden es für uns analysieren. Daß inzwischen weiterhin Diplomsoziologen ausgebildet werden, ist von diesen großen Themen gänzlich unberührt. Wir brauchen Sozialwissenschaftler an vielen Orten, und wir brauchen auch diejenigen, die sich um die gute Gesellschaft Gedanken machen. Ob sie Soziologen sind, ist ziemlich unwichtig.

Gerhard Schulze: Der Film des Soziologen. Dieses Fach muß sich von der Naturwissenschaft endgültig verabschieden

„Soziologie ist das, was Leute, die sich Soziologen nennen, tun, wenn sie von sich sagen, daß sie Soziologie betreiben. Mehr nicht. Die Suche nach ‚der Soziologie‘, als sei sie ein Ding, gar ein Ding an sich, ist reine Metaphysik, boden- und hoffnungslose zugleich.“ Dies schrieb Ralf Dahrendorf vor einigen Jahren der Soziologie ins Stammbuch, und ähnlich bezeichnete er vor einigen Wochen in einem Beitrag an dieser Stelle die Soziologie als „bürokratische und daher irrelevante Kategorie“. Manchmal besteht Weisheit darin, daß man eine Trivialität ausspricht.

Wir wissen es zwar längst, aber wir vergessen es leicht: Das ganze Leben ist ein Gehen ohne Grund. Aber wir existieren nun einmal. Und deshalb bedarf Dahrendorfs Verdikt eines Zusatzes: Im engen, unüberschreitbaren Denkhorizont der Frage, wie wir uns wohl am besten im Hier und Jetzt einrichten könnten, hat auch das Nachdenken über Soziologie seine Berechtigung, ja seine Notwendigkeit. Was bei Mikrowellen, Joysticks und Zahnbürsten erlaubt ist, wird doch wohl bei der Soziologie nicht verboten sein: sie sich so zurechtzukonstruieren, daß man sie brauchen kann.

Wie Phantome in der Geisterbahn springen uns auf unserem Kurs durch die Zeit ständig neue Probleme an: Ökokrise, Ausländerhaß, Arbeitslosigkeit, Niedergang des Sozialstaats, Armut, Kriminalität, Massenuniversität, Entsolidarisierung, Medienkonzentration, Sinndefizit, Auflösung der Familie, Drogen, Politikverdrossenheit, Korruption, Risiko Gentechnologie, Neuland Internet.

Da muß es eine Wissenschaft geben, die den folgenden drei Fragen nachgeht: Was tun wir eigentlich? Was wollen wir? Wie können wir dies erreichen? Es liegt nahe, diese Wissenschaft „Soziologie“ zu nennen. Doch wie sollte die gesuchte Wissenschaft aussehen?

Man muß unterscheiden zwischen sachlichen Anliegen und akademischen Sachverständigen. Gewiß kann man, wie Warnfried Dettling dies in der ZEIT getan hat, am Nutzen der akademischen Soziologie zweifeln. Ironischerweise kommt man dabei aber nicht darum herum, den Zweifel selbst mit soziologischen Argumenten zu begründen. Bis zum Ende des 19. Jahrhunderts hatte ein Kranker bessere Heilungsaussichten, wenn er nicht zum Arzt ging. Mit der Soziologie verhält es sich nicht anders als mit der Medizin: Daß diejenigen, die als Soziologen gelten, auch wirklich etwas zu sagen hätten, ist zwar nicht auszuschließen, aber auch nicht selbstverständlich.

Niemals war der soziologische Orientierungsbedarf größer als heute. Wer dies nicht glaubt, horche nur ein wenig in die Runde: Versuche soziologischen Redens überall, Stimmengewirr. Talk-Shows, Parteitage, Feuilletonartikel, Trendreportagen, Uno-Konferenzen, Kneipengerede, Marktstrategien, Zukunftsforen noch und noch – überall wird Soziologie produziert, ganz ohne Diplomabschluß. Warum ist dies so? Einfach, weil unsere Lebensbedingungen immer stärker von unseren Entscheidungen und unseren sozialen Arrangements abhängen. Unermüdlich haben wir über die Jahrhunderte daran gearbeitet, unseren Handlungsspielraum zu erweitern und unsere Determiniertheit durch die Natur zurückzudrängen. Je mehr Wahlmöglichkeiten wir haben, desto besser müssen wir über uns selbst Bescheid wissen.

Die Grundfragen der Soziologie scheinen einfach; denkt man aber genauer darüber nach, wird man sich ihrer Schwierigkeit bewußt. Die geistigen Herausforderungen sind im Fall der Soziologie ungleich größer als etwa in der Medizin oder der Physik. Warum?

Erstens kann sich die Soziologie als Projekt der Selbsterforschung von Kulturen unmöglich aus Wertfragen heraushalten. Wie aber redet man vernünftig, gar „wissenschaftlich" über Werte? Zweitens kommt die Soziologie nur durch aufwendige Interpretationsleistungen überhaupt an ihren Gegenstand heran. Sie beschäftigt sich nicht bloß mit Natur. sondern mit Bewußtsein und Kultur. Nun kann man aber eine Kultur nicht mit apparatisierten Standardverfahren analysieren wie eine Gesteinsprobe, sondern muß sich verstehend hineindenken. Drittens hat es die Soziologie mit Beziehungen zu tun, mit zeitlich ausgedehnten, unscharfen und hochvariablen Phänomenen. Man kann Formen des Zusammenlebens nicht berühren, wie man Dinge berühren kann. Soviel Macht diese Formen auch über uns haben, so unzugänglich sind sie doch für unser Denken. Man kann Beziehungen nicht „photographieren", man muß sie „filmen", und, damit nicht genug, man muß viele Filme übereinander projizieren, um das ihnen gemeinsame Muster zu entdecken.

Anders als ein Naturwissenschaftler hat es ein Kulturwissenschaftler mit Phänomenen zu tun, über deren dauerhafte Beschaffenheit man nur Plattheiten sagen kann, weil kaum etwas von Dauer ist. Wer sich näher an „Gesetze menschlichen Zusammenlebens" heranzutasten sucht, ausgestattet mit einem wissenschaftlichen Selbstverständnis, das in der Tradition eines Galilei steht, hat nicht erfaßt, daß Soziologie in der Selbstbeobachtung von Wesen besteht, die gar nicht anders können, als sich zu verändern.

Dadurch entsteht ein Dilemma zwischen Präzisierung und Aktualisierung. Unser historisch gewachsenes Verständnis davon, was „Wissenschaft" sei, legt uns den Weg der Präzisierung nahe – und führt uns im Fall der Soziologie in die Irre. Es gibt keine langfristig sicherbaren soziologischen Erkenntnisse. Die Soziologie bewegt sich von Gegenwartsdiagnose zu Gegenwartsdiagnose. Ein kompetenter Soziologe muß die Dinge hinter sich lassen können; zu den wichtigsten Bestandteilen seines Handwerks gehört die Kunst des Vergessens. Soll man der Soziologie deshalb den Status der Wissenschaftlichkeit aberkennen?

In der Tat: Viele wenden sich mit Grausen. Sie ähneln freilich Ärzten, die Krankheiten als nicht vorhanden definieren, für die sie keine Medikamente im Schrank haben. Was man nicht mit falsifizierbaren Methoden erfassen kann, soll einfach als unwirklich gelten: Ein bemerkenswertes Programm der Selbstverdummung, wird dadurch doch auch die soziale Institution Wissenschaft als unwirklich definiert. Physiker, Chemiker, Mediziner, Werkstoffwissenschaftler können diesem Modell zufolge zwar wissenschaftlich arbeiten, aber nicht wissenschaftlich über sich selbst nachdenken.

Das naturwissenschaftliche Paradigma ist nicht totzukriegen; man findet diese Haltung sogar in der akademischen Soziologie selbst. Man „reduziert Varianz", spielt mit Gleichungssystemen herum, falsifiziert, korreliert, quantifiziert und stört sich nicht daran, daß die gesellschaftliche Dynamik die mühsam aufgerichteten Modelle immer wieder zum Einsturz bringt. Die Sehnsucht nach mathematisch gestützter Analysierbarkeit ist stärker als der gesunde Menschenverstand.

Der desolate Zustand der Zunft hat viele Gesichter. Manche sehen ihre Lebensaufgabe darin, die Aussage zu verbreiten, daß man nichts aussagen könne. Anderen kann der Schrebergarten ihres Wirklichkeitszugangs nicht winzig genug sein – Themeneingrenzung auf kleinste Karos als stolz in Szene gesetzte Moral geistiger Bescheidenheit. Manche sperren sich im heimeligen Archiv der eigenen Wissenschaftsgeschichte ein – Soziologie als Technik der Wirklichkeitsvermeidung. Da gibt es die Qualifikationsrituale der Zunft, in denen Textkenntnis mehr und mehr an die Stelle der Wirklichkeit tritt. Neben den unablässig sprudelnden Quellen einer sinnlosen So-und-soviel-Prozent-denken-so-und-so-Empirie schießen die thematischen Spezialisierungen in Teil-Soziologien immer üppiger ins Kraut. Wer kann einen Baum erkennen, den man in Streichhölzer zerlegt hat?

Man wird einwenden, diese Charakterisierung sei pauschal. Mag sein; ihr Zweck ist lediglich die Kennzeichnung einer Tendenz. Während uns die Grundfragen der Soziologie immer stärker bedrängen, weicht die akademische Disziplin zurück. Wahrscheinlich wirken hier psychische und soziale Mechanismen zusammen. Psychisch sind wir dafür angelegt, nach halbwegs sicherem Wissen zu streben; sozial tendieren wir zur Konventionalisierung des Wissens. Diese Haltungen erweisen sich im Alltagsleben und in den Naturwissenschaften immer wieder als produktiv; im Fall der Soziologie jedoch führen sie zur Zerstörung des Denkens.

Man wird den geistigen Herausforderungen der Soziologie nur dann gerecht, wenn man sein natürliches Streben nach Gewißheit unterdrückt und wenn man den Kanonisierungszwang einer Institution wie der Universität konsequent aufbricht. Immer wieder haben soziologisierende Nichtsoziologen die akademische Soziologie auf dem Buchmarkt um Längen geschlagen. Gruhl, Toffler, Capra, Al Gore, Negroponte und andere Bestsellerautoren könnte man akademischerseits als Schaumschläger abtun, wenn man selbst bessere Soziologie zu bieten hätte. Dem ist aber nicht so.

Hätten wir überhaupt die Köpfe dazu? Und hat die Zunft nicht schon zuviel Masse, um noch zu einer anderen Bewegung fähig zu sein als zur Rotation um den eigenen Schwerpunkt?

Ich möchte fünf Anregungen zur Diskussion stellen: Erstens versteht sich Soziologie als Öffentlichkeitsarbeit. Sie wendet sich an ein Publikum außerhalb ihres eigenen Milieus. Sie versucht, für dieses Publikum (von dem sie schließlich auch bezahlt wird) interessant zu sein, statt dies als Sonderform der Prostitution zu diffamieren. Denn sie nimmt das Grundanliegen der Soziologie ernst: den Menschen die von ihnen selbst geschaffene soziale Wirklichkeit anschaulich zu machen. Zweitens bezieht die Soziologie Stellung; sie urteilt und wertet. Die Banalität, daß man Werturteile nicht empirisch begründen kann, bedarf keiner weiteren Erörterung mehr; die Banalität dagegen, daß Soziologie erst interessant wird, wenn sie in realen Konflikten Partei ergreift, vergessene Probleme aufdeckt und verschwommene Ziele klärt – diese Banalität muß als soziologische Denkvoraussetzung erst einmal richtig gewürdigt werden. Drittens muß sich die Soziologie konsequent dem vernachlässigten Forschungsgegenstand Gesellschaft zuwenden. Ja: vernachlässigt! Zwar redet alle Welt ständig von Gesellschaft, aber wovon ist eigentlich die Rede? Mit Fragebögen ist diese Sphäre nicht zu erreichen, sondern nur mit umfassender, langfristiger Beobachtung des Alltagslebens. Zeitunglesen, Fernsehen, Einkaufen, in Kneipen gehen und beliebige Gespräche sind soziologische Forschungsverfahren. Überfällig ist viertens ein Abschied vom Modell der Naturwissenschaften. Die Soziologie muß den hoffnungslosen Ehrgeiz aufgeben, etwas von Bestand zu entdecken. Sie muß sich primär als morphologische, nicht als analytische Wissenschaft begreifen. Fünftens: Die Soziologie muß zu einer radikal modernisierten Institution werden, ohne Stallwärme und Seilschaftskameraderie. Es ist gerade die Willfährigkeit, mit der man in den

Universitäten traditionell-bürokratischen Anforderungen entgegenkommt, welche die Soziologie mehr und mehr abtötet: Selbststandardisierung in Form von vereinheitlichten Studienordnungen, Prüfungsgebieten und „Leselisten" (!) der Deutschen Gesellschaft für Soziologie; Methodenentwicklung aus Regelungswut, Forschung, um Planstellen zu besetzen. Ist Soziologie überhaupt institutionalisierbar?

„Es wird größerer Aufwand getrieben, die Auslegungen auszulegen als die Sache selbst; und es gibt mehr Bücher über Bücher als über irgendeinen anderen Gegenstand: Wir tun nichts, als uns gegenseitig mit Anmerkungen zu versehen. Alles wimmelt von Kommentatoren; an Autoren ist großer Mangel." Es könnte resignativ stimmen, daß Montaigne dies schon vor vierhundert Jahren schrieb. Aber man muß erst einmal mit dem Versuch gescheitert sein, eine andere Soziologie zu schaffen, bevor man sagen darf: Wir sind zu dumm dafür.

Drucknachweise

Geiger, Theodor. 1949. *Aufgaben und Stellung der Intelligenz in der Gesellschaft*. Stuttgart: Enke, S. 12–16, 52–58, 79–80.

Habermas, Jürgen. 1968. Verwissenschaftliche Politik und öffentliche Meinung. In ders., *Technik und Wissenschaft als ,Ideologie'* (S. 120–145). Frankfurt a. M.: Suhrkamp.

Adorno, Theodor W. 1977. Marginalien zu Theorie und Praxis. In ders., *Kulturkritik und Gesellschaft II. Eingriffe, Stichworte, Anhang* (S. 759–769, 770–771, 780–782). Frankfurt a. M.: Suhrkamp.

Klima, Rolf. 1969. Einige Widersprüche im Rollen-Set des Soziologen. In Bernhard Schäfers (Hrsg.), *Thesen zur Kritik der Soziologie* (S. 80–95). Frankfurt a. M.: Suhrkamp.

Dahrendorf, Ralf. 1970. Vom Nutzen der Soziologie. In Theodor W. Adorno et al., *Soziologie zwischen Theorie und Empirie. Soziologische Grundprobleme. Hrsg. v. Willy Hochkeppel* (S. 13–24). München: Nymphenburger Verlagshandlung.

Tenbruck, Friedrich. 1971. Wissenschaft, Politik und Öffentlichkeit. In Hans Maier, Klaus Ritter und Ulrich Matz (Hrsg.), *Politik und Wissenschaft* (S. 323–356). München: Beck.

Riegel, Klaus-Georg. 1974. *Öffentliche Legitimation der Wissenschaft*. Stuttgart: Kohlhammer, S. 11–21.

Offe, Claus. 1982. Sozialwissenschaften zwischen Auftragsforschung und sozialer Bewegung. In Ulrich Beck (Hrsg.), *Soziologie und Praxis. Erfahrungen, Konflikte, Perspektiven* (S. 107–113). Göttingen: Schwartz.

Peters, Hans Peter. 1982. Vergleich physikalischer und soziologischer Wissenschaftsberichterstattung und Darstellung einiger Veränderungen auf den Wissenschaftsseiten von Zeitungen seit 1959. *Soziologie* 11: 37–46.

Lau, Christoph. 1984. Soziologie im öffentlichen Diskurs. Voraussetzungen und Grenzen sozialwissenschaftlicher Rationalisierung gesellschaftlicher Praxis. *Soziale Welt* 35: 407–428.

Dahrendorf, Ralf. 1996. Die bunten Vögel wandern weiter. In Joachim Fritz-Vannahme (Hrsg.), *Wozu heute noch Soziologie?* (S. 31–36). Opladen: Leske & Budrich.

Schulze, Gerhard. 1996. Der Film des Soziologen. In Joachim Fritz-Vannahme (Hrsg.), *Wozu heute noch Soziologie?* (S. 51–57). Opladen: Leske & Budrich.